U0582576

全世界无产者，联合起来！

纪念马克思诞辰 200 周年

马克思恩格斯著作特辑

恩　格　斯

家庭、私有制 和国家的起源

中共中央　马克思　恩格斯　　　著作编译局编译
　　　　　列　宁　斯大林

人民出版社

编 辑 说 明

　　2018 年 5 月 5 日,是马克思诞辰 200 周年。在人类历史上,马克思是对世界现代文明进程影响最深远的思想家和革命家。他和恩格斯共同创立的科学理论体系,是人类数千年来优秀文化的结晶,是工人阶级及其政党的行动指南,是中国人民为实现中华民族伟大复兴而团结奋斗的思想基础。为了缅怀和纪念这位伟大的革命导师,推进新时代马克思主义中国化、时代化、大众化事业,我们精选了马克思和恩格斯在各个时期写的具有代表性的重要著作,编成《马克思恩格斯著作特辑》,奉献给广大读者,以适应新形势下学习和研究马克思主义理论的需要。

　　《马克思恩格斯著作特辑》的编辑宗旨是面向实践、贴近读者,坚持"要精、要管用"的原则,既涵盖马克思主义哲学、政治经济学和科学社会主义的理论体系,又体现马克思和恩格斯创立和发展科学理论的历史进程;既突出他们对国际共产主义运动和民族解放运动的正确指导和有力支持,又反映他们对中华民族发展前途的深情关注和殷切期望。

《马克思恩格斯著作特辑》包含《共产党宣言》和《资本论》等14部著作的单行本或节选本,此外还有一部专题选编本《马克思恩格斯论中国》。所有文献均采用马克思恩格斯著作最新版本的译文,以确保经典著作译文的统一性和准确性。自1995年起,由我局编译的《马克思恩格斯全集》中文第二版陆续问世,迄今已出版29卷;从2004年起,我们又先后编译并出版了《马克思恩格斯文集》十卷本和《马克思恩格斯选集》第三版。《马克思恩格斯著作特辑》收录的文献采用了上述最新版本的译文;对未收入上述版本的马克思恩格斯著作的译文,我们按照最新版本的编译标准进行了审核和校订。

《马克思恩格斯著作特辑》采用统一的编辑体例。我们将马克思、恩格斯在不同时期为一部著作撰写的序言或导言编排在这部著作正文前面,以利于读者认识经典作家的研究目的、写作缘起、论述思路和理论见解。我们还为一些重点著作增设了附录,收入对领会和研究经典著作正文有重要参考价值的文献和史料。我们为每一本书都撰写了《编者引言》,简要地综述相关著作的时代背景、思想精髓和历史地位,帮助读者理解原著、把握要义;同时概括地介绍相关著作写作和流传情况以及中文译本的编译出版情况,供读者参考。每一本书正文后面均附有注释和人名索引,以便于读者查考和检索。

《马克思恩格斯著作特辑》的技术规格沿用《马克思恩格斯全集》中文第二版的相关规定:在目录和正文中,凡标有星花＊的标题都是编者加的;引文中尖括号〈　〉内的文字和标点符号是马克思、恩格斯加的,引文中加圈点处是马克思、恩格斯加着重号的地方;目录和正文中方括号〔 〕内的文字是编者加的;未注明"编者注"的脚注是马克思、恩格斯的原注;人名索引的条目按汉语拼音字母顺序排列。

自2014年以来,由我局编译的《马列主义经典作家文库》陆续问世。这部《马克思恩格斯著作特辑》所收的文献,均已编入《文库》,特此说明。

中共中央　马克思　恩格斯　著作编译局
　　　　　列　宁　斯大林

2018年2月

目 录

插　图

编　者　引　言

《家庭、私有制和国家的起源》是恩格斯阐发历史唯物主义基本理论的重要著作,在马克思主义发展史上具有重要地位。

一

恩格斯撰写这部著作的直接动因,是为了实现马克思的"遗愿",完成马克思"未能完成的工作"(见本书第3页),即利用人类史前史研究的最新成果,进一步丰富历史唯物主义的理论内涵,更加全面深入地阐述人类历史的发展规律。

在创立和不断丰富历史唯物主义理论的进程中,马克思和恩格斯不仅深入研究资本主义社会,而且广泛考察包括原始社会在内的前资本主义社会。然而在19世纪上半叶,"社会的史前史、成文史以前的社会组织,几乎还没有人知道"(见《马克思恩格斯选集》第3版第1卷第400页);直到19世纪60年代以后,一批研究人类史前社会的学术成果才陆续问世。马克思深知这些研究成果对于深化唯物史观研究所具有的重要意义,他仔细阅读了一系列相关著作。在这些著作中,马克思特别重视美国学者摩尔根在1877年刊行的《古代社会》一书,因为在人类史研究领域,摩尔根取得了突破性的进展,发现了"氏族的真正本质及其对部落的关系",揭示了"原始共产主义社会的内部组织的典型形式"(见《马克思恩格斯选集》第3版第1卷第400页),从而为探讨原始社会的真相提供了钥匙。马克思高度评价摩尔根的科学贡献,他潜心研读《古代社会》,作了详细摘录,写了大量批注,同时充实了重要史料,纠正了书中的若干错误,并对原始材料进行了全新的分析、概括和提炼。(参看马克思《路易斯·亨·摩尔根〈古代社会〉一书摘要》,《马克思恩格斯全集》中文第1版第45卷)在完成这些工作之后,马克思打算联系他和恩格斯共同从事"唯物主义的历史研究所得出的结论",来"阐述摩尔根的研究成果",并在这种联系中深入地"阐明这些成果的全部意义"(见本书第3页),以便更加周密地论证历史唯物主义的科学性。然而马克思没有来得及实施这个意义重大的计划就逝世了,实现这一遗愿的使命落到了恩格斯的肩上。

1884年初,恩格斯在整理马克思的手稿时,发现了马克思对摩尔根《古代社会》一书所做的摘要。恩格斯详尽而又透彻地研究了马克思的摘录、批注和补充材料,同时深入研究了摩尔根的原著。他确信,在论述社会的原始状况方面,摩尔根的著作"像达尔文的著作对于生物学那样具有决定意义"(见本书第209页);他指出,"摩尔根在他自己的研究领域内独立地重新发现了马克思的唯物主义历史观,并且最后还对现代社会提出了直接的共产主义要求"(见本书第 210 页)。因此恩格斯决定,充分利用并深入阐发马克思在对《古代社会》一书摘要中表述的精辟思想,撰写一部专门的著作。从 1884 年 4 月初至 5 月底,恩格斯集中精力完成了这部专著,即《家庭、私有制和国家的起源》(以下简称《起源》)。恩格斯在写作过程中强调,撰写这样一部著作,"对于我们共同的观点,将有特殊的重要性。摩尔根使我们能够提出崭新的观点,因为它通过史前史为我们提供了前所未有的事实根据"(见本书第 213 页)。在恩格斯看来,这里所说的"崭新的观点"和"特殊的重要性",既体现在理论方面,也反映在实践方面。

从理论方面来说,撰写《起源》是为了通过系统地研究和阐述原始社会史,进一步丰富和发展唯物史观。唯物史观是关于人类社会发展的一般规律的理论,而研究人类社会发展的一般规律,就不能不研究原始社会的发展规律。如果缺少对原始社会历史的考察和分析,历史唯物主义理论就不可能全面地涵盖人类历史,而仅限于反映阶级社会的历史进程;而且,即使就阶级社会的历史来说,这个理论也会显得不够缜密,因为它无法追溯和揭示阶级和阶级社会的起源,难以完整地说明阶级和阶级社会形成、发展和消亡的全过程。马克思和恩格斯早就深刻地认识到这一点,正是基于这种认识,他们在数十年间一直密切关注并亲身参与古代社会史的研究,并用最新的研究成果来检验他们的结论。举例来说,《共产党宣言》第一章第一句话是:"至今一切社会的历史都是阶级斗争的历史。"(见《马克思恩格斯选集》第 3 版第 1 卷第 400 页)用人类史前史研究的成果来衡量,这个提法不够精确。为此,恩格斯在《共产党宣言》1888 年英文版中为上述那句话加了一个注,指出"这是指有文字记载的全部历史"(见《马克思恩格斯选集》第 3 版

第 1 卷第 400 页），同时具体地介绍了 19 世纪中叶以后原始社会史的研究成果如何不断积累，以及人们对社会发展进程的认识如何逐步深化。恩格斯认为，将唯物史观拓展到原始社会史研究领域，揭示原始社会的本质和规律，阐明私有制、阶级和国家的起源，是直接关系到唯物史观的科学性和说服力的重大课题。

从实践方面来说，撰写《起源》是为了批驳资产阶级在家庭、私有制和国家问题上散布的谬论，用科学的理论武装工人阶级及其政党，推动国际工人运动深入发展。巴黎公社革命失败后，欧洲各国资产阶级一方面加紧压制工人阶级的反抗和斗争，一方面竭力制造各种混淆是非的所谓"理论"，借以否定共产党人的政治主张，瓦解工人群众的革命斗志。他们否认资本主义的基本矛盾造成的种种弊端和灾难性后果，宣扬资本主义私有制天然合理并将永久存在；鼓吹资产阶级国家代表着整个社会和全体公民的利益，因而必将永世长存。在这些谬论的蛊惑下，工人阶级政党内部的错误思想开始滋长起来，党内机会主义分子公然背离科学社会主义理论，主张放弃共产主义目标和革命斗争道路，以"和平方式"与资产阶级进行所谓"合作"，企图在资本主义私有制范围内实行改良，并在资产阶级国家的"帮助"下实现这种目的。从 19 世纪 70 年代到 80 年代，机会主义思潮严重地侵蚀工人阶级政党的肌体，影响工人运动的凝聚力和战斗力。面对这种形势，恩格斯深刻地认识到，家庭、私有制和国家起源的问题，绝不仅仅是一个单纯的学术问题；必须以确凿的史实、严谨的论证和科学的态度讲清这个问题，进而揭示资本主义私有制和资产阶级国家的本质特征，说明它们产生和灭亡的历史必然性，这是直接关系到击退资产阶级进攻、澄清机会主义谬误、团结工人阶级和劳苦大众坚持革命斗争的紧迫任务。

就恩格斯一生从事理论创造的历程来看,撰写《起源》不仅是为了实现马克思的遗愿,而且也是为了完成他本人的夙愿。在漫长的革命生涯中,恩格斯始终把研究历史科学视为自己的重要职责。他对古代社会的历史早就有广泛的涉猎和深入的探讨。他研究过古希腊罗马史、古代爱尔兰史、古代德意志史以及古代斯拉夫人的历史,搜集了大量的文献资料,写下了《马尔克》、《论德意志人的古代历史》和《法兰克时代》等重要著作(见《马克思恩格斯全集》中文第2版第25卷)。恩格斯在古代社会史研究领域的广阔视野、渊博学识和丰富经验,使他能够游刃有余地驾驭家庭、私有制和国家的起源这样一个艰深复杂的课题。这部著作的副标题是"就路易斯·亨·摩尔根的研究成果而作",但恩格斯绝不满足于介绍和阐发摩尔根的成果。他指出:"如果只是'客观地'介绍摩尔根的著作,对它不作批判的探讨,不利用新得出的成果,不同我们的观点和已经得出的结论联系起来阐述,那就没有意义了。那对我们的工人不会有什么帮助。"(见本书第212页)

恩格斯在《起源》中实现了他确定的研究目标。他对摩尔根的结论做了科学的辨析和批判的探讨;他用自己掌握的最新成果丰富和深化了对原始社会的认识;尤其重要的是,他运用马克思主义哲学、政治经济学和科学社会主义原理,深刻地阐明了包括原始社会在内的人类社会发展的客观规律和本质特征。恩格斯撰写《起源》,同他撰写其他著作一样,首先考虑的是"对我们的工人""有什么帮助"。一百多年来的实践证明,《起源》在帮助工人阶级及其政党认识世界和改造世界方面发挥了巨大的作用。正因为如此,列宁高度评价这部著作,他指出:"这是现代社会主义的基本著作之一,其中每一句话都是可以相信的,每一句话都不是凭空说的,而是根据大量的史料和政治材料写成的。"列宁还强调指出:"我所以提到这部著作,是因为它在这方面提供了正确观察问题的方法。"(见《列宁选集》第 3 版修订版第 4 卷第 26—27 页)确实,《起源》在世界观和方法论方面为坚持和发展马克思主义做出了卓越的贡献。

二

在这部著作中,恩格斯用唯物史观科学地阐明了人类社会早期发展阶段的历史,论述了氏族组织的结构、特点和作用以及家庭的起源和发展,揭示了原始社会制度解体和以私有制为基础的阶级社会形成过程,分析了国家从阶级对立中产生的历史条件和本质特征,指出了国家必将随着阶级的消灭和共产主义的胜利而消亡的客观规律。

具体说来,《起源》的理论贡献主要集中在以下几个方面:

(一)进一步阐明了"两种生产"理论。

《起源》对唯物史观的重要贡献之一,就是关于"两种生产"理论的精辟论述。这些论述不仅有助于全面准确地理解唯物史观的要义,而且为研究原始社会提供了方法论指导。

"两种生产"理论最初是由马克思和恩格斯在《德意志意识形态》中提出的,他们指出,生命的生产分为两种:一种是"通过劳动而生产自己的生命",另一种是"通过生育而生产他人的生命";这两种生产"表现为双重关系:一方面是自然关系,另一方面是社会关系"(见《马克思恩格斯选集》第 3 版第 1 卷第 160 页)。但这些论述还不够完整和系统。恩格斯在《起源》中第一次运用人类史研究的新成果,具体深入地阐明了"两种生产"理论。他指出:"根据唯物主义观点,历史中的决定性因素,归根结底是直接生活的生产和再生产。但是,生产本身又有两种。一方面是生活资料即食物、衣服、住房以及为此所必需的工具的生产;另一方面是人自身的生产,即种的繁衍。一定历史时代和一定地区内的人们生活于其下的社会制度,受着两种生产的制约:一方面受劳动的发展阶段的制约,另一方面受家庭的发展阶段的制约。"(见本书第 14 页)"两种生产"理论科学地说明了人类社会存在和发展的基础。在恩格斯看来,物质生活资料的生产和人自身的生产之间存在着相互制约、相互影响的辩证关系;在生产力发展的不同水平和社会演进的不同阶段上,这种关系的表现和作用也互不相同。在原始社会,由于生产力水平低下,人自身的生产在较大程度上支配着社会制度的形成和发展,正如恩格斯所说:"劳动越不发展,劳动产品的数量,从而社会的财富越受限制,社会制度就越在较大程度上受血族关系的支配。"(见本书第 14 页)随着生产力发展水平逐步提高,特别是在私有制和阶级产生以后,各种新的社会成分日益发展起来。这时,人自身的生产对社会制度的支配作用就越来越小,而各种新的社会关系对社会制度的支配作用就日益明显。恩格斯认为,无论在原始社会还是在阶级社会,物质生产都始终具有决定性的意义。在原始社会,血族关系之所以对社会制度起支配作用,归根结底还是由于物质生产不发达的状况造成的。

(二)科学地阐述了家庭的起源和发展过程。

恩格斯运用历史唯物主义观点考察了家庭的形成和发展过程。他指出,家庭的产生、存在和发展进程,必然要受到特定的社会经济关系的制约。在原始社会中,家庭演进的每一种形式都与社会生产发展的一定阶段相适应,而且每一种形式产生的深层原因和根本动力都是社会物质生活资料的生产。人类从原始杂乱性交向第一种家庭形式——血缘家庭过渡的主要动因,是原始时代生产力的发展;家庭就是为适应物质生活资料生产方式变化的需要而产生的。恩格斯依次考察了从血缘家庭到普那路亚家庭、对偶制家庭和专偶制家庭的历史变迁过程,指出这些家庭形式的演变毫无例外都是由一定的生产力和生产关系的发展而导致的结果。依据这一事实,恩格斯指出,家庭的形式、性质、职能、发展趋势以及与此相联系的伦理观念,归根结底都是由社会经济关系决定的。

恩格斯在这部著作中还论证了妇女解放、婚姻自由与社会解放、文明进步的关系。他指出,在阶级社会中,"家庭制度完全受所有制的支配"(见本书第4页),因此,特定的经济基础决定了妇女在私有制统治下必然处于不平等地位。恩格斯强调,只有消灭了资本主义的生产方式和财产关系,婚姻的自由和妇女的彻底解放才有可能。

(三)深刻地揭示了私有制和阶级的产生过程和消亡趋势。

早在19世纪40年代,恩格斯就在《共产主义原理》一文中指出:"社会制度中的任何变化,所有制关系中的每一次变革,都是产生了同旧的所有制关系不再相适应的新的生产力的必然结果。私有制本身就是这样产生的。"(见《马克思恩格斯选集》第3版第1卷第303页)在《起源》中,恩格斯进一步明确指出,在生产力水平极其低下的条件下,以血缘关系为基础形成的原始氏族公社制度是一种原始公有制度,它曾在人类历史上存在过很长时期。到了原始社会末期,随着生产力的发展,出现了第一次社会大分工,即农业和畜牧业的分离。这次分工扩大了产品交换的范围,推动了生产工具的改进,提高了劳动生产率,不仅出现了剩余产品,而且出现了牲畜和土地逐渐由公有向私有转化的现象,使得吸收新的劳动力成了普遍的需要,于是一批又一批战俘变成了奴隶。事实证明,第一次社会大分工导致了私有制和阶级的出现,"产生了第一次社会大分裂,分裂为两个阶级:主人和奴隶、剥削者和被剥削者"(见本书第180页)。第二次社会大分工即手工业和农业的分离,以及第三次社会大分工即商业和其他产业的分离,使私有制进一步得到推行,同时也使阶级分化进一步加剧,不仅摧毁了原始公有制度,而且最终确立了奴隶制度。

恩格斯指出,奴隶制是古代世界所固有的第一个剥削形式,继之而来的是中世纪的农奴制和近代的雇佣劳动制。"这就是文明时代的三大时期所特有的三大奴役形式;公开的而近来是隐蔽的奴隶制始终伴随着文明时代。"(见本书第195页)恩格斯生动地描述了剥削制度欺诈掠夺的本质和剥削阶级贪婪虚伪的特征,揭露了私有制社会的种种矛盾和荒诞现象:"由于文明时代的基础是一个阶级对另一个阶级的剥削,所以它的全部发展都是在经常的矛盾中进行的。生产的每一进步,同时也就是被压迫阶级即大多数人的生活状况的一个退步。对一些人是好事,对另一些人必然是坏事,一个阶级的任何新的解放,必然是对另一个阶级的新的压迫。"(见本书第196—197页)恩格斯认为,私有制和阶级都是历史的范畴;随着生产力的发展、社会的进步和被压迫阶级斗争的节节胜利,不合理的私有制社会终将被共产主义社会所代替;同时,"阶级不可避免地要消失,正如它们从前不可避免地产生一样"(见本书第 193 页)。

（四）精辟地论述了国家的起源、本质和消亡的历史必然性。

恩格斯论述了雅典国家、罗马国家以及德意志人的国家产生的原因、演变的历程和主要的特点,在此基础上总结和概括了国家形成的一般规律。他指出:"国家决不是从外部强加于社会的一种力量。国家也不像黑格尔所断言的是'伦理观念的现实','理性的形象和现实'。确切地说,国家是社会在一定发展阶段上的产物;国家是承认:这个社会陷入了不可解决的自我矛盾,分裂为不可调和的对立面而又无力摆脱这些对立面。而为了使这些对立面,这些经济利益互相冲突的阶级,不致在无谓的斗争中把自己和社会消灭,就需要有一种表面上凌驾于社会之上的力量,这种力量应当缓和冲突,把冲突保持在'秩序'的范围以内;这种从社会中产生但又自居于社会之上并且日益同社会相异化的力量,就是国家。"(见本书第 189 页)

恩格斯揭示了国家的阶级本质,说明它是在经济上占统治地位的阶级压迫被统治阶级的工具。他指出:"由于国家是从控制阶级对立的需要中产生的,由于它同时又是在这些阶级的冲突中产生的,所以,它照例是最强大的、在经济上占统治地位的阶级的国家,这个阶级借助于国家而在政治上也成为占统治地位的阶级,因而获得了镇压和剥削被压迫阶级的新手段。"(见本书第 191 页)

恩格斯依据大量确凿的事实,科学地论述了国家最终必然消亡的客观规律。他指出,既然国家并不是从来就有的,而是阶级矛盾不可调和的产物,那么,"随着阶级的消失,国家也不可避免地要消失。在生产者自由平等的联合体的基础上按新方式来组织生

产的社会,将把全部国家机器放到它应该去的地方,即放到古物陈列馆去,同纺车和青铜斧陈列在一起。"(见本书第193页)

三

《起源》最初于1884年10月初在霍廷根—苏黎世印行,1886年和1889年在斯图加特重新出版,并注明是"1886年斯图加特第二版"和"1889年斯图加特第三版"。这部著作的波兰文、罗马尼亚文和意大利文译本于1885年出版,其中意大利文译本由恩格斯亲自审定。此后,恩格斯还审定了1888年出版的丹麦文译本。19世纪80年代末,第一个塞尔维亚文译本正式出版。

《起源》问世后,恩格斯继续对原始社会史进行深入研究。他密切关注这一领域的新成果,陆续积累了一批有价值的新材料,并以此为基础,于1890年着手准备推出《起源》的新版。他"重新翻阅八年来有关这一问题的全部文献,并将其精华写进书中"(见本书第216页)。他对《起源》各章的表述作了许多修改和订正,特别是利用考古学和民族学发现的新史料,对本书第二章《家庭》作了重要补充。经过修改和增补的《起源》第四版于1891年底在斯图加特出版。1892年和1894年,这部著作还刊行了第五版和第六版,这两版都是在第四版的基础上重印的。

在恩格斯生前,《起源》还被译成法文(1893年)、保加利亚文(1893年)、西班牙文(1894年)和俄文(1894年)正式出版。其中法译本由劳·拉法格校订,并经恩格斯审阅。

《起源》在中国的传播已有一百多年历史。1908年,这部著作的中译文首次以片断摘译的形式,发表在上海《天义报》第16—19

卷合刊上。1920年,《起源》的部分内容由恽代英译成中文,发表在上海《东方杂志》第17卷第19、20号。1929年,上海新生命书局出版了李膺扬的中译本。1941年,学术出版社又出版了张仲实的中译本。《起源》的传播对中国共产党人和进步人士理解与掌握唯物史观起了重要作用。

新中国成立后,在社会主义建设和改革时期,《起源》成为广大干部群众学习马克思主义的重要教材之一。中央编译局高度重视先驱者们积累的编译和研究成果,以严谨负责的态度不断提高《起源》译文的质量。数十年来,我们按照精益求精的原则,对已有的译文进行了多次校订。

1961年,人民出版社重新出版张仲实翻译的《起源》中文本(包括正文以及1884年第一版序言、1891年第四版序言)。1965年,我们以这个译本为基础,根据《马克思恩格斯全集》德文版第21卷,同时参照《马克思恩格斯全集》俄文版第21卷,对原译文进行了认真校订,经原译者张仲实仔细审阅后,将正文和1884年第一版序言编入《马克思恩格斯全集》中文第一版第21卷,将1891年第四版序言编入《全集》中文第一版第22卷。

1966年,我们对《起源》正文和两篇序言的上述译文再次作了校订和修改,由人民出版社出版了单行本(大16开本)。1972年,我们将这个经过修订的译本编入《马克思恩格斯选集》第一版第4卷,并出版了单行本。

1995年,我们在编译《马克思恩格斯选集》第二版的过程中,对《起源》的译文作了进一步修订,编入《选集》第4卷,并于1999年将这部著作列入《马克思列宁主义文库》单行本系列出版。

从2004年起,在中央组织实施的马克思主义理论研究和建设工程中,我们根据《马克思恩格斯全集》历史考证版第 1 部分第 29 卷发表的《起源》1891 年第四版原文,并参考《马克思恩格斯全集》德文版第 21、22 卷,对《起源》的全部译文进行了审核。我们将经过校订的译文编入 2009 年出版的十卷本《马克思恩格斯文集》第 4 卷,此后又编入 2012 年出版的《马克思恩格斯选集》第三版第 4 卷。在努力提高译文质量的同时,我们还对注释和索引进行了增补、勘正和完善。

本书正文部分的译文,采用了《马克思恩格斯选集》第三版第 4 卷中的最新译文。在编译本书的过程中,我们认真核对了这部著作 1884 年第一版和 1891 年第四版的文字,并在脚注中对两者的不同之处作了说明。

为了帮助读者进一步深入了解《起源》的历史背景、写作过程和理论内涵,我们在本书附录部分刊出了恩格斯的两篇遗稿:一篇题为《论未来的联合体》,这是恩格斯在 1884 年撰写《起源》第九章《野蛮时代和文明时代》时写下的一个片断;另一篇题为《新发现的一个群婚实例》,这是恩格斯搜集和翻译的有关原始社会史研究的史料以及他所做的说明。这两篇文献的译文分别选自《马克思恩格斯全集》中文第一版第 21、22 卷。在编辑本书时,我们依据《马克思恩格斯全集》历史考证版第 1 部分第 30、32 卷刊印的原文,按照马克思恩格斯著作最新版本的编译标准,对译文进行了校订。除此之外,我们在附录部分还精选了恩格斯叙述《起源》写作的缘起、过程和思路的 13 封书信,供读者在学习和研究时参考。这些书信有的采用了已经出版的最新译文,有的则依据原文对《马克思恩格斯全集》中文第一版中的译文进行了认真校订。

弗·恩格斯

家庭、私有制和国家的起源

就路易斯·亨·摩尔根的研究成果而作

Der Ursprung der Familie,

des

Privateigenthums

und des Staats.

Im Anschluss

an

Lewis H. Morgan's Forschungen

von

Friedrich Engels.

Hottingen-Zürich.
Verlag der Schweizerischen Volksbuchhandlung.
1884.

《家庭、私有制和国家的起源》第 1 版封面

1884年第一版序言

以下各章,在某种程度上是实现遗愿。不是别人,正是卡尔·马克思曾打算联系他的——在某种限度内我可以说是我们两人的——唯物主义的历史研究所得出的结论来阐述摩尔根的研究成果,并且只是这样来阐明这些成果的全部意义。原来,摩尔根在美国,以他自己的方式,重新发现了40年前马克思所发现的唯物主义历史观,并且以此为指导,在把野蛮时代和文明时代加以对比的时候,在主要点上得出了与马克思相同的结果。正如德国的职业经济学家多年来热心地抄袭《资本论》同时又顽强地抹杀它一样,英国"史前史"科学的代表对摩尔根的《古代社会》①,也用了同样的办法。我这本书,只能稍稍补偿我的亡友未能完成的工作。不过,我手中有他写在摩尔根一书的详细摘要②中的批语,这些批语我在本书中有关的地方就加以引用。

---

① 恩格斯在这里加了一个注:"路易斯·亨利·摩尔根《古代社会,或人类从蒙昧时代经过野蛮时代到文明时代的发展过程的研究》1877年伦敦麦克米伦公司版。该书在美国刊印,在伦敦极难买到。作者已于数年前去世。"——编者注

② 马克思《路易斯·亨·摩尔根〈古代社会〉一书摘要》,见《马克思恩格斯全集》中文第1版第45卷。——编者注

根据唯物主义观点，历史中的决定性因素，归根结底①是直接生活的生产和再生产。但是，生产本身又有两种。一方面是生活资料即食物、衣服、住房以及为此所必需的工具的生产；另一方面是人自身的生产，即种的繁衍。一定历史时代和一定地区内的人们生活于其下的社会制度，受着两种生产的制约：一方面受劳动的发展阶段的制约，另一方面受家庭的发展阶段的制约。劳动越不发展，劳动产品的数量，从而社会的财富越受限制，社会制度就越在较大程度上受血族关系的支配。然而，在以血族关系为基础的这种社会结构中，劳动生产率日益发展起来；与此同时，私有制和交换、财产差别、使用他人劳动力的可能性，从而阶级对立的基础等等新的社会成分，也日益发展起来；这些新的社会成分在几个世代中竭力使旧的社会制度适应新的条件，直到两者的不相容性最后导致一个彻底的变革为止。以血族团体为基础的旧社会，由于新形成的各社会阶级的冲突而被炸毁；代之而起的是组成为国家的新社会，而国家的基层单位已经不是血族团体，而是地区团体了。在这种社会中，家庭制度完全受所有制的支配，阶级对立和阶级斗争从此自由开展起来，这种阶级对立和阶级斗争构成了直到今日的全部**成文**史的内容。

摩尔根的伟大功绩，就在于他在主要特点上发现和恢复了我们成文史的这种史前的基础，并且在北美印第安人的血族团体中找到了一把解开希腊、罗马和德意志上古史上那些极为重要而至今尚未解决的哑谜的钥匙。而他的著作也并非一日之功。他研究

---

① "归根结底"是恩格斯在1891年第4版收入这篇序言时增补的。——编者注

自己所得的材料,到完全掌握为止,前后大约有 40 年。然而也正因为如此,他这本书才成为今日划时代的少数著作之一。

在后面的叙述中,读者大体上很容易辨别出来,哪些是属于摩尔根的,哪些是我补充的。在关于希腊和罗马历史的章节中,我没有局限于摩尔根的例证,而是补充了我所掌握的材料。关于凯尔特人和德意志人的章节,基本上是属于我的;在这里,摩尔根所掌握的差不多只是第二手的材料,而关于德意志人的材料——除了塔西佗以外——还只是弗里曼先生的不高明的自由主义的赝品①。经济方面的论证,对摩尔根的目的来说已经很充分了,对我的目的来说就完全不够,所以我把它全部重新改写过了。最后,凡是没有明确引证摩尔根而作出的结论,当然都由我来负责。

弗·恩格斯写于 1884 年 3
月底—5 月 26 日

载于 1884 年在苏黎世出版
的《家庭、私有制和国家的
起源》一书

原文是德文

选自《马克思恩格斯选集》
第 3 版第 4 卷第 12—14 页

---

① 爱·弗里曼《比较政治》1873 年伦敦版。——编者注

1891 年第四版序言[1]

本书以前各版,印数虽多,但在差不多半年以前就脱销了,出版者①早就希望我准备新版。更紧迫的工作一直拖住我,使我不能做这件事。自本书初版问世以来,已经有七年了;在这几年间,对于原始家庭形式的认识,已经获得了很大的进展。因此,在这里必须用心地加以修订和补充;加之这次文本的排印预定要铸成铅版,这将使我在相当时期内无法作进一步的修改。②

因此,我仔细地校阅了全文,并作了许多补充,希望在这些补充中恰如其分地照顾到了今天的科学状况。其次,在这篇序言里,我将把自巴霍芬至摩尔根对于家庭史的观点的发展,作一简短的评述;我之所以要这样做,主要是因为带有沙文主义情绪的英国史前史学派,仍然尽一切可能闭口不提摩尔根的发现在原始历史观中所引起的革命,同时却丝毫不客气地把摩尔根所得的成果掠为己有。而在其他国家,也间或有人非常热衷于效尤英国。

我的这本书已被译成了各种外文。最先译成意大利文:《家庭、私有制和国家的起源》,帕斯夸勒·马尔提涅蒂译,并经作者

---

① 约·狄茨。——编者注

② 在《新时代》刊载的文本里,在"加之"后面是"新版将大量印行,这在德国社会主义文献中现在已经是常见的事,不过对于德国出版界来说仍然是非常罕见的"。——编者注

审阅,1885 年贝内文托版。后来译成罗马尼亚文:《家庭、私有制和国家的起源》,若安·纳杰日杰译,载于 1885 年 9 月至 1886 年 5 月在雅西出版的《现代人》[2]杂志。以后又译成丹麦文:《家庭、私有制和国家的起源》,由格尔松·特里尔 1888 年在哥本哈根出版。昂利·腊韦从德文本版译成的法文本,正在印刷中。

————

在 60 年代开始以前,根本谈不到家庭史。历史科学在这一方面还是完全处在摩西五经的影响之下。人们不仅毫无保留地认为那里比任何地方都描写得更为详尽的家长制的家庭形式是最古的形式,而且把它——除一夫多妻制外——跟现代资产阶级的家庭等同起来,这样一来,家庭实际上就根本没有经历过任何历史的发展;至多认为在原始时代可能有过杂乱的性关系的时期。——诚然,除个体婚制之外,一般所知道的还有东方的一夫多妻制及印度和西藏的一妻多夫制;可是,这三种形式并不能按历史的顺序排列起来,它们彼此并立而没有任何相互的联系。至于说在古代历史的个别民族中间,以及至今尚存的若干蒙昧人中间,世系不是依照父亲而是依照母亲计算,因此,女系被认为是唯一有效的;在今天的许多民族中间,某些相当大的集团(那时还没有被详细研究过)内部禁止通婚,而且这种习俗在各大洲都可见到——这种种事实诚然已经是众所周知,而且这样的例子搜集得一天比一天多。但是没有人知道应当怎样去处理它们,甚至在爱·伯·泰勒所著的《人类原始历史的研究》(1865 年版)[①]一书中,也还是把这些事实

————————

[①] 爱·伯·泰勒《人类原始历史和文明的产生的研究》1865 年伦敦版。——编者注

简单地看做"奇怪习俗",而与某些蒙昧人不许用铁器接触燃烧的木头以及类似的宗教上的滑稽怪事相提并论。

家庭史的研究是从1861年,即从巴霍芬的《母权论》①的出版开始的。作者在这本书中提出了以下的论点:(1)最初人们实行着毫无限制的性关系,他把这种性关系用了一个不恰当的名词"淫游"来表示;(2)这种关系排除了任何可以确切认知的父亲,因此,世系只能依照女系——依照母权制——计算,古代的一切民族,起初都是如此;(3)因此,妇女作为母亲,作为年轻一代的唯一确切知道的亲长,享有高度的尊敬和威望,据巴霍芬的意见,高度的尊敬和威望上升到了完全的妇女统治(Gynaikokratie);(4)向一个女子专属于一个男子的个体婚制的过渡,含有对远古宗教戒律的侵犯(就是说,实际上侵犯了其余男子自古享有的可以占有这位女子的权利),这种侵犯要求由女子暂时有限地献身于外人来赎罪或赎买对这种行为的容忍。

巴霍芬从他极其勤奋地搜集来的无数段古代经典著作中,为这些论点找出了证据。由"淫游"到专偶婚的发展,以及由母权制到父权制的发展,据他的意见——特别是在希腊人中间——是由于宗教观念的进一步发展,由于代表新观念的新神挤入体现旧观念的传统神内部;因此,旧神就越来越被新神排挤到后边去了。所以,照巴霍芬看来,并不是人们的现实生活条件的发展,而是这些条件在这些人们头脑中的宗教反映,引起了男女两性相互的社会地位的历史性的变化。根据这一点,巴霍芬指出,埃斯库罗斯的

① 约·雅·巴霍芬《母权论。根据古代世界的宗教的和法的本质对古代世界的妇女统治的研究》1861年斯图加特版。——编者注

《奥列斯特》三部曲是用戏剧的形式来描写没落的母权制跟发生于英雄时代并日益获得胜利的父权制之间的斗争。克丽达妮斯特拉为了她的情人亚格斯都士,杀死了她的刚从特洛伊战争归来的丈夫亚加米农;而她和亚加米农所生的儿子奥列斯特又杀死自己的母亲,以报杀父之仇。为此,他受到母权制的凶恶维护者依理逆司神的追究,因为按照母权制,杀母是不可赎的大罪。但是,曾通过自己的传谕者鼓励奥列斯特去做这件事情的阿波罗和被请来当裁判官的雅典娜这两位在这里代表父权制新秩序的神,则庇护奥列斯特;雅典娜听取了双方的申诉。整个争论点集中地表现在奥列斯特与依理逆司神的辩论中。奥列斯特的理由是:克丽达妮斯特拉既杀了**自己的**丈夫,同时又杀了**他的**父亲,犯了两重罪。为什么依理逆司神要追究他,而不追究罪行严重得多的她呢? 回答是明确的:

　　"她跟她所杀死的男人**没有血缘亲属关系**。"①

　　杀死一个没有血缘亲属关系的男人,即使他是那个女凶手的丈夫,也是可以赎罪的,是跟依理逆司神毫不相干的;她们的职务只是追究血缘亲属中间的谋杀案件,在这里,按照母权制,杀母是最不可赎的大罪。这时,阿波罗出来做奥列斯特的辩护人;于是雅典娜就把问题提交阿雷奥帕格的法官们——雅典娜的陪审员们——投票表决;主张宣告无罪与主张有罪判刑的票数相等;这时,雅典娜以审判长的资格,给奥列斯特投了一票,宣告他无罪。父权制战胜了母权制;"幼辈的神"(依理逆司神自己这样称呼他们)战胜了依理

---

① 　埃斯库罗斯《奥列斯特》三部曲中的《厄默尼德》。——编者注

逆司神,后者终于也同意担任新的职务,转而为新的秩序服务了。

对《奥列斯特》三部曲的这个新的但完全正确的解释,是巴霍芬全书中最美妙精彩的地方之一,但它同时证明,巴霍芬至少是像当年的埃斯库罗斯一样地信仰依理逆司神、阿波罗神及雅典娜神;也就是说,他相信这些神在希腊的英雄时代创造了用父权制推翻母权制的奇迹。显然,这种认为宗教是世界历史的决定性杠杆的观点,归根结底必然导致纯粹的神秘主义。所以,仔细研究巴霍芬的这部四开本的大部头著作,乃是一件吃力而绝非始终值得的事情。不过,所有这一切并不降低他开辟道路的功绩;他头一个抛弃了关于性关系杂乱的尚未认知的原始状态的空谈,而证明古代经典著作向我们提出了大量的证据,这些证据表明,在希腊人及亚洲人那里,在个体婚制之前,确实存在过这样的状态,即不但一个男子与几个女子发生性的关系,而且一个女子也与几个男子发生性的关系,都不违反习俗;他证明,这种习俗在消失的时候留下了一种痕迹,即妇女必须在一定限度内献身于外人,以赎买实行个体婚的权利;因此,世系最初只能依女系即从母亲到母亲来计算;女系的这种唯一有效性,在父亲的身份已经确定或至少已被承认的个体婚制时代,还保存了很久;最后,母亲作为自己子女的唯一确实可靠的亲长的这种最初的地位,便为她们,从而也为所有妇女保证了一种自此以后她们再也没有占据过的崇高的社会地位。诚然,巴霍芬并没有这样明确地表述这些论点——他的神秘主义的观点妨碍他这样做。但是他证明了这些论点,而这在1861年是一个完全的革命。

巴霍芬的这部四开本的大部头著作,是用德文写的,即用那时对现代家庭的史前史最不感兴趣的民族的语言写的。因此,他的这本书一直湮没无闻。1865年在同一领域里出现的巴霍芬的直接后继人,甚至没有听说过他。

这个后继人,就是约·弗·麦克伦南,他和他的先驱者正好相反。在这里我们所看到的,不是一个天才的神秘主义者,而是一个枯燥无味的法学家;不是诗人的才气横溢的想象,而是出庭的辩护士的振振有词的推论。麦克伦南在古代及近代的许多蒙昧民族、野蛮民族以至文明民族中间,发现了这样一种结婚形式,即新郎必须一个人或者与他的朋友们一起假装用暴力把新娘从她的亲属手里抢过来。这个习俗,应当是较早的一种习俗的遗迹,那时一个部落的男子确实是用暴力到外边从别的部落为自己抢劫妻子。那么这种"抢劫婚姻"是怎样发生的呢? 当男子在本部落内可以找到足够的妻子时,是没有任何理由这样做的。不过,我们也常常发现,在不发达的民族中间,有一些集团(在 1865 年时,还常常把这种集团与部落本身等同起来)禁止内部通婚,因此,男子不得不在本集团以外去娶妻,女子也不得不在本集团以外去找丈夫;而另外有些民族,却又有这样一种习俗,即某一集团的男子只能在自己本集团以内娶妻。麦克伦南把第一种集团叫做外婚制集团,把第二种集团叫做内婚制集团,并且直截了当地虚构出外婚制"部落"与内婚制"部落"的僵硬的对立。虽然他自己对外婚制的研究使他迎面就碰到这样一件事实,即这种对立即使不是在大多数场合,乃至一切场合,它在许多场合都只是存在于他的想象中,可是他仍然把这种对立作为他的整个理论的基础。根据这一说法,外婚制的部落只能从别的部落娶妻,而这在与蒙昧时代相适应的各部落之间战争不断的状态下,只有用抢劫的办法才能做到。

麦克伦南接着问道:这种外婚制的习俗是从哪里来的呢? 他认为血缘亲属关系的观念和血亲婚配的观念与此毫不相干,因为这些观念只是在很久以后才发展起来的。但在蒙昧人中间广泛流行的女孩出生后立即杀死的习俗，则可能与此有关。他说，这种习俗使各个部落内发生男子过剩，其直接后果便必然是几个男子共有一个妻子，即一妻多夫制；由此又造成：人们只知道谁是孩子的母亲而不知道谁是孩子的父亲，于是，亲属关系只能依照女系，而不能依照男系计算，这就是母权制。部落内部妇女缺少——这种缺少虽然由一妻多夫制所缓和，但并未消除——的第二个后果，便是一贯地用暴力抢劫别的部落里的妇女。

"外婚制与一妻多夫制既是起于同一原因——两性数目的不等，那么我们就应当认为，**一切外婚制的种族起初都是一妻多夫制的**…… 因此，我们应当认为不容争辩的是，在外婚制的种族中间，最初的亲属制度乃是仅由母亲方面来认知血缘关系的制度。"（麦克伦南《古代史研究》1886 年版。《原始婚姻》第 124 页）[3]

麦克伦南的功绩就在于他指出了他所谓的外婚制的到处流行及其重大意义。他根本没有**发现**外婚制集团存在的事实，也完全没有理解这个事实。且不说许多观察者的更早的个别记载——这些正是麦克伦南的材料来源，莱瑟姆就精确而可靠地叙述过印度马加尔人[4]的外婚制度（《记述民族学》1859 年版），并且说，这种制度曾普遍流行，在各大洲都可见到——这个地方麦克伦南自己就引用过。而且，我们的摩尔根早在 1847 年他的关于易洛魁人的通信（发表于《美国评论》杂志上）中，以及 1851 年在《易洛魁联盟》一书中[5]，也证明了在这个民族集团里存在着这种制度，并正确地记述了它，可是麦克伦南的辩护士般的头脑，如我们将要看到的，在这个问题上，造成了比巴霍芬的神秘主义想象在母权制方面所造成的更大得多的混乱。麦克伦南的又一个功绩，就在于他认定母权制的世系制度是最初的制度,虽然在这一点上,像他本人后来所承认的那样,巴霍芬已比他先说过了。但即使是在这里,他也没有把问题弄清楚;他经常说到"只依照女系计算的亲属关系"(kinship through females only),并且一直把这个对较早发展阶段说来是正确的用语也应用于较后的一些发展阶段,而在这些发展阶段上,世系和继承权虽然还是只依照女系计算,但亲属关系也依照男子方面来承认和表示了。这是法学家的局限性,法学家创造了一个固定的法律用语,然后就一成不变地把它应用于早已不再适用的情况。

麦克伦南的理论,虽然好像讲得头头是道,然而即使在作者本人看来,似乎也缺乏牢固的根据。至少他本人注意到

"值得注意的是,〈假装的〉抢劫妇女的形式,正是在**男子**亲属关系〈应该说依照男系计算的世系〉占统治地位的民族中间表现得最突出,最明显"(第140页)。

而且,他又说:

"这是一个奇怪的事实,据我们所知,在外婚制与最古的亲属关系形式并存的任何地方,都没有杀婴的习俗。"(第146页)

这两点都是事实,是和他的说明方法显然矛盾的,他只能用新的更加混乱的假说来反驳它们。

可是,他的理论在英国仍然得到了很多的支持和响应:在英国,麦克伦南被普遍认为是家庭史的创始者和这个领域的第一个权威。他那外婚制"部落"与内婚制"部落"的对立,虽然人们也认为有个别的例外并加以修改,但依然是占统治地位的观点的公认基础,而且变成了眼罩,使得任何不抱成见地通观这一研究领域,从而取得任何决定性的进步都成为不可能。鉴于在英国,而且别国也仿效英国普遍对麦克伦南的功绩估价过高,我们应当着重指

出一个事实,即他那纯粹理解错了的外婚制"部落"与内婚制"部落"的对立所造成的害处,要多于他的研究所带来的益处。

而不久便开始出现越来越多的、无法装进他的理论的纤巧框框中去的事实。麦克伦南只知道三种婚姻形式:一夫多妻制、一妻多夫制和个体婚制。但是当注意力集中到这一点的时候,就发现了越来越多的证据,证明在不发达的各民族中间,存在过一列男子共同占有一列女子的婚姻形式;而**拉伯克**(《文明的起源》1870年版①)则认定这种群婚(Communal marriage)是历史的事实。

紧接着,在1871年,**摩尔根**又提出了新的、在许多方面都是决定性的材料。他确信,易洛魁人所通行的那种特殊的亲属制度,乃是美国的一切土著居民所共有的制度,因此,它流行于整个大陆,虽然它同那里通行的婚姻制度所实际产生的亲属等级是直接矛盾的。他促使美国联邦政府,根据他自己所拟定的问题和表格,了解有关其他各民族的亲属制度的情况。他从答案中发现:(1)美洲印第安人的亲属制度,也流行于亚洲的许多部落,并且以略有改变的形式,流行于非洲及澳洲的许多部落。(2)这种制度,在夏威夷及其他澳洲岛屿上正处于消亡阶段的群婚形式中,找到了完全的说明。(3)但是,在这些岛屿上,与这种婚姻形式并存而流行的亲属制度,则是一种只有用更为原始而如今业已消失的群婚形式才能说明的亲属制度。他把所搜集的材料与他从中得出的结论,一同发表在他的《血亲制度和姻亲制度》(1871年版②)一书中,因而

---

① 约·拉伯克《文明的起源和人的原始状态。蒙昧民族的精神状态和社会状态》1870年伦敦版。——编者注

② 路·亨·摩尔根《人类家庭的血亲制度和姻亲制度》1871年华盛顿版。——编者注

把争论转移到更无比广大的领域里来了。他从亲属制度出发，恢复了与之相应的家庭形式，这就开辟了一条新的研究途径及进一步追溯人类史前史的可能。如果这个方法能够成立，麦克伦南的精巧设计就要烟消云散了。

麦克伦南在《原始婚姻》的新版（《古代史研究》1876 年版）中起而为自己的理论辩护。他自己只根据假说完全人为地编造出一套家庭史，却要求拉伯克和摩尔根不仅要对他们的每一个论点提出证据，而且要提出只有在苏格兰法庭上才会要求的那种不可争辩的确凿证据。而提出这种要求的同一个人，却根据德意志人中的舅甥之间的密切关系（塔西佗《日耳曼尼亚志》第 20 章），根据凯撒关于布列吞人每 10 个或 12 个男子有共同的妻子的记述，根据古代著作家关于野蛮人共妻的其他一切记述，毫不犹豫地作出结论说，所有这些民族都盛行过一妻多夫制！这就好像在听这样一位检察官讲话，他在起诉时可以信口开河，然而却要求辩护人每句话都要有最明确的、有法律效力的证据。

他断言群婚是纯粹的虚构，这样，他便比巴霍芬落后了许多。他认为，摩尔根所说的亲属制度，乃是纯粹的社交礼仪的规则，并拿印第安人把异族人、白种人也称呼为父亲或兄弟这一事实作为证明。这正如某人因为人们把天主教的教士和修道院女院长也称为父亲和母亲，而修士和修女，甚至共济会会员和英国同业公会会员在庄严的集会上，彼此也用兄弟和姊妹相称，就硬说父母、兄弟、姊妹等称呼是根本毫无意义的称呼一样。总之，麦克伦南的辩护是极端软弱无力的。

不过他还有一点没有被攻破。他的全部体系所依据的外婚制"部落"与内婚制"部落"的对立，不仅没有被动摇，而且甚至被公认为全部家庭史的基石。人们承认,麦克伦南试图给这个对立所作的解释是不够有力的,而且跟他自己所举出的一些事实相矛盾。不过这一对立本身,即存在着两种相互排斥的独立自主的部落,其中一种是在本部落以内娶妻,而另一种则绝对禁止这样做,却被认为是不可辩驳的真理。请参看例如日罗-特隆的《家庭的起源》(1874年版),甚至拉伯克的《文明的起源》(1882年第4版)。

摩尔根的主要著作《古代社会》(1877年版)(本书即以这部著作为基础),就是针对这一点的。摩尔根在1871年仅仅模糊地推测到的,在这里已经十分明确地发挥出来了。内婚制和外婚制根本不构成对立;外婚制"部落"的存在,直到现在也没有在任何地方找到证明。不过,在群婚还盛行的时代——群婚完全可能一度到处盛行——,一个部落分为好几个母系血缘亲属集团,即氏族,在氏族内部,严格禁止通婚,因此,某一氏族的男子,虽能在部落以内娶妻,并且照例都是如此,却必须是在氏族以外娶妻。这样,要是氏族是严格外婚制的,那么包括了所有这些氏族的部落,便成了同样严格内婚制的了。这就彻底推翻了麦克伦南人为地编造的理论的最后残余。

但是摩尔根并不满足于此。美洲印第安人的氏族还帮助他在他所研究的领域内迈出了有决定意义的第二步。他发现,这种按母权制建立的氏族,就是后来按父权制建立的氏族——即我们在古希腊罗马时代文明民族中可以看到的氏族——所由以发展起来的原始形式。希腊的和罗马的氏族,对于迄今所有的历史编纂学家来说都是一个谜,如今可以用印第安人的氏族来说明了,因而也就为全部原始历史找到了一个新的基础。

确定原始的母权制氏族是文明民族的父权制氏族以前的阶段

的这个重新发现,对于原始历史所具有的意义,正如达尔文的进化理论对于生物学和马克思的剩余价值理论对于政治经济学的意义一样。它使摩尔根得以首次绘出家庭史的略图;这一略图,在目前已知的资料所容许的限度内,至少把典型的发展阶段大体上初步确定下来了。非常清楚,这样就在原始历史的研究方面开始了一个新时代。母权制氏族成了整个这门科学所围着旋转的轴心;自从它被发现以后,人们才知道,应该朝着什么方向研究和研究什么,以及应该如何去整理所得的结果。因此,目前在这一领域内正取得比摩尔根的著作出版以前更加迅速得多的进步。

摩尔根的发现,如今也为英国所有的史前史学家所承认,或者更确切些说,所窃取了。但是,他们几乎没有一个人肯公开承认,这一观点上的革命恰恰应该归功于摩尔根。在英国,人们对他的书尽可能保持沉默,而对他本人则只是以宽大地称赞他**以前的**成绩来敷衍一下;对他的叙述中的细节尽力吹毛求疵,而对他的真正伟大的发现却顽固地闭口不提。《古代社会》的第一版已经脱销;在美国,这类书没有应有的销路;在英国,这本书看来是一贯受到压制;这本划时代的著作的唯一还在出售的版本,就是德文译本。

这种冷漠态度很难不令人想到是一种共同蓄意采取的沉默抵制行为,尤其是如果考虑到我们那些公认的史前史学家的著作中充满了仅仅是出于客气而作的许多引证,以及其他对同行表示尊敬的证据,就更会使人这样想——这种冷漠态度的原因何在呢?是不是因为摩尔根是个美国人,而令英国的史前史学家极其难堪的是,他们尽管在热心地搜集材料方面值得高度赞扬,但是在整理与分析这种材料所应用的一般观点方面,一句话,在他们的思想方面,却要依赖两个天才的外国人——巴霍芬和摩尔根呢?要是德国人的话,他们还可以容忍,但是对一个美国人怎能容忍呢? 在美国人面前,每个英国人都成了爱国主义者,关于这一点,我在美国看到了许多可笑的例子。**6**何况麦克伦南可以说是官方任命的英国史前史学派的创始人和领袖;史前史学界在某种程度上已经形成一种规矩,只能以莫大的敬意谈论他那从杀婴到一妻多夫制、抢劫婚姻再到母权制家庭的人工编造的历史理论;对于绝对相互排斥的外婚制"部落"和内婚制"部落"的存在稍有怀疑,便被视为放肆的邪说;这样,把所有这些神圣教条打得粉碎的摩尔根,就是犯了某种渎圣罪。加之,摩尔根在打破这些教条时,又是用一经说出便立即人人明白的方式;因此,一直茫然彷徨于外婚制与内婚制之间的麦克伦南的崇拜者,现在简直要用拳头敲着自己的脑门大叫起来:我们怎么会这样愚蠢,自己没有老早把它发现出来呢!

如果说这些罪过还不足以使官方学派非把摩尔根冷漠地撇在一边不可,那么他还有一个实在太过分的地方,就是他不仅用类似傅立叶使用的方式对文明,对商品生产社会,对我们现代社会的基本形式进行了批评,而且还用了卡尔·马克思才能说的话来谈论这一社会的未来的改造。所以,摩尔根就罪有应得,麦克伦南愤然地责难"他根本厌恶历史方法"①,而且日内瓦的教授日罗-特隆先生在1884年也重申了这一点。可是要知道,这位日罗-特隆先生在1874年(《家庭的起源》)还束手无策地徘徊于麦克伦南的外婚制的迷宫中,全仗摩尔根才被解救出来!

摩尔根在原始历史学上的其他成就,在这里没有考察的必要;在这一方面需要提到的,在本书有关的地方都可以找到。自从摩

----

① 约·麦克伦南《古代史研究》1876年伦敦版第333页。——编者注

尔根的主要著作出版以来已经 14 年了,这 14 年间,关于人类原始社会史的材料,已经大大丰富起来;除了人类学家、旅行家及职业的史前史学家以外,比较法学家也参加进来了,他们有的提供了新的材料,有的提出了新的观点。结果,摩尔根有一些假说便被动摇,甚至站不住脚了。不过,新搜集的资料,不论在什么地方,都没有导致必须用其他的观点来代替他的卓越的基本观点。他给原始历史建立的系统,在基本的要点上,今天仍然有效。甚至可以说,越是有人力图隐瞒摩尔根是这一伟大进步的奠基者,他所建立的这个系统就越将获得大家的公认。①

弗里德里希·恩格斯

1891 年 6 月 16 日于伦敦

弗·恩格斯写于 1891 年 5 月 20 日—6 月 16 日

载于 1890—1891 年《新时代》杂志第 9 年卷第 2 册第 41 期

原文是德文

选自《马克思恩格斯选集》第 3 版第 4 卷第 15—28 页

---

① 　恩格斯在这里加了一个注:"我于 1888 年 9 月从纽约返欧途中,遇到一位罗切斯特选区的前国会议员,他认识摩尔根,可惜,关于摩尔根的事他能给我述说的并不多。摩尔根以个人的身份住在罗切斯特,仅仅从事自己的学术研究工作。他的兄弟是个上校,曾在华盛顿国防部供职;靠这位兄弟的介绍,摩尔根得以使政府对他的研究加以关注,用公款出版了他的几种著作;据我的交谈者自己说,他在任国会议员期间,也曾多次帮过摩尔根的忙。"——编者注

家庭、私有制和国家的起源

就路易斯·亨·摩尔根的研究成果而作

一 史前各文化阶段

摩尔根是第一个具有专门知识而尝试给人类的史前史建立一个确定的系统的人；他所提出的分期法，在没有大量增加的资料要求作出改变以前，无疑依旧是有效的。

在三个主要时代——蒙昧时代、野蛮时代和文明时代中，不消说，他所研究的只是前两个时代以及向第三个时代的过渡。他根据生活资料生产的进步，又把这两个时代中的每一时代分为低级阶段、中级阶段和高级阶段，因为，他说：

"这一生产上的技能，对于人类的优越程度和支配自然的程度具有决定性的意义；一切生物之中，只有人类达到了几乎绝对控制食物生产的地步。人类进步的一切大的时代，是跟生活来源扩充的各时代多少直接相符合的。"[1]

---

[1] 路·亨·摩尔根《古代社会》1877年伦敦版第19页。参看马克思《路易斯·亨·摩尔根〈古代社会〉一书摘要》(《马克思恩格斯全集》中文第1版第45卷第331—332页)。——编者注

Der Ursprung

der

Familie, des Privateigenthums

und

des Staats.

Im Anschluß an Lewis H. Morgan's Forschungen

von

Friedrich Engels.

Vierte Auflage.

Sechstes und siebentes Tausend.

Stuttgart

Verlag von J. H. W. Dietz

1892.

《家庭、私有制和国家的起源》第 4 版扉页

家庭的发展与此并行,不过,这一发展对于时期的划分没有提供这样显著的标志。

1. 蒙昧时代

1. 低级阶段。这是人类的童年。人还住在自己最初居住的地方,即住在热带的或亚热带的森林中。他们至少是部分地住在树上,只有这样才可以说明,为什么他们在大猛兽中间还能生存。他们以果实、坚果、根作为食物;音节清晰的语言的产生是这一时期的主要成就。在有史时期所知道的一切民族中,已经没有一个是处在这种原始状态的了。虽然这一状态大概延续了好几千年之久,但我们却不能根据直接的证据去证明它;不过,我们既然承认人是起源于动物界的,那么,我们就不能不承认这种过渡状态了。

2. 中级阶段。从采用鱼类(我们把虾类、贝壳类及其他水栖动物都算在内)作为食物和使用火开始。这两者是互相联系着的,因为鱼类食物,只有用火才能做成完全可吃的东西。而自从有了这种新的食物以后,人们便不受气候和地域的限制了;他们沿着河流和海岸,甚至在蒙昧状态下已散布在地球上的大部分地区。石器时代早期的粗制的、未加磨制的石器,即所谓旧石器时代的石器(这些石器完全属于或大部分都属于这一阶段)遍布于各大洲,就是这种迁徙的证据。新移居的地带,以及不断的活跃的探索欲,加上掌握了摩擦取火的本领,就提供了新的食物,这就是在热灰或烧穴(地灶)中煨烤的淀粉质的根和块茎,以及随着最初武器即棍棒和标枪的发明而间或取得的附加食物——猎物。像书籍中所描写的纯粹的狩猎民族,即**专**靠打猎为生的民族,从未有过;靠猎物来维持生活,是极其靠不住的。由于食物来源经常没有保证,在这个阶段上大概发生了食人之风,这种风气,此后保持颇久。即在今日,澳大利亚人和许多波利尼西亚人还是处在蒙昧时代的这个中级阶段上。

3. 高级阶段。从弓箭的发明开始。由于有了弓箭,猎物便成了通常的食物,而打猎也成了常规的劳动部门之一。弓、弦、箭已经是很复杂的工具,发明这些工具需要有长期积累的经验和较发达的智力,因而也要同时熟悉其他许多发明。如果把已经知道弓箭,但还不知道制陶术(摩尔根认为向野蛮时代过渡就是从制陶术开始)的各民族,彼此对照一下,我们的确就可以看到,已经有定居而成村落的某些萌芽,以及对生活资料生产的某种程度的掌握,如:木制的容器和用具,用韧皮纤维做成的手工织物(没有织机),用韧皮或芦苇编成的篮子,以及磨制的(新石器时代的)石器。火和石斧通常已经使人能够制造独木舟,有的地方已经使人能够用方木和木板来建筑房屋了。例如,在美洲西北部的印第安人中间,我们就可以看到这一切进步,这些印第安人虽然已经使用弓和箭,但还不知道制陶术。弓箭对于蒙昧时代,正如铁剑对于野蛮时代和火器对于文明时代一样,乃是决定性的武器。

2. 野蛮时代

1. 低级阶段。从学会制陶术开始。可以证明,在许多地方,也许是在一切地方,陶器的制造都是由于在编制的或木制的容器上涂上黏土使之能够耐火而产生的。在这样做时,人们不久便发现,成型的黏土不要内部的容器,同样可以使用。

在此以前,我们可以把发展过程看做普遍适用于一切民族的一定时期的过程,而不管他们所生活的地域如何。但是,随着野蛮时代的到来,我们达到了这样一个阶段,这时两大陆的自然条件上的差异,就有了意义。野蛮时代的特有的标志,是动物的驯养、繁殖和植物的种植。东大陆,即所谓旧大陆,差不多有着一切适于驯养的动物和除一种以外一切适于种植的谷物;而西大陆,即美洲,在一切适于驯养的哺乳动物中,只有羊驼一种,并且只是在南部某些地方才有;而在一切可种植的谷物中,也只有一种,但却是最好的一种,即玉蜀黍。由于自然条件的这种差异,两个半球上的居民,从此以后,便各自循着自己独特的道路发展,而表示各个阶段的界标在两个半球也就各不相同了。

2. 中级阶段。在东大陆,是从驯养家畜开始;在西大陆,是从靠灌溉之助栽培食用植物以及在建筑上使用土坯(即用阳光晒干的砖)和石头开始。

我们先从西大陆说起,因为在这里,在被欧洲人征服以前,不论什么地方,都还没有越过这个阶段。

处于野蛮时代低级阶段的印第安人(凡是在密西西比河以东看到的都属于这种印第安人),到他们被发现的时候,已经知道在园圃里种植玉蜀黍,可能还有南瓜、甜瓜及其他园圃植物的某种方法,这些东西构成他们食物的极为重要的部分;他们住在木造的房子里,村落用木栅围起来。西北各部落,特别是住在哥伦比亚河流域的各部落,尚处于蒙昧时代高级阶段,他们既不知道制陶术,也不知道任何植物的种植。反之,新墨西哥的所谓普韦布洛印第安人[7],以及墨西哥人、中美洲人和秘鲁人,当他们被征服时,已经处于野蛮时代中级阶段:他们住的房屋是用土坯或石头造成的,类似城堡,并且在人工灌溉的园圃内种植玉蜀黍和其他各种依所住地区和气候而不同的食用植物,这些东西是他们食物的主要来源,他们甚至已经驯养了某几种动物:墨西哥人饲养火鸡及其他禽类,秘鲁人饲养羊驼。而且,他们还知道了金属的加工——唯有铁除外,因此他们还仍然不得不使用石制的武器和工具。西班牙人的征服打断了他们的任何进一步的独立发展。

在东大陆,野蛮时代的中级阶段是从驯养供给乳和肉的动物开始的,而植物的种植,在这里似乎直到这一时期的晚期还不为人所知。牲畜的驯养和繁殖以及较大规模的畜群的形成,看来是使雅利安人和闪米特人从其余的野蛮人群中分离出来的原因。在欧亚两洲的雅利安人中间,家畜的名称还是共通的;而栽培植物的名称却几乎完全不同。

畜群的形成,在适于畜牧的地方导致了游牧生活:闪米特人在幼发拉底河和底格里斯河的草原上,雅利安人在印度、奥克苏斯河和药杀水、顿河和第聂伯河的草原上。动物的驯养,最初大概是在这种牧区的边缘上实行的。因此,后人便以为游牧民族是起源于这样一些地方,这种地方根本不会是人类的摇篮,相反,对于人类的祖先蒙昧人,甚至对于野蛮时代低级阶段的人,都几乎是不适于居住的。反之,一旦这些处于中级阶段的野蛮人习惯了游牧生活以后,就永远不会想到从水草丰美的沿河平原自愿回到他们的祖先居住过的林区去了。甚至当闪米特人和雅利安人继续被挤向北部和西部的时候,要不是他们已经能够通过谷物的种植在亚洲西部的和欧洲的森林地带这种不大适宜的土壤上养活他们的牲畜,特别是在这里过冬,那他们也是不会移居这里的。十分可能,谷物的种植在这里起初是由牲畜饲料的需要所引起的,只是到了后来,才成为人类食物的重要来源。

雅利安人和闪米特人这两个种族的卓越的发展,或许应归功于他们的丰富的肉乳食物,特别是这种食物对于儿童发育的有利影响。的确,不得不几乎专以植物为食的新墨西哥的普韦布洛印第安人,他们的脑子比那些处于野蛮时代低级阶段而吃肉类和鱼类较多的印第安人的脑子要小些。不管怎样,在这个阶段上,食人之风正在逐渐消失,仅仅当做一种宗教活动或巫术(在这里差不多是一回事)而保存着。

3. 高级阶段。从铁矿石的冶炼开始,并由于拼音文字的发明及其应用于文献记录而过渡到文明时代。这一阶段,前面已经说过,只是在东半球才独立经历过,其生产的进步,要比过去一切阶段的总和还要来得丰富。英雄时代的希腊人、罗马建城前不久的各意大利部落、塔西佗时代的德意志人、海盗**8**时代的诺曼人①,都属于这个阶段。

首先,我们在这里初次看到了带有铁铧的用牲畜拉的犁;有犁以后,大规模耕种土地,即**田野农业**,从而生活资料在当时条件下实际上无限制地增加,便都有可能了;从而也能够砍伐森林使之变为耕地和牧场了,这件事,如果没有铁斧和铁锹,也不可能大规模

---

① 在1884年版中不是"塔西佗时代的德意志人、海盗时代的诺曼人",而是"凯撒时代的德意志人(或者是我们更习惯说的,塔西佗时代的德意志人)"。——编者注

进行。但这样一来，人口也开始迅速增长起来，稠密地聚居在不大的地域内。而在田野农业产生以前，要有极其特殊的条件才能把50万人联合在一个统一的中央领导之下；这样的事大概从来都没有过。

野蛮时代高级阶段的全盛时期，我们在荷马的诗中，特别是在《伊利亚特》中可以看到。发达的铁制工具、风箱、手磨、陶工的辘轳、榨油和酿酒、成为手工艺的发达的金属加工、货车和战车、用方木和木板造船、作为艺术的建筑术的萌芽、由设塔楼和雉堞的城墙围绕起来的城市、荷马的史诗以及全部神话——这就是希腊人由野蛮时代带入文明时代的主要遗产。如果我们把凯撒，甚至塔西佗对日耳曼人的记述①跟这些成就作一比较，便可看出，野蛮时代高级阶段在生产的发展上已取得多么丰富的成就，那时日耳曼人尚处在这个文化阶段的初期，而荷马时代的希腊人已经准备由这个文化阶段过渡到更高的阶段了。

我在这里根据摩尔根的著作描绘的这幅人类经过蒙昧时代和野蛮时代达到文明时代的开端的发展图景，已经包含足够多的新特征了，而尤其重要的是，这些特征都是不可争辩的，因为它们是直接从生产中得来的。不过，这幅图景跟我们此次遨游终了时将展现在我们面前的那幅图景比较起来，就会显得暗淡和可怜；只有在那个时候，才能充分看到从野蛮时代到文明时代的过渡以及两者之间的显著对立。现在我们可以把摩尔根的分期概括如下：蒙昧时代是以获取现成的天然产物为主的时期；人工产品主要是用做获取天然产物的辅助工具。野蛮时代是学会畜牧和农耕的时

---

① 指凯撒的《高卢战记》和塔西佗的《日耳曼尼亚志》。——编者注

期,是学会靠人的活动来增加天然产物生产的方法的时期。文明时代是学会对天然产物进一步加工的时期,是真正的工业和艺术的时期。①

_____

①　恩格斯在写本章最末一段结束语之前,先在札记上写了一段话,作为对路·亨·摩尔根《古代社会》相关内容的总结:"关于摩尔根。1)蒙昧时代:采集业;——野蛮时代:农耕和畜牧;——文明时代:工业。"——编者注

二 家 庭

摩尔根一生的大部分,是在易洛魁人中间度过的,这种易洛魁人现在还居住在纽约州;他并且被一个易洛魁人部落(塞讷卡人部落)接纳入族。他发现,易洛魁人奉行着一种同他们的实际的家庭关系相矛盾的亲属制度。在易洛魁人中间盛行的,是一种双方可以轻易解除的个体婚姻,摩尔根把它称为"对偶制家庭"。因此,这种夫妻的子女,是众所周知和大家公认的;对谁应该用父亲、母亲、儿子、女儿、兄弟、姊妹等称呼,是不会有疑问的。但是,这些称呼的实际使用,却与此矛盾。易洛魁人的男子,不仅把自己亲生的子女称为自己的儿子和女儿,而且把他兄弟的子女也称为自己的儿子和女儿,而他们都称他为父亲。他把自己姊妹的子女则称为自己的外甥和外甥女,他们称他为舅父。反之,易洛魁人的女子,把自己姊妹的子女和她自己亲生的子女一概都称为自己的儿子和女儿,而他们都称她为母亲。她把自己兄弟的子女则称为自己的内侄和内侄女,她自己被称为他们的姑母。同样,兄弟的子女们互称兄弟姊妹,姊妹的子女们也互称兄弟姊妹。而一个女人的子女和她兄弟的子女,则互称为表兄弟和表姊妹。这并不是一些空洞的名称,而是实际上流行的对血缘亲属关系的亲疏和辈分的观点的表达;这种观点是一种完备地制定了的亲属制度的基础,这种亲属制度可以表达单个人的数百种不同的亲属关系。不仅如此,这种亲属制度不仅在所有美洲印第安人中(直到现在还没有发现过例外)完全有效,而且在印度最古的居民中,在德干的达罗毗荼人部落和印度斯坦的戈拉人部落中,也差不多毫无变更地实行着。在南印度的泰米尔人和纽约州的塞讷卡部落的易洛魁人用来表达亲属关系的名称中,至今还有 200 种以上不同的亲属关系是用相同的名称来表达的。所以在印度的这些部落中间,正和在所有美洲印第安人中间一样,从现行家庭形式中产生的亲属关系,也是同亲属制度相矛盾的。

怎样来说明这一点呢?由于亲属关系在一切蒙昧民族和野蛮民族的社会制度中起着决定作用,因此,我们不能只用说空话来抹杀这一如此广泛流行的制度的意义。在美洲普遍流行的制度,在种族全然不同的亚洲各民族中间也存在着,在非洲和澳洲各地也经常可以发现它的多少改变了的形式,像这样的一种制度,是需要从历史上来说明的,决不能像例如麦克伦南所企图做的那样含糊过去。父亲、子女、兄弟、姊妹等称呼,并不是单纯的荣誉称号,而是代表着完全确定的、异常郑重的相互义务,这些义务的总和构成这些民族的社会制度的实质部分。说明终于找到了。在桑威奇(夏威夷)群岛上,本世纪上半叶还存在着一种家庭形式,这种家庭所产生的父亲和母亲、兄弟和姊妹、儿子和女儿、舅父和姑母、外甥和外甥女、内侄和内侄女,正好同美洲及古印度人的亲属制度所要求的一样。然而,好奇怪!夏威夷群岛上流行的亲属制度,又是同当地事实上存在的家庭形式不相符合的。因为,那里凡是兄弟姊妹的子女,都毫无例外地是兄弟姊妹;他们不仅被看做自己母亲及其姊妹或自己父亲及其兄弟的共同的子女,而且毫无区别地被

看做自己双亲的一切兄弟姊妹的共同的子女。由此可见,如果
说美洲的亲属制度,是以在美洲已经不存在,而我们在夏威夷确
实还找到的比较原始的家庭形式为前提,那么,另一方面,夏威
夷的亲属制度却向我们指出了一种更加原始的家庭形式,诚然,
这一家庭形式的存在,现在我们在任何地方都不能加以证明,但
是它**一定**是存在过的,否则,就不会产生相应的亲属制度。摩尔
根说:

> "家庭是一个能动的要素;它从来不是静止不动的,而是随着社会从较低
> 阶段向较高阶段的发展,从较低的形式进到较高的形式。反之,亲属制度却
> 是被动的;它只是把家庭经过一个长久时期所发生的进步记录下来,并且只
> 是在家庭已经根本变化了的时候,它才发生根本的变化。"①

"同样",马克思补充说,"政治的、法律的、宗教的、哲学的体
系,一般都是如此。"**9**当家庭继续发展的时候,亲属制度却僵化起
来;当后者以习惯的方式继续存在的时候,家庭却已经超过它了。
不过,正像居维叶可以根据巴黎附近所发现的有袋动物骨骼的骨
片,来确实地断定这种骨骼属于有袋动物,并断定那里曾经生存过
这种已经绝迹的有袋动物一样,我们也可以根据历史上所留传下
来的亲属制度,同样确实地断定,曾经存在过一种与这个制度相适
应的业已绝迹的家庭形式。

刚刚讲过的那些亲属制度和家庭形式,同现在所盛行的亲
属制度和家庭形式不同的地方,就在于每个孩子有几个父亲和
母亲。按照美洲的亲属制度(夏威夷的家庭是与它相适应的),
兄弟和姊妹不能成为同一个孩子的父亲和母亲;反之,夏威夷的

---

① 路・亨・摩尔根《古代社会》1877 年伦敦版第 435 页。——编者注

亲属制度,却以通常都是这种情形的家庭为前提。在这里,我们可以看见一系列家庭形式,这些家庭形式,同那些迄今习惯上认为唯一通行的形式正相矛盾。传统的观念只知道有个体婚制,以及和它并存的一夫多妻制,至多还有一妻多夫制,同时,正如满口道德的庸人所应当做的那样,还把实践偷偷地但毫不知耻地逾越官方社会所定的界限这一事实隐瞒起来。反之,原始历史的研究却向我们展示了这样一种状态,在这种状态下,男子过着多妻制的生活,而他们的妻子同时也过着多夫制的生活,所以,他们两者的子女都被看做大家共有的子女;这种状态本身,在最终分解为个体婚姻以前,又经历了一系列的变化。这些变化是这样的:被共同的婚姻纽带所联结的范围,起初是很广泛的,后来越来越缩小,直到最后只留下现在占主要地位的成对配偶为止。

摩尔根在这样考证过去的家庭的历史时,同他的多数同行一致,也认为曾经存在过一种原始的状态,那时部落内部盛行毫无限制的性关系,因此,每个女子属于每个男子,同样,每个男子也属于每个女子①。这种原始状态,早在上一个世纪就有人谈过,不过只是一般谈谈而已;只有巴霍芬才第一个认真对待这个问题,并且到历史的和宗教的传说中寻找这种原始状态的痕迹②,这是他的伟大功绩之一。现在我们知道,他所找出的这些

---

① 以下直到"**1. 血缘家庭**"(本书第 37 页)之前是恩格斯在 1891 年版中增补的。1884 年版中是:"这种原始状态的发现,是巴霍芬的第一个伟大功绩。从这种原始状态中,大概很早就发展出以下几种家庭形式:"——编者注

② 约·雅·巴霍芬《母权论。根据古代世界的宗教的和法的本质对古代世界的妇女统治的研究》1861 年斯图加特版。——编者注

痕迹,决没有追溯到杂乱的性关系的社会阶段,而只是追溯到晚得多的一个形式,即群婚制。那个原始社会阶段,如果确实存在过的话,也是属于非常遥远的时代,以致在社会的化石,即在落后的蒙昧人中间,我们未必可以找到它在过去存在的**直接**证据了。巴霍芬的功绩,就在于他把这个问题提了出来作为考察的中心。①

近年来,否认人类性生活的这个初期阶段,已成时髦了。人们想使人类免去这一"耻辱"。在这里,人们不仅以缺乏任何直接的证据为口实,而且还特别引用其他动物界的例子;从其他动物界里,勒土尔诺(《婚姻和家庭之进化》1888年版)搜集了许多事实,表明完全杂乱的性关系即使在这里也应该属于低级发展阶段。但是,我从这一切事实中只能得出这样一个结论,即它们对于人类及其原始生活条件绝对证明不了任何东西。脊椎动物长期的成对同居,用生理的原因足以说明,例如在鸟类中,是由于雌鸟在孵卵期间需要扶助;在鸟类中存在的忠实的专偶制的例子,对于人类丝毫不能有所证明,因为人类并非起源于鸟类。如果严格的专偶制是各种美德的最高峰,那么优胜的棕叶就应当属于绦虫了,因为绦虫

---

① 恩格斯在这里加了一个注:"巴霍芬把这种原始状态叫做**淫游**,从而表明,他是多么不了解他所发现的,或者更确切地说,他所猜到的东西。希腊人使用淫游这个名词,是表示未婚男子或过个体婚生活的男子跟未婚的女子的性关系;这种淫游,总是以一定的婚姻形式的存在为前提,在这个婚姻形式之外发生这种性关系,并且包含着至少是一种可能性的卖淫。这个名词,从来没有在别的意义上使用过,我和摩尔根就是在这个意义上使用它的。巴霍芬的极端重要的发现,到处都被他的幻想——即认为历史上发生的男女之间的关系,总是起源于当时人们的宗教观念,而不是起源于人们的现实生活条件——弄得神秘化了,令人难以置信。"——编者注

在其 50—200 个关节或体节的每一节中都有完备的雌雄性器官，终生都在每个体节中自行交合。而如果我们只限于谈哺乳动物，那么我们在这里就可以找出性生活的一切形式——杂交、类似群婚的形式、多妻制、个体婚制；所缺乏的只是多夫制，这一点只有人类才能做得出来。甚至我们的近亲——猿猴类，在雌雄的配合上也显露了种种可能的差别；如果再缩小范围，仅仅考察一下四种类人猿，那么在这里勒土尔诺只能说，它们有时是专偶制，有时是多偶制，而从日罗-特隆的著作来看，索绪尔则断言它们是专偶制。**10** 最近韦斯特马克(《人类婚姻史》1891 年伦敦版)关于类人猿是专偶制的断语，也远不能作为证据。总之，现有材料的性质使得诚实的勒土尔诺承认：

"不过，在哺乳动物中，智力发展的程度和性关系的形式之间，根本没有**严格的关系**。"①

而埃斯皮纳斯(《论动物的社会》1877 年版)则率直地说：

"群是我们在动物中所能看到的最高的社会集团。它**大概**是由家庭构成的，但是**家庭和群**一开始就**处在对抗之中**，它们是以反比例发展的。"②

从上述情况已经可以看出，我们关于类人猿的家庭集团及其他共居生活集团还几乎没有丝毫确定的知识；现有的材料都是直接互相矛盾的。这也没有什么稀奇。甚至我们所掌握的关

---

① 沙·勒土尔诺《婚姻和家庭之进化》1888 年巴黎版第 41 页。——编者注

② 阿·埃斯皮纳斯《论动物的社会》1877 年巴黎版第 303—304 页。恩格斯转引自亚·日罗-特隆《婚姻与家庭的起源》1884 年日内瓦—巴黎版第 518 页。——编者注

于蒙昧人类族系的一切材料,也是十分矛盾,十分需要严格考证和精选的;而观察猿猴社会,比观察人类社会,还要困难得多。因此,凡根据这样绝对不可靠的报告而作的任何结论,我们都必须加以摒弃。

反之,上面所引的埃斯皮纳斯的命题却给了我们一个较好的论据。高等动物的群和家庭并不是互相补充,而是互相对立的。埃斯皮纳斯非常清楚地说明了,雄性在交配期内的忌妒是怎样削弱或者暂时瓦解任何共居生活的群。

"在家庭紧密结合的地方,群只是一种稀有的例外。反之,在自由的性关系或多偶制盛行的地方,群差不多是自动地形成的……为了使群能够组成,家庭的纽结必然要放松,个体必然要重新自由。因此,我们在鸟类中才极少见到有组织的群……反之,我们在哺乳动物中之所以能发现在某种程度上有组织的社会,正因为个体在这里没有被家庭所吞没……所以,群的集体感在其发生时的大敌,莫过于家庭的集体感。我们可以毫不迟疑地说:如果说一种比家庭更高级的社会形式已经发展起来,那么这只是由于它把遭受了彻底变化的家庭容纳于自身之中才能发生;这并不排除,这些家庭正是由于这一点以后才有可能在无限优越的环境中重新组成。"(埃斯皮纳斯《论动物的社会》,转引自日罗-特隆《婚姻与家庭的起源》1884 年版第 518—520 页)

由此可见,动物社会对于推断人类社会确有某种价值——但只是反面的价值而已。在较高等的脊椎动物中,据我们所知,只有两种家庭形式:多妻制和成对配偶制;在这两种家庭形式中,都只许有**一个**成年的雄者,只许有**一个**丈夫。雄者的忌妒,既联结又限制着动物的家庭,使动物的家庭跟群对立起来;由于这种忌妒,作为共居生活较高形式的群,在一些场合成为不可能,而在另一些场合则被削弱,或在交配期间趋于瓦解,在最好的情况下,其进一步的发展也受到阻碍。单是这一点就足以证明,动物的家庭和人类的原始社会是两不相容的东西;正在努力脱离动物状态的原始人类,或者根本没有家庭,或者至多只有动物中所没有的那种家庭。像正在形成中的人这样一种没有武器的动物,即使互相隔绝,以成对配偶为共居生活的最高形式,就像韦斯特马克根据猎人的口述所断定的大猩猩和黑猩猩的情况那样,也是能够以不多的数量生存下去的。为了在发展过程中脱离动物状态,实现自然界中的最伟大的进步,还需要一种因素:以群的联合力量和集体行动来弥补个体自卫能力的不足。用现今类人猿那样的生活条件根本无法解释向人类状态的过渡;这种类人猿给我们的印象,毋宁说是一种正在逐渐灭绝的、至少也是处于衰落状态的脱离正轨的旁系。只此一点,就足以驳倒由它们的家庭形式类推原始人类的家庭形式的任何论调了。而成年雄者的相互宽容,没有忌妒,则是形成较大的持久的集团的首要条件,只有在这种集团中才能实现由动物向人的转变。的确,我们发现历史上可以确切证明并且现在某些地方还可以加以研究的最古老、最原始的家庭形式是什么呢? 那就是群婚,即整群的男子与整群的女子互为所有,很少有忌妒余地的婚姻形式。其次,在较晚的一个发展阶段上,我们又发现了多夫制这种例外形式,这一形式更是直接同一切忌妒的感情相矛盾,因而是动物所没有的。不过,我们所知道的群婚形式都伴有特殊复杂的条件,以致必然使我们追溯到各种更早、更简单的性关系的形式,从而归根结底使我们追溯到一个同从动物状态向人类状态的过渡相适应的杂乱的性关系的时期,这样,动物婚姻形式的引证,就使我们恰好回到这些引证本来要使我们永远离开的那一点上去了。

那么,杂乱的性关系究竟是什么意思呢? 这就是说,现在或较早时期通行的禁规在那时是没有效力的。我们已经看到,忌妒所造成的限制是怎样崩溃的。如果说有什么可以确定的话,那就是:忌妒是一种较后发展起来的感情。血亲婚配的观念,也是如此。不仅兄弟和姊妹起初曾经是夫妇,而且父母和子女之间的性关系今日在许多民族中也还是允许的。班克罗夫特(《北美太平洋沿岸各州的土著民族》1875 年版第 1 卷)证明,白令海峡沿岸的加惟基人、阿拉斯加附近的科迪亚克岛上的人、英属北美内地的提纳人,都有这种关系;勒土尔诺也提出了关于印第安赤北韦人、智利的库库人、加勒比人、印度支那半岛的克伦人的同样事实的报告;至于古希腊人和古罗马人关于帕提亚人、波斯人、西徐亚人、匈奴人等的故事,在这里就不必说了。在血亲婚配尚未发明之前(这的确是一种发明,而且是一种极其宝贵的发明),父母和子女之间的性关系所引起的憎恶,并不大于其他不同辈的人们之间的性关系;而后者即使今日在最市侩气的国家里也还在发生,而且并不引起多大的惊骇;甚至年逾 60 的老"姑娘",如果她们十分富有的话,有时也可以嫁给一个 30 来岁的青年男子。不过,如果我们从我们所知道的最原始的家庭形式上抛弃那种与它们连在一起的血亲婚配的观念——这种观念跟我们的观念完全不同,而且往往是跟它们直接冲突的——,那么我们就得出一种只能叫做杂乱的性关系的形式了。所谓杂乱,是说后来由习俗所规定的那些限制那时还不存在。但是由此决不能说,在日常实践中也必然是一片混乱。短时期的成对配偶决不是不可能的,正如在群婚制中,当时的多数情况也是成对配偶那样。所以,如果说韦斯特马克(他是最近的一个否认这种原始状态的人)把两性在生孩子以前一切成对同居状态,都叫做婚姻,那么就应该说,这种婚姻完全可以在杂乱的性关系状态下发生,而它跟杂交状态,即不存在习俗规定的对性关系的限制的那种状态不相矛盾。当然,韦斯特马克是从如下的观点出发的,他认为:

"杂交状态包含着对个人爱恋的压抑",因而"卖淫是这种状态的最真实的形式"①。

而我却以为,只要还戴着妓院眼镜去观察原始状态,便永远不可能对它有任何理解。我们在研究群婚时,再来谈这个问题吧。

按照摩尔根的意见,从这种杂乱的性关系的原始状态中,大概很早就发展出了以下几种家庭形式:

1. 血缘家庭——这是家庭的第一个阶段。② 在这里,婚姻集团是按照辈分来划分的:在家庭范围以内的所有祖父和祖母,都互为夫妻;他们的子女,即父亲和母亲,也是如此;同样,后者的子女,构成第三个共同夫妻圈子。而他们的子女,即第一个集团的曾孙子女们,又构成第四个圈子。这样,这一家庭形式中,仅仅排斥了祖先和子孙之间、双亲和子女之间互为夫妻的权利和义务(用现代的说法)。同胞兄弟姊妹、从(表)兄弟姊妹、再从(表)兄弟姊妹和血统更远一些的从(表)兄弟姊妹,都互为兄弟姊妹,**正因为如此**,也一概互为夫妻。兄弟姊妹的关系,在家庭的这一阶段上,也

---

① 爱·韦斯特马克《人类婚姻史》1891 年伦敦—纽约版第 70—71 页。——编者注

② 这句话在 1884 年版中是这样的:"**血缘家庭**——这是社会的第一个有组织的形式,是家庭的第一个阶段。"——编者注

自然而然地包括相互的性关系。① 这种家庭的典型形式，应该是
一对配偶的子孙中每一代都互为兄弟姊妹，正因为如此，也互为
夫妻。

血缘家庭已经绝迹了。甚至在历史所记载的最粗野的民族中
间，也找不出一个可以证实的例子来。不过，这种家庭**一定**是存在
过的，如今还在整个波利尼西亚通行的夏威夷亲属制度使我们不
能不承认这一点，因为它所表现的血缘亲属等级只有在这种家庭

---

① 恩格斯在 1884 年版上加了一个注："马克思在 1882 年春季所写的一封
信**11**中，以最强烈的措辞，批评瓦格纳的《尼贝龙根》歌词中比比皆是
的对原始时代的完全曲解。歌词中说：'谁曾听说哥哥抱着妹妹做新
娘？'**12**瓦格纳的这些'色情之神'，完全以现代方式，通过一些血亲婚
配的情节使自己的风流勾当更加耸人听闻；马克思对此回答道：'在原
始时代，姊妹**曾经是妻子，而这是合乎道德的**'。"

　　恩格斯在 1891 年版上补加的注文："瓦格纳的一位法国友人和崇
拜者，不同意这个注，说在瓦格纳所根据的老《艾达》中，在《厄革斯德
列克》中，洛基就曾指责弗莱雅说：'在诸神面前，你拥抱自己的哥哥。'
可见，兄弟姊妹婚姻在那时候已经被唾弃。不过，《厄革斯德列克》乃
是对古代神话的信仰已经完全丧失的那一时代的表现；这是纯粹琉善
式的对神的讽刺。要是作为靡菲斯特斐勒司的洛基在这里对弗莱雅作
了这样的指责，那么这倒是反驳了瓦格纳。而且，在后边数行诗中，洛
基对尼奥德尔说：'你同你的妹妹生了一个（这样的）儿子'（vidh systur
thinni gaztu slikan mög）**13**。尼奥德尔本不是亚萨神，而是瓦那神，所以
他在《英格林加传说》中说，兄弟姊妹婚姻，在瓦那国是很普通的，但在
亚萨神中间并不如此。**14**这大概是表明，瓦那神是比亚萨神更古的神。
无论如何，尼奥德尔是作为同亚萨神一样的神生活在亚萨神中间的，因
此，《厄革斯德列克》毋宁说是证明，在挪威的关于诸神的传说产生的
时代，至少诸神之间的兄弟姊妹婚姻尚未引起任何憎恶。要是想为瓦
格纳辩护，引用《艾达》倒不如引用歌德，歌德在关于神和舞妓的叙事
诗中，说到妇女在寺院献身的宗教义务时也犯了同样的错误，他过于把
这种风俗习惯比做现代的卖淫了。"——编者注

形式之下才能产生;家庭后来的全部发展,使我们不能不承认这一点,因为这一家庭形式作为必然的最初阶段决定着家庭后来的全部发展。

2. 普那路亚家庭。如果说家庭组织上的第一个进步在于排除了父母和子女之间相互的性关系,那么,第二个进步就在于对于姊妹和兄弟也排除了这种关系。这一进步,由于当事者的年龄比较接近,所以比第一个进步重要得多,但也困难得多。这一进步是逐渐实现的,大概①先从排除同胞的(即母方的)兄弟姊妹之间的性关系开始,起初是在个别场合,以后逐渐成为惯例(在夏威夷群岛上,在本世纪尚有例外),最后甚至禁止旁系兄弟姊妹之间结婚,用现代的称谓来说,就是禁止同胞兄弟姊妹的子女、孙子女以及曾孙子女之间结婚;按照摩尔根的看法,这一进步可以作为

"自然选择原则在发生作用的最好说明"②。

不容置疑,凡近亲繁殖因这一进步而受到限制的部落,其发展一定要比那些依然把兄弟姊妹婚姻当做惯例和规定的部落更加迅速,更加完全。这一进步的影响有多么大,可以由**氏族**的建立来证明,氏族就是由这一进步直接引起的,而且远远超出了最初的目的,它构成地球上即使不是所有的也是大多数野蛮民族的社会制度的基础,并且在希腊和罗马我们还由氏族直接进入了文明时代。

每个原始家庭,至迟经过几代以后是一定要分裂的。原始共产制的共同的家户经济(它毫无例外地一直盛行到野蛮时代中级阶段的后期),决定着家庭公社的最大限度的规模,这种规模虽然

---

① "大概"是恩格斯在 1891 年版上增补的。——编者注
② 路·亨·摩尔根《古代社会》1877 年伦敦版第 425 页。——编者注

依条件而变化,但是在每个地方都是相当确定的。不过,认为同母所生的子女之间的性关系不妥的观念一旦发生,这种观念就一定要影响到旧家庭公社的分裂和新家庭公社的建立(这种新的家庭公社这时并不必然同家庭群体相一致)。一列或者数列姐妹成为一个公社的核心,而她们的同胞兄弟则成为另一个公社的核心。摩尔根称之为普那路亚家庭的形式,便经过这样或类似的途径而由血缘家庭产生出来了。按照夏威夷的习俗,若干数目的姐妹——同胞的或血统较远的即从(表)姐妹,再从(表)姐妹或更远一些的姐妹——是她们共同丈夫们的共同的妻子,但是在这些共同丈夫之中,排除了她们的兄弟;这些丈夫彼此已不再互称兄弟,他们也不再必须是兄弟了,而是互称普那路亚,即亲密的同伴,即所谓 associé。同样,一列兄弟——同胞的或血统较远的——则跟若干数目的女子(只要**不是**自己的姐妹)共同结婚,这些女子也互称普那路亚。这是古典形式的一种家庭结构;这种形式后来又有一系列变种,它的主要特征是一定的家庭范围内相互的共夫和共妻,不过,妻子的兄弟(起初是同胞的,以后更及于血统较远的)被排除在这个家庭范围以外,另一方面也把丈夫的姐妹除外。

这种家庭形式十分精确地向我们提供了美洲的制度所表现的亲属等级。我母亲的姐妹的子女,依然是我母亲的子女,同样,我父亲的兄弟的子女,也依然是我父亲的子女,他们全都是我的兄弟姐妹;但是我母亲的兄弟的子女,现在都是我母亲的内侄和内侄女,我父亲的姐妹的子女,现在都是我父亲的外甥和外甥女,而他们全都是我的表兄弟和表姐妹了。因为,固然我母亲的姐妹的丈夫们依然是我母亲的丈夫们,同样,我父亲的兄弟的妻子们也依然是我父亲的妻子们——即使事实上不总是如此,在道理上却是如此——,但由于社会禁止兄弟姊妹之间的性关系,结果就使迄今不加区别地被作为兄弟姊妹来对待的兄弟姊妹的子女划分为两类:有一些人像过去一样,相互之间依然是(血统较远的)兄弟姊妹,另一些人即一方面兄弟的子女和另一方面姊妹的子女,再也**不能**是兄弟姊妹,再也不能有共同的双亲了——无论是共同的父亲,共同的母亲,或是共同的父母;因此,在这里,第一次发生了分为外甥和外甥女、内侄和内侄女、表兄弟和表姊妹这一类别的必要,而这一类别在从前的家庭制度之下恐怕是没有任何意义的。美洲的亲属制度,在以某种个体婚为基础的任何家庭形式下,看来都是极其荒诞的事情,现在它在普那路亚家庭中,连最细微的地方,都获得了合理的解释和自然的根据。只要美洲的亲属制度流行过,普那路亚家庭或某种与它类似的形式①至少也应该同样存在过。

如果虔诚的传教士,像美洲早先的西班牙修道士一样,在这种反基督教的关系中,除去简单的"丑事"外能够看一看更多的东西,那么,大概在整个波利尼西亚都可以找到这种已被证明确实存在于夏威夷群岛上的家庭形式。② 如果说,凯撒在谈到当时处于野蛮时代中级阶段的布列吞人时曾告诉我们说,他们"每 10 个或 12 个男子共妻,而且多半是兄弟和兄弟,父母和子女"**16**,那么,这

---

① "或某种与它类似的形式"是恩格斯在 1891 年版上增补的。——编者注

② 恩格斯在这里加了一个注:"巴霍芬认为是他发现的不加区别的性关系,即他所谓的'污泥生殖'(Sumpfzeugung)的遗迹,是来自群婚制,现在关于这一点再也不容怀疑了。'如果巴霍芬认为这种普那路亚婚姻是"非法的",那么,那一时代的人也许要认为大多数今日血统近的和远的从兄弟姊妹或表兄弟姊妹之间结婚,都是血亲婚配,正如亲兄弟和亲姊妹之间结婚一样。'(马克思语)**15**"——编者注

最好解释为群婚①。野蛮时代的母亲不会有 10 个至 12 个这样年龄的儿子,以致可以有共同的妻子们;而跟普那路亚家庭相适应的美洲的亲属制度,却能提供好多兄弟,因为每个男子的一切血统近的和远的从(表)兄弟都是他的兄弟。所谓"父母和子女",大概是凯撒弄错了;在这个制度下,固然还没有绝对排除父亲和儿子或母亲和女儿属于同一婚姻集团的可能性,但是却不许父亲和女儿或母亲和儿子处在同一婚姻集团内。同样,这种群婚形式或与它类似的群婚形式②,最容易说明希罗多德及其他古代著作家关于蒙昧民族和野蛮民族中共妻情况的报告。这也可以说明③沃森和凯(《印度的居民》)所叙述的关于奥德(在恒河以北)的蒂库尔人的情况,即:

> "他们共同地〈即在性关系上〉生活在大公社中,差不多毫无区别,要是他们之间有二人被视为夫妻,那么,这种关系只不过是名义上的。"④

看来,**氏族**制度,在绝大多数情况下,都是从普那路亚家庭中直接发生的。诚然,澳大利亚的级别制度也可以成为产生氏族的出发点**17**;澳大利亚人有氏族,但他们还没有普那路亚家庭,而只有比较粗陋的群婚形式⑤。

---

① 在 1884 年版中不是"群婚",而是"普那路亚家庭"。——编者注
② 在 1884 年版中不是"这种群婚形式或与它类似的群婚形式",而是"这种家庭形式"。——编者注
③ 在 1884 年版中不是"这也可以说明",而是"普那路亚家庭肯定也是"。——编者注
④ 约·福·沃森和约·威·凯编《印度的居民》1868 年伦敦版第 2 卷第 85 页。——编者注
⑤ 在 1884 年版中不是"而只有比较粗陋的群婚形式",而是"他们的组织具有十分个别的性质,我们就不要管它了"。——编者注

在一切形式的群婚家庭中，谁是某一个孩子的父亲是不确定的，但谁是孩子的母亲则是确定的。即使母亲把共同家庭的**一切**子女都叫做自己的子女，对于他们都担负母亲的义务，但她仍然能够把她自己亲生的子女同其余一切子女区别开来。由此可知，只要存在着群婚，那么世系就只能从**母亲**方面来确定，因此，也只承认**女系**。一切蒙昧民族和处在野蛮时代低级阶段的民族，实际上都是这样；所以巴霍芬的第二个伟大功绩，就在于他第一个发现了这一点。他把这种只从母亲方面确认世系的情况和由此逐渐发展起来的继承关系叫做母权制；为了简便起见，我保留了这一名称；不过它是不大恰当的，因为在社会发展的这一阶段上，还谈不到法律意义上的权利。

如果我们现在从普那路亚家庭中取它的两个典型集团之一，即由一列同胞姊妹和血统较远的姊妹（亦即同胞姊妹所派生的第一等级、第二等级或更远等级的姊妹）连同她们的子女以及她们母方的同胞兄弟和血统较远的兄弟（按照我们的前提，他们**不是**她们的丈夫）所组成的典型集团来看，那么，摆在我们面前的这一群人，正是后来构成原始形式的氏族的成员。她们全体有一个共同的女始祖；由于世系出自同一个女始祖，后代的所有女性每一代都是姊妹。但是，这些姊妹的丈夫们，再也不能是她们的兄弟，从而不能是出自这个女始祖的，因而也不包括在血缘亲属集团即后来的氏族以内了；然而，他们的子女却属于这个集团，因为只有唯一确知的母方世系才具有决定的作用。一切兄弟和姊妹间，甚至母方最远的旁系亲属间的性关系的禁规一经确立，上述的集团便转化为氏族了，换言之，即组成一个确定的、彼此不能结婚的女系血缘亲属集团；从这时起，这种集团就由于其他共同的社会的和宗教的设施而日益巩固起来,并且与同一部落内的其他氏族区别开来了。关于这一点,以后还要详细谈到。不过,我们既然看到氏族不仅是必然地,而且简直是自然而然地从普那路亚家庭发展起来的,那么我们就有理由认定,在氏族制度可得到证实的一切民族中,即差不多在一切野蛮人和一切文明民族中,几乎毫无疑问地都曾经存在过这种家庭形式。①

当摩尔根写他的著作的时候,我们关于群婚的知识还是非常有限的。我们仅略略知道一点那种组织为级别的澳大利亚人的群婚,此外就是摩尔根早在1871年发表了他所得到的关于夏威夷普那路亚家庭的材料②。普那路亚家庭,一方面,给美洲印第安人中盛行的亲属制度提供了完备的说明,而这一制度曾经是摩尔根的全部研究的出发点;另一方面,它又是一个引出母权制氏族的现成的出发点;最后,它乃是远比澳大利亚的级别制度更高的一个发展阶段。因此,摩尔根把这个形式看做必然先于对偶婚存在的一个发展阶段,并且认定它在较早的时期普遍流行,这是可以理解的。自从那时以来,我们了解了群婚的一系列其他形式,现在我们知道,摩尔根在这里走得太远了。不过,他仍然很幸运,在他的普那路亚家庭中碰到了最高的、典型的群婚形式,即可以用来十分容易地说明向更高形式过渡的那种形式。

使我们关于群婚的知识大大丰富起来的,是英国传教士洛里默·法伊森,他在这种家庭形式的典型地区——澳大利亚,对群婚

---

① 以下直到"**3.对偶制家庭**"(本书第48页)之前是恩格斯在1891年版上增补的。——编者注

② 路·亨·摩尔根《人类家庭的血亲制度和姻亲制度》1871年华盛顿版。——编者注

作了多年的研究。**18**他在南澳大利亚的芒特甘比尔地区的澳大利亚黑人中发现了最低的发展阶段。在这里,整个部落分为两个级别:克洛基和库米德。每个级别内部都严格禁止性关系;反之,一级别的每个男子生来就是另一级别的每个女子的丈夫,而后者生来也是前者的妻子。不是单个人,而是整个集团相互结婚,即级别和级别结婚。而且应当指出,这里除了两个外婚制级别的划分所造成的限制以外,年龄差别或某种特殊血缘亲属关系都没有造成什么障碍。对克洛基的任何男子说来,库米德的每个女子都是他的当然的妻子;但是,他自己的女儿,既是库米德女性所生,根据母权制也是库米德,所以,她生来就是每个克洛基男人的妻子,从而也是自己父亲的妻子。至少,我们所知道的这种级别组织对于这一点是没有加以禁止的。所以,或者是在这种组织产生的那个时期,虽然已有限制近亲婚配的朦胧意向,但是人们还不把父母和子女间的性关系看做特别可怕的事情——在这种情况下,级别制度就是从杂乱的性关系的状态中直接产生的;或者是在级别产生的时候,父母和子女间的性关系业已为习俗所禁止——在这种情况下,当前的状态就表明在它以前曾经存在过血缘家庭,而它是走出血缘家庭的第一步。后面这一种情况,比较可信。据我所知,在澳大利亚,父母和子女间的婚姻关系的例子,还没有人提到过;而比较晚一些的外婚形式,即母权制氏族,通常也默然以禁止这种关系为前提,把这种禁规看做一种在氏族产生时就已存在的事情。

两个级别的制度,除了南澳大利亚的芒特甘比尔地区以外,在更靠东部的达令河流域和东北部的昆士兰也有,所以,这个制度流行颇广。它只排除母方兄弟姊妹间、母方兄弟的子女间、母方姊妹的子女间的婚姻,因为他们都是属于同一级别的;反之,姊妹的子女和兄弟的子女却能相互结婚。进一步阻止近亲婚配的办法,可以在新南威尔士达令河流域的卡米拉罗依人中间看到,在那里,两个最初的级别分裂成四个,而这四个级别之中每一级别又都跟其他一定的级别整体结婚。最初的两个级别生来就互为夫妻;根据母亲属于第一或第二级别,她的子女就属于第三或第四级别;这后两个同样互相结婚的级别,其子女又加入第一和第二级别。这样,一代总是属于第一和第二级别,下一代则属于第三和第四级别,第三代又重新属于第一和第二级别。根据这一制度,兄弟姊妹的子女(母方的)不得为夫妻,但是兄弟姊妹的孙子孙女却可以为夫妻。这一特别而复杂的制度,由于母权制氏族嫁接上来——肯定是在较后的时期——而更加复杂。不过,在这里我们不能研讨这个了。这样,我们看到,阻止近亲婚配的意向,一而再再而三地表现出来,然而这是自发地摸索着进行的,并没有明确的目的意识。

群婚在澳大利亚还是一种级别婚,它是往往分布于全大陆的整个一级别的男子和同样广布的一级别的女子的群众性夫妻关系——这种群婚,如果加以详细的观察,并不完全像习惯于娼妓制度的庸人幻想所想象的那样可怕。相反,过了许多年以后,人们才猜测到有这种群婚存在,而不久以前又对它争论起来。在肤浅的观察者看来,它是一种不牢固的个体婚制,而在某些地方则是与偶尔的通奸并行的多妻制。只有像法伊森和豪伊特那样,花费许多年工夫,才能在这些使普通的欧洲人对于其实践反倒更感到亲切的婚姻关系中发现一种调节规则,根据这种规则,一个外地的澳大利亚黑人在离开本乡数千公里的地方,在说着他所不懂的语言的人们中间,往往依然可以在一个个住宿地,在一个个部落里,找到毫无反抗和怨恨地委身于他的女子,而根据这种规则有着几个妻子的男人,也要让出一个妻子给自己的客人去过夜。在欧洲人视为不道德和无规则的地方,事实上都盛行着一种严格的规则。这些女子属于客人的通婚级别,因而她们生来就是他的妻子;把双方结合起来的那个道德规则,同时又用剥夺权利的惩罚方法,禁止相互所属的通婚级别以外的任何性关系。甚至在抢劫妇女(这是经常的,某些地方还是通例)的地方,也很慎重地遵守级别的规则。

顺便提一下,抢劫妇女的现象,已经表现出向个体婚制过渡的迹象,至少是以对偶婚的形式表现出这种迹象:当一个青年男子在朋友们的帮助下劫得或拐得一个姑娘的时候,他们便轮流同她发生性关系;但是在此以后,这个姑娘便被认为是那个发动抢劫的青年男子的妻子。反之,要是被劫来的女子背夫潜逃,而被另一个男子捕获,那么她就成为后者的妻子,前者就丧失了他的特权。这样,与普遍继续存在的群婚并行,并且在它的范围以内,就形成了一种排斥他人的关系,即或长或短时期内的成对配偶制以及与此并行的多妻制,于是在这里群婚也开始消亡,问题只在于:在欧洲人的影响下,首先消失的是什么——是群婚制还是奉行群婚制的澳大利亚黑人。

像澳大利亚所盛行的那种整个级别的结婚,无论如何,乃是群婚的一种十分低级的、原始的形式;而普那路亚家庭,就我们所知道的而论,则是群婚的最高发展阶段。前者大概是同漂泊不定的蒙昧人的社会状况相适应的,后者则是以已经有了比较牢固的共产制公社的居民点为前提,并且直接导向下一个更高的发展阶段。

在这两种婚姻形式之间,我们无疑还会发现某些中间阶段;在这里,摆在我们面前的还是一个刚刚敞开而尚未有人进入的研究领域。

3. 对偶制家庭。某种或长或短时期内的成对配偶制,在群婚①制度下,或者更早的时候,就已经发生了;一个男子在许多妻子中有一个主妻(还不能称为爱妻),而他对于这个女子来说是她的许多丈夫中的最主要的丈夫。这种情况,在不小的程度上助长了传教士中间的混乱,这些传教士们有时把群婚看做一种杂乱的共妻,有时又把它看做一种任意的通奸。但是,这种习惯上的成对配偶制,随着氏族日趋发达,随着不许互相通婚的"兄弟"和"姊妹"级别的日益增多,必然要日益巩固起来。氏族在禁止血缘亲属结婚方面所起的推动作用,使事情更加向前发展了。例如我们看到,在易洛魁人和其他处于野蛮时代低级阶段的大多数印第安人那里,在他们的亲属制度所点到的**一切**亲属之间都禁止结婚,其数多至几百种。由于婚姻禁规日益错综复杂,群婚就越来越不可能;群婚就被**对偶制家庭**排挤了。在这一阶段上,一个男子和一个女子共同生活;不过,多妻和偶尔的通奸,则仍然是男子的权利,虽然由于经济的原因,很少有实行多妻制的;同时,在同居期间,多半都要求妇女严守贞操,要是有了通奸的情事,便残酷地加以处罚。然而,婚姻关系是很容易由任何一方解除的,而子女像以前一样仍然只属于母亲。

在这种越来越排除血缘亲属结婚的事情上,自然选择的效果也继续表现出来。用摩尔根的话来说就是:

"没有血缘亲属关系的氏族之间的婚姻,生育出在体质上和智力上都更

---

① 在1884年版中不是"群婚",而是"普那路亚家庭"。——编者注

强健的人种;两个正在进步的部落混合在一起了,新生代的颅骨和脑髓便自然地扩大到综合了两个部落的才能的程度。"①

这样,实行氏族制度的部落便必然会对落后的部落取得上风,或者带动它们来仿效自己。

由此可见,原始历史上家庭的发展,就在于不断缩小最初包括整个部落并在内部盛行两性共同婚姻的那个范围。由于次第排斥亲属通婚(起初是血统较近的,后来是血统越来越远的亲属,最后甚至是仅有姻亲关系的),任何群婚形式终于在实际上成为不可能的了,结果,只剩下一对暂时松散地结合的配偶,即一旦解体整个婚姻就终止的分子。从这一点就已经可以看出,个体婚制的发生同现代字面意义上的个人性爱是多么不相干。所有正处于这一发展阶段的各民族的实践,更加证明了这一点。在以前的各种家庭形式下,男子是从来不缺乏女子的,相反,女子倒是多了一点;而现在女子却稀少起来,不得不去寻找了。因此,随着对偶婚的发生,便开始出现抢劫和购买妇女的现象,这是发生了一个深刻得多的变化的普遍**迹象**,不过只是迹象而已;但是苏格兰的学究麦克伦南,却把这些迹象,这些单纯的求妻方法,说成是"抢劫婚姻"和"买卖婚姻"[19],虚构为两种特殊的家庭。此外,在美洲印第安人和其他处于同一发展阶段的民族中间,缔结婚姻并不是当事人本人的事情(甚至往往不同他们商量),而是他们的母亲的事情。这样,订婚的往往是两个彼此全不相识的人,只是到婚期临近时,才告诉他们业已订婚。在婚礼之前,新郎赠送礼物给新娘的同氏族

---

① 路·亨·摩尔根《古代社会》1877 年伦敦版第 459 页。参看马克思《路易斯·亨·摩尔根〈古代社会〉一书摘要》(《马克思恩格斯全集》中文第 1 版第 45 卷第 363 页)。——编者注

亲属(即新娘的母方亲属,而不是她的父亲和父亲的亲属);这种礼物算是被出让的女儿的代价。婚姻可以根据夫妇任何一方的意愿而解除,但是在许多部落中,例如在易洛魁人中,逐渐形成了对这种离婚采取否定态度的社会舆论;在夫妇不和时,双方的氏族亲属便出面调解,只有在调解无效时,才实行离婚,此时子女仍归妻方,以后双方都有重新结婚的自由。

这种对偶制家庭,本身还很脆弱,还很不稳定,不能使人需要有或者只是希望有自己的家户经济,因此它根本没有使早期传下来的共产制家户经济解体。而共产制家户经济意味着妇女在家内的统治,正如在不能确认生身父亲的条件下只承认生身母亲意味着对妇女即母亲的高度尊敬一样。那种认为妇女在最初的社会里曾经是男子的奴隶的意见,是 18 世纪启蒙时代所留传下来的最荒谬的观念之一。在一切蒙昧人中,在一切处于野蛮时代低级阶段、中级阶段、部分地还有处于高级阶段的野蛮人中,妇女不仅居于自由的地位,而且居于受到高度尊敬的地位。这种地位到了对偶婚时期是怎样的情形,可以由在塞讷卡部落的易洛魁人中做过多年传教士的阿瑟·莱特作证明。他说:

"讲到他们的家庭,当他们还住在老式长屋〈包含几个家庭的共产制家户经济〉中的时候…… 那里总是由某一个克兰[20]〈氏族〉占统治地位,因此妇女是从别的克兰〈氏族〉中招来丈夫的…… 通常是女方在家中支配一切;贮藏品是公有的;但是,倒霉的是那种过于怠惰或过于笨拙因而不能给公共贮藏品增加一分的不幸的丈夫或情人。不管他在家里有多少子女或占有多少财产,仍然要随时听候命令,收拾行李,准备滚蛋。对于这个命令,他不可有反抗的企图;他无法在这栋房子里住下去,他非回到自己的克兰〈氏族〉去不可;或者像他们通常所做的那样,到别的克兰内重新结婚。妇女在克兰〈氏族〉里,乃至一般在任何地方,都有很大的势力。有时,她们可以毫不犹豫地撤换酋长,把他贬为普通的战士。"**21**

　　在共产制家户经济中,大多数或全体妇女都属于同一氏族,而男子则来自不同的氏族,这种共产制家户经济是原始时代普遍流行的妇女占统治地位的客观基础,发现妇女占统治地位,乃是巴霍芬的第三个功绩。——为补充起见,我还要指出:旅行家和传教士关于蒙昧人和野蛮人的妇女都担负过重工作的报告,同上面所说的并不矛盾。决定两性间的分工的原因,是同决定妇女社会地位的原因完全不同的。有些民族的妇女所做的工作比我们所设想的要多得多,这些民族比我们欧洲人常常对妇女怀着更多的真正尊敬。外表上受尊敬的、脱离一切实际劳动的文明时代的贵妇人,比起野蛮时代辛苦劳动的妇女来,其社会地位是无比低下的;后者在本民族中被看做真正的贵妇人(lady,frowa,Frau＝女主人),而就其地位的性质说来,她们也确是如此。

　　要弄清现在美洲的群婚①是否已完全被对偶婚所排除的问题,必须更加仔细地研究一下还处于蒙昧时代高级阶段的西北部民族,特别是南美的各民族。关于后者,流传着各种各样的性关系不受限制的事例,使人很难设想在这里旧时的群婚已经完全克服。② 无论如何,群婚的遗迹还没有完全消失。在北美的至少40个部落中,同长姊结婚的男子有权把她的一俟达到婚龄的一切妹妹也娶为妻子——这是一整群姊妹共夫的遗风。而加利福尼亚半岛的居民(蒙昧时代高级阶段),据班克罗夫特说,则有一些节日,在节日里几个"部落"聚集在一起,不加区别地发生性关系。**22**这

---

①　在1884年版中不是"群婚",而是"普那路亚家庭"。——编者注
②　"关于后者……"这句话是恩格斯在1891年版上增补的。——编者注

显然是指一些氏族,它们在这些节日里,对于从前一个氏族的妇女以另一氏族的所有男子为她们的共同丈夫,而男子则以另一氏族的所有妇女为他们的共同妻子的时代,还保留着一点朦胧的记忆。①这种习俗在澳大利亚仍然盛行着。有些民族中,还有这种情形,即男性长者、酋长和巫师,利用共妻制来为自己服务,自己独占大多数妇女;但是,他们在一定节日和民众大集会时,必须重新实行以前的共妻制,让自己的妻子去和年轻的男子们寻乐。韦斯特马克在他的《人类婚姻史》一书第28—29页,举了许多例子,表明在印度的霍人、桑塔尔人、潘扎人和科塔尔人部落中,在某些非洲民族和其他民族中,都有这种定期的沙特恩节[23],即在一个短时期内恢复旧时的自由的性关系。奇怪的是,韦斯特马克由此得出一个结论,说这并不是他所否认的群婚的残余,而是原始人和其他动物所共有的交配期的残余。

在这里,我们便接触到了巴霍芬的第四个伟大的发现:广泛流行的从群婚到对偶婚的过渡形式。被巴霍芬说成是对违反古代神戒的赎罪,即妇女用以赎买贞操权利的赎罪,事实上不过是对一种赎身办法的神秘化的说法,妇女用这种办法,把自己从旧时的共夫制之下赎出来,而获得只委身于**一个**男子的权利。这种赎身,是一种有限制的献身:巴比伦的女子每年须有一次在米莉塔庙里献身;其他前亚细亚各民族把自己的姑娘送到阿娜伊蒂斯庙去住好几

---

① 以下直到"对偶制家庭产生于蒙昧时代和野蛮时代交替的时期"(本书第55页)之前,在1884年版中是如下一句话:"旧大陆的这一类遗迹是众所周知的,例如,腓尼基姑娘在阿斯塔尔塔节在寺庙中献身的风俗;甚至中世纪的初夜权,也是大概由凯尔特氏族(克兰)传下来的普那路亚家庭的残余,尽管德国的新浪漫派竭力掩饰这个事实,初夜权却极其确凿地存在过。"——编者注

年,让她们在那里同自己的意中人进行自由恋爱,然后才允许她们结婚;穿上宗教外衣的类似的风俗,差不多在地中海和恒河之间的所有亚洲民族中间都是共同的。为赎身而作出的赎罪牺牲,随着时间的进展而越来越轻,正如巴霍芬已经指出的:

"年年提供的这种牺牲,让位于一次的供奉;从前是妇人的淫游,现在是姑娘的淫游;从前是在结婚后进行,现在是在结婚前进行;从前是不加选择地献身于任何人,现在是只献身于某些人了。"(《母权论》第 XIX 页)①

在其他民族中,没有这种宗教的外衣;在有些民族中——在古代有色雷斯人、凯尔特人等,在现代则有印度的许多土著居民、马来亚各民族、太平洋岛屿的居民,和许多美洲印第安人——姑娘在出嫁以前,都享有极大的性的自由。特别是在南美洲,差不多到处都是如此,只要稍稍深入到该大陆内地的人,都可以证明这一点。例如,阿加西斯(《巴西旅行记》1868 年波士顿—纽约版第 266 页)曾经谈到一个印第安人世系的富有家庭。当他被介绍同这一家的女儿认识时,他问到她的父亲,意思是指她母亲的丈夫,一个正在参加对巴拉圭战争的军官,但是母亲含笑回答道:Naõ tem pai,é filha da fortúna——她没有父亲,她是一个偶然生的孩子。

"印第安妇女或混血种妇女,总是这样毫不害羞或者说毫无自责之意地谈到她们的非婚生子女;这远不是什么不寻常的事,似乎倒是相反的情形才是例外。孩子们……往往只知道母亲,因为一切的照顾和责任都落在她的身上;他们对于父亲却毫无所知;看来妇女也从来没有想到她或她的子女对他应当有什么要求。"

---

①　约・雅・巴霍芬《母权论。根据古代世界的宗教的和法的本质对古代世界的妇女统治的研究》1861 年斯图加特版。——编者注

在这里使文明人感到奇怪的事情,按照母权制和在群婚制中却是一种通例。

在另一些民族中,新郎的朋友和亲属或请来参加婚礼的客人,在举行婚礼时,都可以提出古代遗传下来的对新娘的权利,新郎按次序是最后的一个;在巴利阿里群岛和在非洲的奥及娄人中,在古时都是如此;而在阿比西尼亚的巴里人中,现在也还是如此。在另一些民族中,则由一个有公职的人——部落或氏族的头目、酋长、萨满、祭司、诸侯或其他不管是什么头衔的人,代表公社行使对新娘的初夜权。尽管新浪漫主义者竭力掩饰这一事实,但这种初夜权至今还作为群婚的残余,存在于阿拉斯加地区的大多数居民(班克罗夫特《土著民族》第 1 卷第 81 页)、墨西哥北部的塔胡人(同上,第 584 页)及其他民族中;在整个中世纪,它至少存在于原为凯尔特人的各个国家中,例如在阿拉贡;在这些地方,它是直接由群婚传下来的。在卡斯蒂利亚,农民虽然从来没有成为农奴,但在阿拉贡却盛行过极丑恶的农奴制,直到 1486 年天主教徒斐迪南作出裁决为止。**24** 在这个文件中说:

"兹决定并宣告,上述领主〈senyors,男爵〉⋯⋯亦不得在农民娶妻时与其妻同睡第一夜,或在婚礼之夜,新娘躺在床上以后,跨越该床及该女子,作为自己统治的标志;上述领主亦不得违反农民的女儿或儿子的意志去差使他们,无论偿付报酬与否。"(转引自祖根海姆《农奴制度》①1861 年圣彼得堡版第 35 页上的加泰罗尼亚语原文)

其次,巴霍芬坚决地断定,从他所说的"淫游"或"污泥生殖"

---

① 赛·祖根海姆《19 世纪中叶以前欧洲废除农奴制度和人身依附的历史》。——编者注

向个体婚制的过渡,主要是由妇女所完成,这是绝对正确的。古代遗传下来的两性间的关系,越是随着经济生活条件的发展,从而随着古代共产制的解体和人口密度的增大,而失去森林原始生活的素朴性质,就必然越使妇女感到屈辱和压抑;妇女也就必然越迫切地要求取得保持贞操的权利,取得暂时地或长久地只同一个男子结婚的权利作为解救的办法。这个进步决不可能由男子首创,这至少是因为男子从来不会想到甚至直到今天也不会想到要放弃事实上的群婚的便利。只有在由妇女实现了向对偶婚的过渡以后,男子才能实行严格的专偶制——自然,这种专偶制只是对妇女而言的。

对偶制家庭产生于蒙昧时代和野蛮时代交替的时期,大部分是在蒙昧时代高级阶段,有些地方刚刚到达野蛮时代低级阶段。这是野蛮时代所特有的家庭形式,正如群婚之于蒙昧时代,专偶制之于文明时代一样。要使对偶制家庭进一步发展为牢固的专偶制,需要有别的原因,这种原因与我们已经看到的一直起着作用的那些原因不同。在成对配偶制中,群已经减缩到它的最后单位,仅由两个原子组成的分子,即一男和一女。自然选择已经通过日益缩小婚姻共同体的范围而完成了自己的使命;在这一方面,它再也没有事可做了。因此,如果没有新的、**社会的**动力发生作用,那么,从成对配偶制中就没有任何根据产生新的家庭形式了。但是,这种动力开始发生作用了。

我们现在撇开美洲这个对偶制家庭的典型地区不谈吧。没有任何迹象可以使我们作出结论说,在美洲曾经发展起更高级的家庭形式,或者在美洲被发现和被征服以前,在这里的什么地方曾经存在过牢固的专偶制。而旧大陆的情况却不是这样。

在旧大陆，家畜的驯养和畜群的繁殖，开发出前所未有的财富的来源，并创造了全新的社会关系。直到野蛮时代低级阶段，固定的财富差不多只限于住房、衣服、粗糙的装饰品以及获得食物和制作食物的工具：小船、武器、最简单的家庭用具。天天都要重新获得食物。现在，日益前进的游牧民族——住在印度五河地区和恒河地区，以及当时水草更丰茂的奥克苏斯河和药杀水草原的雅利安人，住在幼发拉底河和底格里斯河流域的闪米特人——已经有了马、骆驼、驴、牛、绵羊、山羊和猪等畜群，这些财产，只需加以看管和最简单的照顾，就可以越来越多地繁殖起来，供给非常充裕的乳肉食物。以前一切获取食物的方法，现在都退居次要地位了；打猎在从前曾经是必需的，如今也成了一种奢侈。

但是，这种新的财富归谁所有呢？最初无疑是归氏族所有。然而，对畜群的私有制，一定是很早就已经发展起来了。至于亚伯拉罕族长被所谓摩西一经的作者看做畜群的占有者，究竟是依据他作为家庭公社首领①所拥有的权利，还是依据他作为实际上世袭的氏族酋长的身份，这是很难断定的。只有一点没有疑问，那就是我们不应该把他设想为现代意义上的财产所有者。其次，没有疑问的是，在成文史的最初期，我们就已经到处都可以看到畜群乃是家庭首领的特殊财产②，完全同野蛮时代的工艺品一样，同金属器具、奢侈品以及人畜——奴隶一样。

因为这时奴隶制度也已经发明了。对于低级阶段的野蛮人来说，奴隶是没有价值的。所以，美洲印第安人处置战败敌人的办

---

① “作为家庭公社首领”是恩格斯在1891年版上增补的。——编者注
② 在1884年版中不是“特殊财产”，而是“私有财产”。——编者注

法,与较高发展阶段上的人们的处置办法完全不同。男子被杀死或者被当做兄弟编入胜利者的部落;妇女则作为妻子,或者把她们同她们尚存的子女一起收养入族。在这个阶段上,人的劳动力还不能提供超出维持它的费用的显著的盈余。由于采用牲畜繁殖、金属加工、纺织以及最后田野耕作,情况就改变了。正如以前容易得到的妻子现在具有了交换价值①而可以购买一样,劳动力也发生了同样的变化,特别是在畜群完全转归家庭所有②以后。家庭并不像牲畜那样迅速繁殖。现在需要有更多的人来看管牲畜;为此正可以利用被俘虏的敌人,何况这些敌人像牲畜一样,也是可以继续繁殖的。

这些财富,一旦转归家庭③私有并且迅速增加起来,就给了以对偶婚和母权制氏族为基础的社会一个强有力的打击。对偶婚给家庭添加了一个新的因素。除了生身的母亲以外,它又确立了确实的生身的父亲,而且这个生身的父亲,大概比今天的许多"父亲"还要确实一些。按照当时家庭内的分工,丈夫的责任是获得食物和为此所必需的劳动工具,从而,他也取得了劳动工具的所有权;在离婚时,他就随身带走这些劳动工具,而妻子则保留她的家庭用具。所以,根据当时社会的习惯,丈夫也是食物的新来源即家畜的所有者,而后来又是新的劳动工具即奴隶的所有者。但是根据同一社会的习惯,他的子女却不能继承他的财产,因为关于继承问题有如下的情形。

---

① 在 1884 年版中不是"以前容易得到的妻子现在具有了交换价值",而是"以前众多的妻子现在具有了价值"。——编者注

② 在 1884 年版中不是"家庭所有",而是"私人所有"。——编者注

③ "家庭"是恩格斯在 1891 年版上增补的。——编者注

根据母权制,就是说,当世系还是只按女系计算的时候,并根据氏族内最初的继承习惯,氏族成员死亡以后起初是由他的同氏族亲属继承的。财产必须留在氏族以内。最初,由于财物不多,在实践上大概总是转归最亲近的同氏族亲属所有,就是说,转归母方的血缘亲属所有。但是,男性死者的子女并不属于死者的氏族,而是属于他们的母亲的氏族;最初他们是同母亲的其他血缘亲属共同继承母亲的,后来,可能就首先由他们来继承了;不过,他们不能继承自己的父亲,因为他们不属于父亲的氏族,而父亲的财产应该留在父亲自己的氏族内。所以,畜群的占有者死亡以后,他的畜群首先应当转归他的兄弟姊妹和他的姊妹的子女,或者转归他母亲的姊妹的后代。他自己的子女则被剥夺了继承权。

因此,随着财富的增加,财富便一方面使丈夫在家庭中占据比妻子更重要的地位;另一方面,又产生了利用这个增强了的地位来废除传统的继承制度使之有利于子女的原动力。但是,当世系还是按母权制来确定的时候,这是不可能的。因此,必须废除母权制,而它也就被废除了。这并不像我们现在所想象的那样困难,因为这一革命——人类所经历过的最深刻的革命之一——并不需要侵害到任何一个活着的氏族成员。氏族的全体成员都仍然能够和以前一样。只要有一个简单的决定,规定以后氏族男性成员的子女应该留在本氏族内,而女性成员的子女应该离开本氏族,转到他们父亲的氏族中去就行了。这样就废除了按女系计算世系的办法和母系的继承权,确立了按男系计算世系的办法和父系的继承权。这一革命在文明民族中是怎样和在何时发生的,我们毫无所知。它是完全属于史前时代的事。不过这一革命确实**发生过**,关于这一点,特别是巴霍芬所搜集的关于母权制的许多遗迹的材料可以充分证明;至于这一革命是怎样容易地完成的,可以从许许多多印第安人部落的例子上看出来;在那里,部分地由于日益增长的财富和改变了的生活方式(从森林移居大草原)的影响,部分地由于文明和传教士的道德上的影响,这一革命不久以前方才发生,现在还在进行。在密苏里河流域的八个部落中,有六个是实行男系世系和男系继承制的,只有两个还按女系。在肖尼人、迈阿密人和德拉韦人各部落中,已经形成一种习俗,即用属于父亲氏族的一个氏族人名来给子女取名字,用这种方法把他们列入父亲的氏族,以便他们能继承自己的父亲。"借更改名称以改变事物,乃是人类天赋的决疑法! 于是就寻找一个缝隙,当实际利益提供足够的推动力时在传统的范围以内打破传统!"(马克思语)[1]因此,就发生了一个不可救药的混乱,这种混乱只有通过向父权制的过渡才能消除,而且确实部分地被这样消除了。"这看来是一个十分自然的过渡。"(马克思语)[1]至于[2]比较法学家们对这一过渡在旧大陆的各文明民族中是如何完成的说法——当然几乎全部只是一些假说而已——,见马·柯瓦列夫斯基《家庭及所有制的起源和发展概论》1890 年斯德哥尔摩版。

母权制被推翻,乃是**女性的具有世界历史意义的失败**。丈夫在家中也掌握了权柄,而妻子则被贬低,被奴役,变成丈夫淫欲的奴隶,变成单纯的生孩子的工具了。妇女的这种被贬低了的地位,

---

[1]　恩格斯引自马克思《路易斯·亨·摩尔根〈古代社会〉一书摘要》,参看《马克思恩格斯全集》中文第 1 版第 45 卷第 467 和 469 页。——编者注

[2]　从"至于"到本段结束是恩格斯在 1891 年版上增补的。——编者注

在英雄时代,尤其是古典时代的希腊人中间,表现得特别露骨,虽然它逐渐被粉饰伪装起来,有些地方还披上了较温和的外衣,但是丝毫也没有消除。

这样确立的男子独裁的第一个结果,表现在这时发生的家长制家庭这一中间形式上。这一形式的主要特点不是多妻制(关于这一点后边再讲),而是若干数目的自由人和非自由人在家长的父权之下组成一个家庭。在闪米特类型的家庭中,这个家长过着多妻的生活,非自由人也有妻子和子女,而整个组织的目的在于在一定的地域范围以内照管畜群。① 这种家庭的根本之处在于,一是把非自由人包括在内,一是父权;所以,这种家庭形式的完善的典型是罗马人的家庭。Familia 这个词,起初并不表示现代庸人的那种由脉脉温情同家庭龃龉组合起来的理想;在罗马人那里,它起初甚至不是指夫妻及其子女,而只是指奴隶。Famulus 的意思是一个家庭奴隶,而 familia 则是指属于一个人的全体奴隶。还在盖尤斯时代,familia,id est patrimonium(即遗产),就是通过遗嘱遗留的。这一用语是罗马人所发明,用以表示一种新的社会机体,这种机体的首长,以罗马的父权支配着妻子、子女和一定数量的奴隶,并且对他们握有生杀之权。

"因此,这一用语不会比拉丁部落的严酷的家庭制度更早,这种家庭制度是在采用田野耕作和奴隶制合法化以后,也是在雅利安意大利人同希腊人分离以后发生的。"②

---

① 参看路·亨·摩尔根《古代社会》1877 年伦敦版第 465—466 页,以及马克思《路易斯·亨·摩尔根〈古代社会〉一书摘要》(《马克思恩格斯全集》中文第 1 版第 45 卷第 364 页)。——编者注

② 路·亨·摩尔根《古代社会》1877 年伦敦版第 470 页。——编者注

对这一点，马克思补充说："现代家庭在萌芽时，不仅包含着奴隶制（servitus），而且也包含着农奴制，因为它从一开始就是同田野耕作的劳役有关的。它**以缩影的形式**包含了一切后来在社会及其国家中广泛发展起来的对立。"①

这种家庭形式表示着从对偶婚向专偶婚的过渡。为了保证妻子的贞操，从而保证子女出生自一定的父亲，妻子便落在丈夫的绝对权力之下了；即使打死了她，那也不过是行使他的权利罢了。②

随着家长制家庭的出现，我们便进入成文史的领域，从而也进入比较法学能给我们以很大帮助的领域了。而比较法学在这里也确实给我们带来了重大的进步。我们感谢马克西姆·柯瓦列夫斯基（《家庭及所有制的起源和发展概论》1890 年斯德哥尔摩版第 60—100 页），他向我们证明了，今天我们在塞尔维亚人和保加利亚人中还可以见到的那种称为扎德鲁加**25**（大意为大家庭）和 Bratstvo（兄弟社）的家长制家庭公社，以及在东方各民族中所见到的那种形式有所改变的家长制家庭公社，乃是一个由群婚中产生的母权制家庭和现代世界的个体家庭之间的过渡阶段。至少对于旧大陆各文明民族说来，对于雅利安人和闪米特人说来，这一点看来已经得到证明了。

南方斯拉夫的扎德鲁加是这种家庭公社现存的最好的例子。它包括一个父亲所生的数代子孙和他们的妻子，他们住在

---

①　恩格斯引自马克思《路易斯·亨·摩尔根〈古代社会〉一书摘要》，参看《马克思恩格斯全集》中文第 1 版第 45 卷第 366 页。——编者注

②　以下直到"在说到随着母权制的覆灭"（本书第 64 页）之前是恩格斯在 1891 年版上增补的。——编者注

一起,共同耕种自己的田地,衣食都出自共同的储存,共同占有剩余产品。公社处于一个家长(domaćin)的最高管理之下,家长对外代表公社,有权出让小物品,掌管财务,并对财务和对整个家务的正常经营负责。他是选举产生的,完全不一定是最年长者。妇女和她们的工作受主妇(domaćica)领导,主妇通常是家长的妻子。在为姑娘择婿时,主妇也起着重要的,而且往往是决定性的作用。但是,最高权力集中在家庭会议,即全体成年男女社员的会议。家长向这个会议作报告;会议通过各项重大决议,对公社成员进行审判,对比较重要的买卖特别是地产的买卖等作出决定。

只是在大约十年以前,才证明了在俄国也还继续存在着这种大家庭公社;现在大家都承认,这种家庭公社,像农村公社[26]一样在俄国的民间习俗中深深地扎下了根子。[27]它们出现在俄罗斯最古的法典即《雅罗斯拉夫的真理》[28]中,其名称(vervj)和达尔马提亚法典[29]中所用的相同;它们在波兰和捷克的史料中也可以得到证明。

根据霍伊斯勒(《德意志私法制度》)[①]的意见,德意志人的经济单位起初也不是现代意义上的个体家庭,而是由几代人或者说几个个体家庭所构成的,并且往往还包括许多非自由人的"家庭公社"。罗马的家庭也被归入这种类型,因此,家长的绝对权力,其他家庭成员对家长的无权地位,近来是受到很大怀疑的。在爱尔兰的凯尔特人中,据说也存在过类似的家庭公社;在法国的尼韦奈,直到法国革命时期,这种家庭公社还以 parçonneries 为名称保

---

① 安·霍伊斯勒《德意志私法制度》1886 年莱比锡版第 2 卷。——编者注

存着;而在弗朗什孔泰,它直到现在也还没有完全消失。在卢昂地区(在索恩-卢瓦尔省),还可以见到巨大的农民住房,中间是公用的、很高的、直达屋顶的大厅,四周是卧室,由六级至八级的梯子登入,在这里住着同一家庭的好几代人。

在印度,实行共同耕作的家庭公社,在亚历山大大帝时代奈阿尔科斯就已经提到过①,它今天也还存在于原来那些地方,即旁遮普和该国的整个西北部。在高加索,柯瓦列夫斯基本人就可以证明这种家庭公社的存在。在阿尔及利亚,它还存在于卡比尔人中间。甚至在美洲,据说它也曾经存在过;苏里塔所记述的古墨西哥的"calpullis"[30],人们就想把它看做是家庭公社;而库诺(1890年《外国》[31]杂志第42—44期)十分清楚地证明,在秘鲁被征服时,存在过一种马尔克制度(而且很奇怪,这种马尔克[Mark]叫做 marca),实行定期的重新分配耕地,从而实行个体耕作。②

无论如何,实行土地的共同占有和共同耕作的家长制家庭公社,现在就具有了和以前完全不同的意义。我们对于它在旧大陆各文明民族和其他若干民族中,在母权制家庭和个体家庭之间所起的重要的过渡作用,已不能有所怀疑了。在以后的阐述中,我们还要说到柯瓦列夫斯基所作的进一步的结论,即这种家长制家庭公社也是实行个体耕作以及起初是定期的而后来是永久的分配耕地和草地的农村公社或马尔克公社从中发展起来的过渡阶段。

① 参看斯特拉本《地理学》第15卷第1章。——编者注
② 参看亨·库诺《古秘鲁的农村公社和马尔克公社》,载于1890年10月20、27日和11月3日《外国》杂志第42—44期。——编者注

谈到这种家庭公社内部的家庭生活,应当指出,至少在俄国,大家都知道,家长对于公社的年轻妇女,特别是对他的儿媳常常滥用他的地位,而且往往把她们作为后房;俄罗斯民歌对于这点的描述很有说服力。

在说到随着母权制的覆灭而迅速发展起来的专偶制以前,我们再就多妻制和多夫制说几句话。这两种婚姻形式,只能算是例外,可以说是历史的奢侈品,除非它们在某一个国家内同时并存,但是大家知道这是没有的事。因此,由于被排除在多妻制以外的男子并不能从因多夫制而成为多余的妇女那里求得安慰,而且男女的数目,不管社会制度如何,迄今又差不多是相等的,所以,不论多妻制或多夫制的婚姻形式都不能上升为普遍通行的形式。事实上,一夫多妻制显然是奴隶制度的产物,并且限于个别占据特殊地位的人物。在闪米特人的家长制家庭中,只有家长本人,至多还有他的几个儿子,过着多妻制的生活,其余的人都以一人一妻为满足。现在整个东方还是如此;多妻制是富人和显贵人物的特权,多妻主要是用购买女奴隶的方法取得的;人民大众都是过着专偶制的生活。印度和西藏的多夫制,也同样是个例外;关于它起源于群婚①这个肯定并非无关紧要的问题,还需要作进一步的研究。而在实践上,多夫制的容让性看来要比伊斯兰教徒的富于忌妒的后房制度大得多。例如至少在印度的纳伊尔人中间,虽然每三四个或更多的男子共有一个妻子,但是他们每人同时还可以和别的三个或更多的男子共有第二个,甚至第三个、第四个……妻子。奇怪的是,麦克伦南在叙述这种婚姻俱乐部时(其

---

① 在1884年版中不是"群婚",而是"普那路亚家庭"。——编者注

成员可以同时加入几个俱乐部），竟没有发现**俱乐部婚姻**这个新类别。① 不过，这种婚姻俱乐部的制度，决不是真正的多夫制；恰好相反，正如日罗-特隆已经指出的，②这只是群婚的一种特殊化了的形式；男子过着多妻制的生活，而妇女则过着多夫制的生活。

4. 专偶制家庭。如上所述，它是在野蛮时代的中级阶段和高级阶段交替的时期从对偶制家庭中产生的；它的最后胜利乃是文明时代开始的标志之一。它是建立在丈夫的统治之上的，其明显的目的就是生育有确凿无疑的生父的子女；而确定这种生父之所以必要，是因为子女将来要以亲生的继承人的资格继承他们父亲的财产。专偶制家庭和对偶制不同的地方，就在于婚姻关系要牢固得多，这种关系现在已不能由双方任意解除了。这时通例只有丈夫可以解除婚姻关系，赶走他的妻子。对婚姻不忠的权利，这时至少仍然有习俗保证丈夫享有（拿破仑法典**32**明确规定丈夫享有这种权利，只要他不把姘妇带到家里来③）；而且随着社会的进一步发展，这种权利也行使得越来越广泛；如果妻子回忆起昔日的性的实践而想加以恢复时，她就要受到比过去任何时候都更严厉的惩罚。

这种新的家庭形式的全部严酷性，我们在希腊人那里可以看到。正如马克思所指出的，神话中的女神的地位给我们展示了一个更早的时期，那时妇女还享有比较自由和比较受尊敬的地位，**33**

---

① 以下至本段结束是恩格斯在 1891 年版上增补的。——编者注

② 亚·日罗-特隆《婚姻与家庭的起源》1884 年日内瓦—巴黎版。——编者注

③ 1804 年拿破仑统治时期通过的《民法典》第 230 条。——编者注

但是到了英雄时代,我们就看到妇女已经由于男子的统治和女奴隶的竞争而被贬低了。① 只要读一下《奥德赛》,就可以看到特里曼珠是怎样打断他母亲的话并要求她缄默的。② 在荷马的史诗中,被俘虏的年轻妇女都成了胜利者的肉欲的牺牲品;军事首领们按照他们的军阶依次选择其中的最美丽者;大家也知道全部《伊利亚特》都是以阿基里斯和亚加米农二人争夺这样一个女奴隶的纠纷为中心的。荷马的史诗每提到一个重要的英雄,都要讲到同他共享帐篷和枕席的被俘的姑娘。这些姑娘也被带回胜利者的故乡和家里去同居,例如在埃斯库罗斯的作品中,亚加米农对珈桑德拉就是这样做的③;同这些女奴隶所生的儿子可以得到父亲遗产的一小部分,并被认为是自由民;特夫克尔就是铁拉孟的这样一个非婚生的儿子,他可以按父名给自己取名字④。对于正式的妻子,则要她容忍这一切,同时还要她自己严格保持贞操和对丈夫的忠诚。虽然英雄时代的希腊妇女比文明时代的妇女较受尊敬,但是

---

① 在1884年版中,这句话的后一部分是这样的:"但是到了英雄时代,我们就看到,妇女处于半囚禁的隔绝状态,以便保证子女确实出自父亲。"自此以下直到"但是,尽管有这些幽禁和监视"(本书第69页)之前的几大段文字,都是恩格斯在1891年版上增补的,以代替1884年版中的如下一段话:"相反,男人却以被俘的女奴隶、他的战时共享帐篷的女伴来寻欢作乐。古典时期的情况未必更好。从贝克尔《哈里克尔》一书我们可以较为详细地查阅到希腊人如何对待妇女的情形。她们虽说不是被幽禁,但也是与世隔绝的,她们成了自己丈夫最高等的婢女,只能主要同其他的婢女来往。姑娘们则干脆被幽禁起来;妇女们只有由女奴做伴才能离家外出。如有男子来访,妇女就躲进自己的房间里去。"——编者注

② 荷马《奥德赛》第1首歌。——编者注

③ 埃斯库罗斯《奥列斯特》三部曲中的《亚加米农》。——编者注

④ 荷马《伊利亚特》第8卷。——编者注

归根结底,她对于男子说来仍不过是他的婚生的嗣子的母亲、他的最高的管家婆和女奴隶的总管而已,他可以随意纳这些女奴隶为妾,而且事实上也是这样做的。正是奴隶制与专偶制的并存,正是完全受**男子**支配的年轻美貌的女奴隶的存在,使专偶制从一开始就具有了它的特殊的性质,使它成了**只是对妇女**而不是对男子的专偶制。这种性质它到现在还保存着。

谈到较后时期的希腊人,应该把多立斯人同伊奥尼亚人区别开来。前者以斯巴达为典范,他们的婚姻关系在许多方面甚至比荷马本人所描写的婚姻关系还要古老。在斯巴达,是一种由国家根据当地的观点而改变了的对偶婚制,这种对偶婚制在有些方面还像群婚。不育子女的婚姻可以解除;国王阿拿克散德里德(约公元前650年)在一个不育的妻子以外又娶了一个,有着两个家;大约在同一时期,国王阿里斯东除了有两个不育的妻子以外还娶了第三个,而把前两妻中的一个退了。另一方面,几个兄弟可以有一个共同的妻子;一个人如果喜欢自己朋友的妻子,就可以和那个朋友共同享有她;而且把自己的妻子交给一个像俾斯麦所说的壮健的"种马"去支配,即使这个家伙本人并不属于公民之列,也被认为是合乎体统的事情。在普卢塔克的作品中,有一个地方谈到,一个斯巴达妇女叫一个向她求爱的情人去找她的丈夫商量;因此,按照舍曼的看法,可以认为在习俗上甚至存在着更大的自由。①所以,真正的通奸,妻背夫不贞,是从来没有听说过的。另一方面,斯巴达至少在其全盛时代,还没有家务奴隶,而处于农奴地位的黑

---

① 参看普卢塔克《斯巴达妇女的格言》第5章,以及格·弗·舍曼《希腊的古代文化》1855年柏林版第1卷第268页。——编者注

劳士则另外居住在庄园里,因此,斯巴达人占有他们的妻子的机会比较少。**34** 在这些条件下,斯巴达的妇女自然享有比其他希腊妇女受人尊敬得多的地位。斯巴达的妇女和少数优秀的雅典淫游女,是受古人尊崇并认为她们的言行是值得记载的举世无双的希腊妇女。

我们看到,在以雅典人为代表的伊奥尼亚人中间,情况就完全不同了。姑娘们只学习纺织缝纫,至多也不过学一点读写而已。她们差不多是被幽禁起来,只能同别的妇女有所交往。妇女所住的房间是家中的单独一部分,在楼上或者在后屋中,男子,特别是陌生人不容易入内,如果有男子来到家里,妇女就躲到那里去。妇女没有女奴隶做伴就不能离家外出;她们在家里实际上受着监视;阿里斯托芬曾经提到摩罗西狗,说人们饲养它们是为了吓走奸夫①,而且,至少在亚洲各城市,还用阉人来监视妇女,早在希罗多德时代,在希俄斯岛上就制造这种阉人出售,据瓦克斯穆特说,并不是只卖给野蛮人。② 在欧里庇得斯的作品中,妻子被称为 oikurema③,即用来照管家务的一种物件(这个词是一个中性名词);在雅典人看来,妻子除生育子女以外,不过是一个婢女的头领而已。丈夫从事竞技运动和公共事业,而妻子不许参加;此外,丈夫还常常有女奴隶供他支配,而在雅典的全盛时期,则广泛盛行至少是受国家保护的卖淫。希腊妇女那超群出众的品性,正是在这种卖淫的基础

---

① 阿里斯托芬《费斯莫佛里节日中的妇女》。——编者注

② 参看希罗多德《历史》第 8 卷第 104 和 105 章,以及威·瓦克斯穆特《从国家观点研究希腊古代》1846 年哈雷第 2 版第 2 卷第 2 篇第 390 页。——编者注

③ 欧里庇得斯《奥列斯特》。——编者注

上发展起来的,她们由于才智和艺术上的审美教养而高出于古代妇女的一般水平之上,正如斯巴达妇女由于性格刚烈而高出一般水平之上一样。但是,要成为妇人,必须先成为淫游女,这是对雅典家庭的最严厉的判决。

这种雅典家庭随着时间的进展,成了一种范例,不仅其余的伊奥尼亚人,而且本土和殖民地的所有希腊人都逐渐按照这种范例来建立他们的家庭关系。但是,尽管有这些幽禁和监视,希腊妇女仍然常常可以找到欺瞒自己丈夫的机会。那些似乎耻于对自己妻子表示任何爱情的丈夫,就同淫游女纵情取乐;但对妇女的侮辱,却在男子身上得到了报复并侮辱了男子本身,直到他们堕落到玩弄男童的丑恶地步,并且通过加尼米德的神话使他们的神同他们自己一样都受到侮辱。

根据我们对古代最文明、最发达的民族所能作的考察,专偶制的起源就是如此。它决不是个人性爱的结果,它同个人性爱绝对没有关系,因为婚姻和以前一样仍然是权衡利害的婚姻。专偶制是不以自然条件为基础,而以经济条件为基础,即以私有制对原始的自然产生的公有制的胜利为基础的第一个家庭形式。① 丈夫在家庭中居于统治地位,以及生育只可能是他自己的并且确定继承他的财产的子女——这就是希腊人坦率宣布的个体婚制的唯一目的。其实,个体婚制对希腊人说来就是一种负担,是一种必须履行的对神、对国家和对自己祖先的义务。在雅典,法律不仅规定必须结婚,而且规定丈夫必须履行一定的最低限度的所谓婚

---

① 在1884年版中这句话是"专偶制是不以自然条件为基础,而以社会条件为基础的第一个家庭形式"。——编者注

姻义务。①

可见，个体婚制在历史上决不是作为男女之间的和好而出现的，更不是作为这种和好的最高形式而出现的。恰好相反。它是作为女性被男性奴役，作为整个史前时代所未有的两性冲突的宣告而出现的。在马克思和我于1846年合写的一个旧的、未发表的手稿中，我发现了如下一句话："最初的分工是男女之间为了生育子女而发生的分工。"**35**现在我可以补充几句：在历史上出现的最初的阶级对立，是同个体婚制下夫妻间的对抗的发展同时发生的，而最初的阶级压迫是同男性对女性的压迫同时发生的。个体婚制是一个伟大的历史的进步，但同时它同奴隶制和私有制一起，却开辟了一个一直继续到今天的时代，在这个时代中，任何进步同时也是相对的退步，因为在这种进步中，一些人的幸福和发展是通过另一些人的痛苦和受压抑而实现的。个体婚制是文明社会的细胞形态，根据这种形态，我们就可以研究文明社会内部充分发展着的对立和矛盾的本质。

旧时性关系的相对自由，决没有随着对偶婚或者甚至个体婚的胜利而消失。

"旧的婚姻制度，虽然由于普那路亚集团的逐渐消亡而缩小到更加狭小的范围内，但仍然围绕着正在向前发展的家庭，并且伴随着它直到文明时代的最初期……　这种旧制度最后终于消失在新型的淫游制中，这种新型的淫游制伴随着人类直到进入文明时代，就像一个阴影笼罩在家庭上面。"②

---

① 本段最后一句话是恩格斯在1891年版上增补的。——编者注
② 路·亨·摩尔根《古代社会》1877年伦敦版第504页。——编者注

　　摩尔根所说的淫游制,是指**与个体婚制并存**的男子和未婚妇女在婚姻之外发生的性关系,这种性关系,大家知道,以各种不同的形式盛行于整个文明时代,而且日益变为公开的卖淫了。① 这种淫游制直接起源于群婚制,起源于妇女为赎买贞操权利而作的献身牺牲。为金钱而献身,最初是一种宗教行为,它是在爱神庙举行的,所得的钱最初都归于神庙的财库。亚美尼亚的阿娜伊蒂斯庙、科林斯的阿芙罗狄蒂庙的庙奴**36**,以及印度神庙中的宗教舞女,即所谓 Bajaderen(葡萄牙语 bailadeira——舞女一词的讹误),都是最初的娼妓。这种献身起初是每个妇女的义务,后来便只由这些女祭司代替其他所有妇女来实行了。在其他一些民族中,这种淫游制起源于允许姑娘们在结婚前有性的自由,因此也是群婚制的残余,只不过这种残余是通过另外一种途径传到今天的。随着财产差别的产生,亦即早在野蛮时代高级阶段,与奴隶劳动并存就零散地出现了雇佣劳动,同时,作为它的必然补充,也出现了与女奴隶的强制献身并存的自由妇女的职业卖淫。由此可见,群婚制传给文明时代的遗产是两重的,正如文明时代所产生的一切都是两重的、双面的、分裂为二的、对立的一样:一方面是专偶制,另一方面则是淫游制以及它的最极端的形式——卖淫。淫游制和社会的任何其他制度一样,也是一种社会的制度;它使旧时的性的自由继续存在,以利于男子。在实际上不仅被容忍而且特别为统治阶级所乐于实行的淫游制,在口头上是受到诅咒的。但是实际上,这种诅咒决不是针对着参与此事的男子,而只是针对着妇女:她们

---

① 以下直到"淫游制和社会的任何其他制度一样"之前是恩格斯在1891年版上增补的。——编者注

被剥夺权利,被排斥在外,以便用这种方法再一次宣布男子对妇女的无条件统治乃是社会的根本法则。

但是,在专偶制内部,第二种对立也因此而发展起来了。同靠淫游制来使自己的生活更美好的丈夫并存的还有一个被冷落的妻子。① 正如吃了半个苹果以后就再不能有一个整苹果一样,没有对立的另一面,就不可能有对立的这一面。尽管如此,男子的想法似乎仍然不是这样,直到他们的妻子教训了他们,使他们醒悟为止。随着个体婚制,出现了两种经常性的、以前所不知道的特有的社会人物:妻子的经常的情人和戴绿帽子的丈夫。男子获得了对妇女的胜利,但是桂冠是由失败者宽宏大量地给胜利者加上的。虽然加以禁止、严惩但终不能根除的通奸,已成为与个体婚制和淫游制并行的不可避免的社会的制度了。子女是否确凿无疑地出自父亲,像从前一样,至多只能依据道德的信念;所以,为了解决这个无法解决的矛盾,《拿破仑法典》第 312 条规定:

"L'enfant conçu pendant le mariage a pour père le mari"——凡在结婚以后怀胎的婴儿,以丈夫为父。

这便是个体婚制 3 000 年的最后结果。

这样,在个体家庭中,在仍然忠实于其历史起源并使由于丈夫的独占统治而出现的男女之间的冲突凸显的场合,我们就看到了自文明时代开始分裂为阶级的社会在其中运动的、既不能解决又不能克服的那些对立和矛盾的一幅缩图。自然,我在这里所说的,只是个体婚制的如下一些场合,即夫妻生活确实是按照这整个制度的最初性质的规则来进行而妻子反抗丈夫统治的场合。至于说

---

① 以上两句话是恩格斯在 1891 年版上增补的。——编者注

并不是一切婚姻都是这样进行的,这一点没有人比德国庸人知道得更清楚了,他不知道怎样维护他在家中的统治,正如他不知道怎样维护他在国家中的统治一样,所以,他的妻子有充分权利操起不配由他掌握的权柄。但是他却自以为,他比他的同样不幸的、比他本人更常遇到恶劣得多的境遇的法国难友要优越得多。

不过,个体家庭决不是在任何地方和任何时候都具有像在希腊人中间所有的那种古典的粗野形式。罗马人作为世界的未来征服者,具有虽不如希腊人细致但比他们远大的见识,在罗马人中间,妇女是比较自由和受尊敬的。罗马的男子认为,妻子的贞操已经由于他对妻子有生杀之权而得到了充分的保证。此外,这里的妇女同男子一样,可以自愿解除婚姻关系。但是,在个体婚制发展方面的最大进步,无疑是随着德意志人登上历史舞台而发生的,因为在德意志人中间,大概由于他们贫穷的缘故①,专偶制看来在那个时候还没有从对偶制中完全发展起来。我们是根据塔西佗所提到的如下三种情况而得出这个结论的。第一,尽管十分尊重婚姻——"他们以一个妻子为满足,妇女生活在被贞操防卫起来的环境中"②——,但是在他们的显要人物和部落首长中间却实行多妻制,同我们在实行对偶婚的美洲人中间看到的情况类似。第二,从母权制向父权制的过渡,在他们那里可能只是在此前不久的时候才完成的,因为母亲的兄弟——按照母权制是最近的男性的同氏族亲属——在他们那里仍然被认为是比自己的父亲更亲近的亲属,这一点也是与美洲印第安人的观点相一致的;正如马克思所常

---

① "大概由于他们贫穷的缘故"是恩格斯在1891年版上增补的。——编者注

② 塔西佗《日耳曼尼亚志》第18—19章。——编者注

常说的,他在美洲印第安人中间找到了一把了解我们自己的原始时代的钥匙。第三,在德意志人中间,妇女很受尊敬并且对公共事务也有很大的影响,这同专偶制所特有的男子统治是直接对立的。差不多在这一切方面,德意志人都与斯巴达人相一致;正如我们已经看到的,在斯巴达人中间,对偶婚也还没有完全被放弃。① 因此,在这方面,一个崭新的要素也随着德意志人的出现而获得了在世界上的统治地位。在各民族混合的过程中,在罗马世界的废墟上发展起来的新的专偶制,使男子的统治具有了比较温和的形式,而使妇女至少从外表上看来有了古典古代所从未有过的更受尊敬和更加自由的地位。这样就第一次造成了一种可能性,在这种可能性的基础上,从专偶制之中——因情况的不同,或在它的内部,或与它并行,或与它相反——发展起来了我们应归功于专偶制的最伟大的道德进步:整个过去的世界所不知道的现代的个人性爱。

但是,这个进步无疑是由这样的情况引起的,即德意志人还生活在对偶制家庭中,他们在可能的范围内把适应于对偶制家庭的妇女地位嫁接到专偶制上来;这一进步决不是由于德意志人的什么传奇性的、道德上纯洁得令人惊奇的天性所引起的,这种天性只不过是:对偶制实际上并不像专偶制那样在明显的道德对立中发展。恰好相反,德意志人在其迁徙时期,特别是在向东南方,即黑海沿岸草原游牧民族区迁徙时期,在道德上堕落得很厉害,除骑马术以外,他们还从这些游牧民族那里染上了丑恶的反常情的恶习,阿米亚努斯关于泰发耳人,普罗科皮乌斯关于海鲁莱人的叙述就

---

① 这句话是恩格斯在 1891 年版上增补的。——编者注

是明显的证明。①

不过,如果说在我们所知道的一切家庭形式中,专偶制是现代的性爱能在其中发展起来的唯一形式,那么这并不是说,现代的性爱作为夫妇相互的爱完全或主要是在这一形式中发展起来的。在男子统治下的牢固的个体婚制的整个本质,是排斥这一点的。在一切历史上主动的阶级中间,即在一切统治阶级中间,婚姻的缔结和对偶婚以来的做法相同,仍然是一种由父母安排的、权衡利害的事情。所以,第一个出现在历史上的性爱形式,表现为热恋,表现为每个人(至少是统治阶级中的每个人)都能享受到的热恋,表现为性的冲动的最高形式(这正是性爱的特性),而这第一个出现的性爱形式,中世纪的那种骑士之爱,根本不是夫妇之爱。恰好相反,古典方式的、普罗旺斯人的骑士之爱,正是极力要破坏夫妻的忠实,而他们的诗人们所歌颂的也正是这个。Albas,用德文来说就是破晓歌,是普罗旺斯爱情诗②的精华。它用热烈的笔调描写骑士怎样睡在他的情人——别人的妻子——的床上,门外站着侍卫,当晨曦(alba)初露时,便通知骑士,使他能悄悄地溜走,而不被人发觉;接着是叙述离别的情景,这是歌词的最高潮。北部法兰西人和老实的德意志人,也学到了这种诗体和与它相适应的骑士之爱的方式,而我们的老沃尔弗拉姆·冯·埃申巴赫也以这种挑逗性的主题留下了三首美妙的破晓歌,我觉得这些诗歌比他的三篇很长的英雄诗更好。

---

① 参看阿米亚努斯·马尔采利努斯《罗马史》第 31 卷第 9 章,以及凯撒里亚的普罗科皮乌斯《哥特战争史》第 2 卷。——编者注
② 指 11 世纪末至 13 世纪初法国南部的行吟诗人们的诗歌。——编者注

在今日的资产阶级中间,缔结婚姻有两种方式。在天主教国家中,父母照旧为年轻的资产阶级儿子选择适当的妻子,其结果自然是专偶制所固有的矛盾得到了最充分的发展:丈夫方面是大肆实行淫游,妻子方面是大肆通奸。天主教会禁止离婚,恐怕也只是因为它确信对付通奸就像对付死亡一样,是没有任何药物可治的。相反,在新教国家中,通例是允许资产阶级的儿子有或多或少的自由去从本阶级选择妻子;因此,一定程度的爱可能成为结婚的基础,而且,为了体面,也始终以此为前提,这一点符合新教伪善的精神。在这里,丈夫实行淫游并不那么厉害,而妻子的通奸也比较不那么常见。不过,在任何婚姻形式下,人们结婚后和结婚前仍然是同样的人,而新教国家的资产者又大多是些庸人,所以,这种新教的专偶制,即使拿一般最好的场合来看,也只不过是导致被叫做家庭幸福的极端枯燥无聊的婚姻共同体罢了。小说就是这两种缔结婚姻的方法的最好的镜子:法国的小说是天主教婚姻的镜子;德国的①小说是新教婚姻的镜子。在这两种场合,"他都有所得";在德国小说中是青年得到了少女;在法国小说中是丈夫得到了绿帽子。两者之中究竟谁的处境更坏,不是每次都可以弄清楚的。因此,德国小说的枯燥之于法国资产者,正如法国小说的"不道德"之于德国的庸人一样是令人不寒而栗的。可是,最近,自从"柏林成为世界都市"以来,德国小说也开始不那么胆怯地描写当地早就为人所知的淫游和通奸了。

但是,在这两种场合,婚姻都是由当事人的阶级地位来决定的,因此总是权衡利害的婚姻。② 这种权衡利害的婚姻,在这两种

① 在1884年版中是"德国的和瑞典的"。——编者注
② 以下直到"只有在被压迫阶级中间"(本书第77页)之前是恩格斯在1891年版上增补的。——编者注

场合都往往变为最粗鄙的卖淫——有时是双方,而更常见的是妻子。妻子和普通娼妓的不同之处,只在于她不是像雇佣女工做计件工作那样出租自己的身体,而是把身体一次永远出卖为奴隶。所以,傅立叶的一句话,可适用于一切权衡利害的婚姻,他说:

"正如在文法上两个否定构成一个肯定一样,在婚姻道德上两个卖淫则算做一个美德。"**37**

只有在被压迫阶级中间,而在今天就是在无产阶级中间,性爱才成为而且也才可能成为对妇女的关系的常规,不管这种关系是否为官方所认可。不过,在这里,古典的专偶制的全部基础也就除去了。在这里没有任何财产,而专偶制和男子的统治原是为了保存和继承财产而建立的;因此,在这里也就没有建立男子统治的任何推动力了。况且,在这里也没有达到这个目的的手段:维护男子统治的资产阶级法律,只是为了维护有产者和他们同无产者的相互关系而存在的;它是要花费金钱的,而因为工人贫穷的缘故,它对于工人同他的妻子的关系就没有效力了。在这里,起决定作用的完全是另一种个人的和社会的关系。此外,自从大工业迫使妇女从家庭进入劳动市场和工厂,而且往往把她们变为家庭的供养者以后,在无产者家庭中,除了自专偶制出现以来就蔓延开来的对妻子的野蛮粗暴也许还遗留一些以外,男子统治的最后残余也已失去了任何基础。这样一来,无产者的家庭,甚至在双方都保持最热烈的爱情和最牢固的忠实的情况下,并且不管有可能得到什么样的宗教的和世俗的祝福,也不再是严格意义上的专偶制的家庭了。所以,专偶制的经常伴侣——淫游和通奸,在这里只有极其微小的作用;妻子事实上重新取得了离婚的权利,当双方不能和睦相处时,他们就宁愿分离。一句话,无产者的婚姻之为专偶制,是在这个名词的词源学意义上说的,决不是在这个名词的历史意义上说的。①

诚然,我们的法学家认为,立法的进步使妇女越来越失去申诉不平的任何根据。现代各文明国家的法律体系越来越承认,第一,为了使婚姻有效,它必须是一种双方自愿缔结的契约;第二,在结婚同居期间,双方在相互关系上必须具有平等的权利和义务。如果这两种要求都能彻底实现,那么妇女就有了她们所能希望的一切了。

这种纯法律的论据,同激进的共和派资产者用来击退和安抚无产者的论据完全一样。劳动契约据说是由双方自愿缔结的。而只要法律**在字面上**规定双方平等,这个契约就算是自愿缔结。至于不同的阶级地位给予一方的权力,以及这一权力加于另一方的压迫,即双方实际的经济地位——这是与法律毫不相干的。在劳动契约有效期间,只要此方或彼方没有明白表示放弃,双方仍然被认为是权利平等的。至于经济地位迫使工人甚至把最后一点表面上的平等权利也放弃掉,这又是与法律无关的。

在婚姻问题上,法律,即使是最进步的法律,只要当事人让人把他们出于自愿一事正式记录在案,也就十分满足了。至于法律幕后的现实生活发生了什么事,这种自愿是怎样造成的,法律和法学家都可以置之不问。但是,最简单的法制比较,在这里也会向法学家们表明,这种自愿究竟是怎么一回事。在法律保证子女继承

---

① 以下直到"现在让我们再回过来谈摩尔根吧"(本书第89页)之前是恩格斯在1891年版上增补的。——编者注

父母财产的应得部分,因而不能剥夺他们继承权的各国——在德国,在采用法国法制的各国以及其他一些国家中——,子女的婚事必须得到父母的同意。在采用英国法制的各国,法律并不要求结婚要得到父母的同意,在这些国家,父母对自己的财产也有完全的遗赠自由,他们可以任意剥夺子女的继承权。很明显,尽管如此,甚至正因为如此,在英国和美国,在有财产可继承的阶级中间,结婚的自由在事实上丝毫也不比在法国和德国更多些。

男女婚后在法律上的平等权利,情况也不见得更好些。我们从过去的社会关系中继承下来的两性的法律上的不平等,并不是妇女在经济上受压迫的原因,而是它的结果。在包括许多夫妇和他们的子女的古代共产制家户经济中,由妇女料理家务,正如由男子获得食物一样,都是一种公共的、为社会所必需的事业。随着家长制家庭,尤其是随着专偶制个体家庭的产生,情况就改变了。料理家务失去了它的公共的性质。它与社会不再相干了。它变成了**一种私人的服务**;妻子成为主要的家庭女仆,被排斥在社会生产之外。只有现代的大工业,才又给妇女——只是给无产阶级的妇女——开辟了参加社会生产的途径。但在这种情况下,如果她们仍然履行自己对家庭中的私人的服务的义务,那么她们就仍然被排除于公共的生产之外,而不能有什么收入了;如果她们愿意参加公共的事业而有独立的收入,那么就不能履行家庭中的义务。不论在工厂里,或是在一切行业直到医务界和律师界,妇女的地位都是这样的。现代的个体家庭建立在公开的或隐蔽的妇女的家务奴隶制之上,而现代社会则是纯粹以个体家庭为分子而构成的一个总体。现今在大多数情形之下,丈夫都必须是挣钱的人,赡养家庭的人,至少在有产阶级中间是如此,这就使丈夫占据一种无须任何特别的法律特权加以保证的统治地位。在家庭中，丈夫是资产者，妻子则相当于无产阶级。不过，在工业领域内，只有在资本家阶级的一切法定的特权被废除，而两个阶级在法律上的完全平等的权利确立以后，无产阶级所受的经济压迫的独特性质，才会最明白地显露出来；民主共和国并不消除两个阶级的对立，相反，正是它才提供了一个为解决这一对立而斗争的地盘。同样，在现代家庭中丈夫对妻子的统治的独特性质，以及确立双方的真正社会平等的必要性和方法，只有当双方在法律上完全平等的时候，才会充分表现出来。那时就可以看出，妇女解放的第一个先决条件就是一切女性重新回到公共的事业中去；而要达到这一点，又要求消除个体家庭作为社会的经济单位的属性。

————

这样，我们便有了三种主要的婚姻形式，这三种婚姻形式大体上与人类发展的三个主要阶段相适应。群婚制是与蒙昧时代相适应的，对偶婚制是与野蛮时代相适应的，以通奸和卖淫为补充的专偶制是与文明时代相适应的。在野蛮时代高级阶段，在对偶婚制和专偶制之间，插入了男子对女奴隶的统治和多妻制。

以上全部论述证明，在这种顺序中所表现的进步，其特征就在于，妇女越来越被剥夺了群婚的性的自由，而男性却没有被剥夺。的确，群婚对于男子到今天事实上仍然存在着。凡在妇女方面被认为是犯罪并且要引起严重的法律后果和社会后果的一切，对于男子却被认为是一种光荣，至多也不过被当做可以欣然接受的道德上的小污点。但是，自古就有的淫游制现今在资本主义商品生产的影响下变化越大，越适应于资本主义商品生产，越变为露骨的卖淫，它在道德上的腐蚀作用也就越大。而且它在道德上对男子的腐蚀,比对妇女的腐蚀要厉害得多。卖淫只是使妇女中间不幸成为受害者的人堕落,而且她们也远没有堕落到普通所想象的那种程度。与此相反,它败坏着全体男子的品格。所以,举例来说,长期的未婚夫状态,十有八九都是婚后不忠实的真正的预备学校。

但是,我们现在正在走向一种社会变革,那时,专偶制的迄今存在的经济基础,正像它的补充物即卖淫的经济基础一样,不可避免地都要消失。专偶制的产生是由于大量财富集中于一人之手,也就是男子之手,而且这种财富必须传给这一男子的子女,而不是传给其他人的子女。为此,就需要妻子方面的专偶制,而不是丈夫方面的专偶制,所以这种妻子方面的专偶制根本不妨碍丈夫的公开的或秘密的多偶制。但是,行将到来的社会变革至少将把绝大部分耐久的、可继承的财富——生产资料——变为社会所有,从而把这一切对于传授遗产的关切减少到最低限度。可是,既然专偶制是由于经济的原因而产生的,那么当这种原因消失的时候,它是不是也要消失呢?

可以不无理由地回答:它不仅不会消失,而且相反,只有那时它才能完全地实现。因为随着生产资料转归社会所有,雇佣劳动、无产阶级,从而一定数量的——用统计方法可以计算出来的——妇女为金钱而献身的必要性,也要消失了。卖淫将要消失,而专偶制不仅不会灭亡,而且最后对于男子也将成为现实。

这样一来,男子的地位无论如何要发生很大的变化。而妇女的地位,**一切**妇女的地位也要发生很大的转变。随着生产资料转归公有,个体家庭就不再是社会的经济单位了。私人的家务变为社会的事业。孩子的抚养和教育成为公共的事情;社会同等地关怀一切儿童,无论是婚生的还是非婚生的。因此,对于"后果"的担心也就消除了,这种担心在今天成了妨碍少女毫无顾虑地委身于所爱的男子的最重要的社会因素——既是道德的也是经济的因素。那么,会不会由于这个原因,就足以逐渐产生更随便的性关系,从而也逐渐产生对处女的荣誉和女性的羞耻都更加马虎的社会舆论呢? 最后,难道我们没有看见,在现代世界上专偶制和卖淫虽然是对立物,却是不可分离的对立物,是同一社会秩序的两极吗? 能叫卖淫消失而不叫专偶制与它同归于尽吗?

在这里,一个在专偶制发展的时候最多只处于萌芽状态的新的因素——个人的性爱,开始发生作用了。

在中世纪以前,是谈不到个人的性爱的。不言而喻,形体的美丽、亲密的交往、融洽的性情等等,都曾引起异性对于发生性关系的热望;同谁发生这种最亲密的关系,无论对男子还是对女子都不是完全无所谓的。但是这距离现代的性爱还很远很远。在整个古代,婚姻都是由父母为当事人缔结的,当事人则安心顺从。古代所仅有的那一点夫妇之爱,并不是主观的爱好,而是客观的义务;不是婚姻的基础,而是婚姻的附加物。现代意义上的爱情关系,在古代只是在官方社会以外才有。忒俄克里托斯和莫斯库斯曾歌颂其爱情的喜悦和痛苦的那些牧人,朗格的达夫尼斯和赫洛娅,全都是不参与国家事务,不参与自由民活动的奴隶。而除去奴隶以外,我们所遇到的爱情纠纷只是灭亡中的古代世界解体的产物,而且是与同样也处在官方社会以外的妇女,与淫游女,即异地妇女或被释女奴隶发生的纠纷:在雅典是从它灭亡的前夜开始,在罗马是在帝政时期。如果说在自由民男女之间确实发生过爱情纠纷,那只是就婚后通奸而言的。所以,对于那位古代的古典爱情诗人老阿那克里翁来说,现代意义上的性爱竟是如此无关紧要,以致被爱者的性别对于他来说也成了无关紧要的事情。

现代的性爱,同古代人的单纯的性要求,同厄洛斯[情欲],是根本不同的。第一,性爱是以所爱者的对应的爱为前提的;从这方面说,妇女处于同男子平等的地位,而在古代的厄洛斯时代,决不是一向都征求妇女同意的。第二,性爱常常达到这样强烈和持久的程度,如果不能结合而彼此分离,对双方来说即使不是一个最大的不幸,也是一个大不幸;为了能彼此结合,双方甘冒很大的危险,直至拿生命孤注一掷,而这种事情在古代充其量只是在通奸的场合才会发生。最后,对于性关系的评价,产生了一种新的道德标准,人们不仅要问:它是婚姻的还是私通的,而且要问:是不是由于爱和对应的爱而发生的? 自然,在封建的或资产阶级的实践中,这个新的标准,并不比其他一切道德标准的境遇更好——人们对它视若无睹。不过,它的境遇也并非更坏;它和其他道德标准一样——在理论上,在字面上,也是被承认的。而更高的要求目前它就不能提了。

中世纪是从具有性爱的萌芽的古代世界停止前进的地方接着向前走的,它以通奸的方式接着前进。我们已经叙述过那创造了破晓歌的骑士之爱。从这种力图破坏婚姻的爱情,到那种应该成为婚姻的基础的爱情,还有一段漫长的路程,这段路程骑士们将永远走不到尽头。甚至我们由轻浮的罗曼语各民族进而考察有德行的德意志人时,在《尼贝龙根之歌》[12]中也可以发现,克里姆希耳德虽然暗中钟情于齐格弗里特,而且不亚于齐格弗里特对她的钟情,但是当贡特尔宣布已把她许配给一个骑士(他没有说出他的名字)时,她却简单地回答道:

"您不必问我;您要我怎样,我总是照办;老爷,您要我嫁给谁,我就乐意和他订婚。"①

她甚至连想也没有想,她的爱情在这里是可以加以考虑的。贡特尔向布龙希耳德求婚,埃策耳向克里姆希耳德求婚,他们一次也不曾见过她们;同样,在《古德龙》**38**中,爱尔兰的齐格班特向挪威的乌黛求婚,黑盖林格的黑特耳向爱尔兰的希尔达求婚,以及莫尔兰的齐格弗里特、诺曼的哈尔特木特和西兰的黑尔维希向古德龙求婚,都是如此;而这里第一次出现古德龙自愿嫁给黑尔维希。按照通例,年轻王公的未婚妻都是由父母选择的,只要父母还活着;否则他就同大诸侯们商议,自行选择,大诸侯们的意见在一切场合总是起着很大的作用。而且也不能不如此。对于骑士或男爵,像对于王公一样,结婚是一种政治行为,是一种借新的联姻来扩大自己势力的机会;起决定作用的是**家族**的利益,而决不是个人的意愿。在这种条件下,爱情怎能对婚姻问题有最后决定权呢?

中世纪城市的行会师傅也是如此。单是保护着他的那些特权,带有各种限制的行会条例,在法律上把他同别的行会,或者同本行会的同事,或者同他的帮工和学徒分开的种种人为的界限,就大大缩小了他寻求适当的妻子的范围。至于这些女子当中谁是最适当的,在这种错综复杂的体系下,决定这个问题的绝对不是他个人的意愿,而是家庭的利益。

因此,直到中世纪末期,在绝大多数场合,婚姻的缔结仍然和最初一样,不是由当事人决定的事情。起初,人们一出世就已经结了婚——同整个一群异性结了婚。在较后的各种群婚形式中,大

---

① 《尼贝龙根之歌》第10首歌。——编者注

概仍然存在着类似的状态,只是群的范围逐渐缩小罢了。在对偶婚之下,通例是由母亲给自己的子女说定婚事;在这里关于新的亲戚关系的考虑也起着决定的作用,这种新的亲戚关系应该使年轻夫妇在氏族和部落中占有更牢固的地位。当父权制和专偶制随着私有财产的分量超过共同财产以及随着对继承权的关切而占了统治地位的时候,结婚便更加依经济上的考虑为转移了。买卖婚姻的**形式**正在消失,但它的实质却在越来越大的范围内实现,以致不仅对妇女,而且对男子都规定了价格,而且不是根据他们的个人品质,而是根据他们的财产来规定价格。当事人双方的相互爱慕应当高于其他一切而成为婚姻基础的事情,在统治阶级的实践中是自古以来都没有的。至多只是在浪漫故事中,或者在不受重视的被压迫阶级中,才有这样的事情。

这就是从地理发现的时代起,资本主义生产通过世界贸易和工场手工业而准备取得在世界上的统治地位的时候它所遇到的状况。人们想必认为,这种结婚方式对于资本主义生产是非常合适的,而事实上也确实如此。但是——世界历史的讽刺神秘莫测——正是资本主义生产注定要把这种结婚方式打开一个决定性的缺口。它把一切都变成了商品,从而消灭了过去留传下来的一切古老的关系,它用买卖、“自由”契约代替了世代相因的习俗,历史的法。英国的法学家亨·萨·梅恩说,同以前的各个时代相比,我们的全部进步就在于从身份进到契约,从过去留传下来的状态进到自由契约所规定的状态。① 他自以为他的这种说法是一个伟大的发现,其实,这

---

① 参看亨·萨·梅恩《古代法:它与社会早期历史的联系和它与现代观念的关系》1861 年伦敦版第 170 页。——编者注

一点,就其正确之处而言,在《共产主义宣言》①中早已说过了②。

然而,只有能够自由地支配自己的人身、行动和财产并且彼此权利平等的人们才能缔结契约。创造这种"自由"和"平等"的人们,正是资本主义生产的主要工作之一。虽然这在最初不过是半自觉地发生的,并且穿上了宗教的外衣,但是自路德和加尔文的宗教改革**39**以来,就牢固地确立了一个原则,即一个人只有在他以完全自由的意志去行动时,他才能对他的这些行动负完全的责任,而对于任何强迫人从事不道德行为的做法进行反抗,乃是道德上的义务。但是这同迄今为止的订立婚约的实践怎么能协调起来呢?按照资产阶级的理解,婚姻是一种契约,是一种法律行为,而且是一种最重要的法律行为,因为它就两个人终身的肉体和精神的问题作出规定。虽然这种契约那时在形式上是自愿缔结的;没有当事人双方的同意就不能解决问题。不过人人都非常明白,这一同意是如何取得的,实际上是谁在订立婚约。然而,在缔结别的契约时要求真正自由的决定,那么在订立婚约时为什么不要求这种自由呢?难道两个将要被撮合的青年人没有权利自由地支配他们自己、他们的身体以及身体的器官吗?难道性爱不是由于骑士而成为时髦,与骑士的通奸之爱相比,难道夫妇之爱不是性爱的正确的资产阶级形式吗?既然彼此相爱是夫妇的义务,那么相爱者彼此结婚而不是同任何别人结婚不同样也是他们的义务吗?难道相爱者的这种权利不是高于父母、亲属以及其他传统的婚姻中介人和

---

① 即《共产党宣言》。——编者注
② 参看《共产党宣言》第 1 章,《马克思恩格斯选集》第 3 版第 1 卷第400—413 页。——编者注

媒妁的权利吗？既然自由的、个人审定的权利已经无礼地侵入教会和宗教的领域，它怎么能在老一代支配下一代的肉体、灵魂、财产、幸福和不幸这种无法容忍的要求面前停步呢？

这些问题，在社会的一切旧有的联系正在松弛，一切因袭的观念正在动摇的时候，是必然要提出来的。世界一下子大了差不多十倍；现在展现在西欧人眼前的，已不是一个半球的四分之一，而是整个地球了，他们正忙着去占据其余的七个四分之一。传统的中世纪思想方式的千年藩篱，同旧日的狭隘的故乡藩篱一样崩溃了。在人的外在的眼睛和内心的眼睛前面，都展开了无比广大的视野。在为印度的财富、墨西哥和波托西的金矿银矿所引诱的青年男子看来，尊长们的赞许以及世代相传的荣耀的行会特权能有什么意义呢？这是资产阶级的漫游骑士的时代；这个时代也有自己的浪漫故事和爱情幻想，但都是按照资产阶级的方式，而且归根到底是抱着资产阶级的目的的。

于是就发生了这样的情况：正在兴起的资产阶级，特别是在现存制度最受动摇的新教国家里，都越来越承认在婚姻方面也有缔结契约的自由，并用上述方式来实现这一自由。婚姻仍然是阶级的婚姻，但在阶级内部则承认当事者享有某种程度的选择的自由。在字面上，在道德理论上以及在诗歌描写上，再也没有比认为不以夫妻相互性爱和真正自由的协议为基础的任何婚姻都是不道德的那种观念更加牢固而不可动摇的了。总之，恋爱婚姻被宣布为人权，并且不仅是 droit de l'homme①，而且在例外的情况下也是妇女

---

① "droit de l'homme"既有"人的权利"的意思，也有"男子的权利"的意思。——编者注

的权利。

但是,这种人权有一点是与其他一切所谓人权不同的。当后者实际上只限于统治阶级即资产阶级,而对于被压迫阶级即无产阶级则直接或间接地被削减了的时候,历史的讽刺又应验了。统治阶级仍然为众所周知的经济影响所支配,因此在他们中间,真正自由缔结的婚姻只是例外,而在被统治阶级中间,像我们已看到的,这种婚姻却是通例。

因此,结婚的充分自由,只有在消灭了资本主义生产和它所造成的财产关系,从而把今日对选择配偶还有巨大影响的一切附加的经济考虑消除以后,才能普遍实现。到那时,除了相互的爱慕以外,就再也不会有别的动机了。

既然性爱按其本性来说就是排他的——虽然这种排他性今日只是在妇女身上无例外地得到实现——,那么,以性爱为基础的婚姻,按其本性来说就是个体婚姻。我们已经看到,巴霍芬认为由群婚向个体婚过渡这一进步主要应归功于妇女,是多么的正确;只有由对偶婚制向专偶制的进步才是男子的功劳;在历史上,后一进步实质上是使妇女地位恶化,而便利了男子的不忠实。因此,那种迫使妇女容忍男子的这些通常的不忠实行为的经济考虑——例如对自己的生活,特别是对自己子女的未来的担心——一旦消失,那么由此而达到的妇女的平等地位,根据以往的全部经验来判断,与其说会促进妇女的多夫制,倒不如说会在无比大的程度上促进男子的真正的专偶制。

但是,专偶制完全肯定地将要失掉的东西,就是它因起源于财产关系而被烙上的全部特征,这些特征是:第一,男子的统治,第二,婚姻的不可解除性。男子在婚姻上的统治完全是他的经济统治的结果,它将自然地随着后者的消失而消失。婚姻的不可解除性,部分地是专偶制所赖以产生的经济状况的结果,部分地是这种经济状况和专偶制之间的联系还没有被正确地理解并且被宗教加以夸大的那个时代留下的传统。这种不可解除性现在就已经遭到千万次的破坏了。如果说只有以爱情为基础的婚姻才是合乎道德的,那么也只有继续保持爱情的婚姻才合乎道德。不过,个人性爱的持久性在各个不同的个人中间,尤其在男子中间,是很不相同的,如果感情确实已经消失或者已经被新的热烈的爱情所排挤,那就会使离婚无论对于双方或对于社会都成为幸事。只是要使人们免于陷入离婚诉讼的无益的泥潭才好。

这样,我们现在关于资本主义生产行将消灭以后的两性关系的秩序所能推想的,主要是否定性质的,大都限于将要消失的东西。但是,取而代之的将是什么呢?这要在新的一代成长起来的时候才能确定:这一代男子一生中将永远不会用金钱或其他社会权力手段去买得妇女的献身;而这一代妇女除了真正的爱情以外,也永远不会再出于其他某种考虑而委身于男子,或者由于担心经济后果而拒绝委身于她所爱的男子。这样的人们一经出现,对于今日人们认为他们应该做的一切,他们都将不去理会,他们自己将做出他们自己的实践,并且造成他们的与此相适应的关于个人实践的社会舆论——如此而已。

现在让我们再回过来谈摩尔根吧,我们已经把他丢开很远了。对于在文明时期发展起来的社会制度进行历史的考察,是超出了他的著作的范围的。所以,他只是非常简单地论述了一下专偶制在这一时期的命运。他也认为专偶制家庭的进一步发展是一种进步,是一种向两性权利完全平等的接近,而这一目标他并不认为已

经达到了。不过,他说:

"如果承认家庭已经依次经过四种形式而现在正处在第五种形式中这一事实,那就要产生一个问题:这一形式在将来会不会永久存在? 可能的答案只有一个:它正如迄今的情形一样,一定要随着社会的发展而发展,随着社会的变化而变化。它是社会制度的产物,它将反映社会制度的发展状况。既然专偶制家庭从文明时代开始以来,已经改进了,而在现代特别显著,那么我们至少可以推测,它能够进一步完善,直至达到两性的平等为止。如果专偶制家庭在遥远的将来不能满足社会的需要,那也无法预言,它的后继者将具有什么性质了。"①

---

① 路·亨·摩尔根《古代社会》1877 年伦敦版第 491—492 页。参看马克思《路易斯·亨·摩尔根〈古代社会〉一书摘要》(《马克思恩格斯全集》中文第 1 版第 45 卷第 374—375 页)。——编者注

三　易洛魁人的氏族

我们现在来谈一谈摩尔根的另一发现,这一发现至少与他根据亲属制度恢复原始家庭形式有着同等重要的意义。摩尔根证明:美洲印第安人部落内部用动物名称命名的血族团体,实质上是与希腊人的氏族[genea]、罗马人的氏族[gentes]相同的;美洲的形式是原始的形式,而希腊—罗马的形式是晚出的、派生的形式;原始时代希腊人和罗马人的氏族、胞族和部落的全部社会组织,跟美洲印第安人的组织极其相似;氏族,直到野蛮人进入文明时代为止,甚至再往后一点,是一切野蛮人所共有的制度(就现有资料而言)。摩尔根证明了这一切以后,便一下子说明了希腊、罗马上古史中最困难的地方,同时,出乎意料地给我们阐明了原始时代——**国家**产生以前社会制度的基本特征。虽然这个发现在人们一旦知道它之后显得十分简单,但是,摩尔根只是最近才做到这一点的;在他于1871年出版的前一部著作①中,他还没有看透这个秘密,而这个秘密揭开之后,就使一向那样自信的英国原始史学家们一时②沉默了下去。

---

① 　路·亨·摩尔根《人类家庭的血亲制度和姻亲制度》1871年华盛顿版。——编者注

② 　"一时"是恩格斯在1891年版上增补的。——编者注

　　摩尔根普遍用以表示这种血族团体的拉丁语氏族[gens]一词,像同意义的希腊语 genos 一词一样,来源于共同的雅利安语的词根 gan(德语为 kan,因为在德语中,通例是用 k 代替雅利安语的g),gan 的意思是"生育"。gens,genos,梵语的 dschanas,哥特语(依照上面所说的通例)的 kuni,古斯堪的纳维亚语和盎格鲁撒克逊语的 kyn,英语的 kin,中古高地德语的 künne,都同样表示血族、世系。不过拉丁语的 gens 和希腊语的 genos,都是专用以表示这样的一种血族团体,这种团体自夸有共同的世系(这里指的是出自一个共同的男始祖),并且借某种社会的和宗教的制度而组成一个特殊的公社。但是这种血族团体的起源与本性,我们的一切历史编纂学家迄今为止却一直弄不清楚。

　　我们在前面,在研究普那路亚家庭时,已经看到原始形式的氏族是怎样构成的。凡由于普那路亚婚姻,并且依照这种婚姻中必然占统治地位的观念而成为一个确定的女始祖即氏族创立者的公认后代的人,都是这种氏族的成员,这样就组成了氏族。由于在这种家庭形式下父系血统不能确定,所以只承认女系。又由于兄弟不得娶自己的姊妹为妻,只能同其他世系的妇女结婚,所以,根据母权制,同这些异族妇女所生的子女,便列在氏族以外。这样,留在血族团体内部的只有各代**女儿**的子孙;儿子的子孙则归入其母亲的氏族。一俟这种血缘亲属集团构成一个面对同一部落内其他类似集团的特殊集团,它又是什么样子呢?

　　摩尔根举出易洛魁人的氏族,特别是塞讷卡部落的氏族,作为这种原始氏族的古典形式。这个部落内有八个氏族,都以动物的名称命名:(1)狼,(2)熊,(3)龟,(4)海狸,(5)鹿,(6)鹬,(7)苍鹭,(8)鹰。每个氏族内都盛行以下的习俗:

1.氏族选举一个酋长(平时的首脑)和一个酋帅(军事领袖)。酋长必须从本氏族成员中选出,他的职位在氏族内世袭,一旦出缺,必须立刻重新补上;军事领袖,也可以从氏族以外的人中选出并且有时可以暂缺。由于易洛魁人奉行母权制,因而酋长的儿子属于另一氏族,所以从不选举前一酋长的儿子做酋长,而是往往选举他的兄弟做酋长,或者选举他的姊妹的儿子做酋长。所有的人,无论男女,都参加选举。不过选举须经其余七个氏族确认,只有在这以后,当选为酋长的人才被隆重地,就是说由全易洛魁联盟的联合议事会委任。这样做的意义,在后面就可以看出来。酋长在氏族内部的权力,是父亲般的、纯粹道义性质的;他手里没有强制的手段。此外,由于他的职位,他也是塞讷卡部落议事会以及全体易洛魁人联盟的议事会的成员。酋帅仅仅在出征时才能发号施令。

2.氏族可以任意罢免酋长和酋帅。这仍是由男女共同决定的。被罢免的人,此后便像其他人一样成为普通战士,成为私人。此外,部落议事会也可以甚至违反氏族的意志而罢免酋长。

3.氏族的任何成员都不得在氏族内部通婚。这是氏族的根本规则,维系氏族的纽带;这是极其肯定的血缘亲属关系的否定表现,赖有这种血缘亲属关系,它所包括的个人才成为一个氏族。摩尔根由于发现了这个简单的事实,就第一次揭示了氏族的本质。从前关于蒙昧人和野蛮人的报告,把构成氏族制度的各种集团,糊里糊涂地、不加分别地混为一谈,统称为部落、克兰[20]、萨姆[40]等等,而且往往说,在这种集团内部禁止通婚,这证明以前人们对于氏族是多么不了解。这便造成了一种不可救药的混乱,麦克伦南先生就在这个混乱中得以充当拿破仑,用最后的判决建立了这样的秩序:一切部落分为部落内部禁止通婚的(外婚制的)和许可通婚的(内婚制的)两种。他这样把问题更加彻底混淆以后,便埋头于最深沉的研究中,去探讨在他的两个无聊乏味的类别中,究竟哪一种更加古老:是外婚制还是内婚制。自从发现了以血缘亲属关系为基础的,因此其成员间不能通婚的氏族之后,这种荒谬的说法就不攻自破了。不言而喻,在我们见到的易洛魁人所处的那种发展阶段,氏族内部禁止通婚是被严格遵守着的。

4. 死者的财产转归同氏族其余的人所有,它必须留在氏族中。因为易洛魁人所能遗留的东西为数很少,所以他的遗产就由他最近的同氏族亲属分享;男子死时,由他的同胞兄弟、姊妹以及母亲的兄弟分享;妇女死时,由她的子女和同胞姊妹而不是由她的兄弟分享。根据同一理由,夫妇不能彼此继承,子女也不得继承父亲。

5. 同氏族人必须互相援助、保护,特别是在受到外族人伤害时,要帮助报仇。个人依靠氏族来保护自己的安全,而且也能做到这一点;凡伤害个人,便是伤害了整个氏族。因而,从氏族的血族关系中便产生了为易洛魁人所绝对承认的血族复仇的义务。假使一个氏族成员被外族人杀害了,那么被害者的全氏族就有义务实行血族复仇。起初是试行调解;行凶者的氏族议事会开会,大抵用道歉与赠送厚礼的方式,向被害者的氏族的议事会提议和平了结事件。如果提议被接受,事情就算解决了。否则,受害的氏族就指定一个或几个复仇者,他们的义务就是去追寻行凶者,把他杀死。如果这样做了,行凶者的氏族也没有诉怨的权利,事情就算了结了。

6. 氏族有固定的人名或几套人名,在全部落内只有该氏族才能使用这些人名,因此,氏族各个成员的名字,也就表明了他属于哪一氏族。氏族的人名自始就伴有氏族的权利。

7. 氏族可以接纳外人入族,并由此吸收他们为整个部落的成员。例如在塞讷卡部落中,未杀死的俘虏,由于被一个氏族接纳入族,就成为部落的成员,从而获得了氏族和部落的一切权利。接纳外人入族的事情,是根据氏族的个别成员的提议而实行的:男子可以提议接纳外人为兄弟或姊妹;女子可以提议接纳外人为自己的孩子;为了确认这种接纳,必须举行入族仪式。个别因特殊情形而人丁不旺的氏族,常常由于大批接纳另一氏族(得到它的同意)的人入族而重新兴旺起来。在易洛魁人中间,入族仪式在部落议事会的公共集会上举行,实际上已经变为一种宗教仪式。

8. 印第安人的氏族有无专有的宗教祭祀,很难确定;不过印第安人的宗教仪式多少都是和氏族联系在一起的。在易洛魁人的六个一年一度的宗教节日期间,各个氏族的酋长和酋帅,由于他们的职位,都被列为"信仰守护人",而执行祭司的职能。

9. 氏族有着共同的墓地。纽约州境内四周都为白种人包围的易洛魁人,他们的墓地现在已经绝迹了,但从前是存在过的。在其他印第安人那里,这种墓地还保存着;例如,和易洛魁人有近亲关系的吐斯卡罗腊人,他们虽然是基督徒,但在教堂墓地中,每一氏族都独成一排,所以,总是把母亲而不是把父亲和孩子埋在同一排。而在易洛魁人中间,死者的全氏族都要参加葬仪,营造坟墓,致悼词等等。

10. 氏族有议事会,它是氏族的一切成年男女享有平等表决权的民主集会。这种议事会选举、罢免酋长和酋帅,以及其余的"信仰守护人";它作出为被杀害的氏族成员接受赎罪献礼(杀人赔偿金)或实行血族复仇的决定;它收养外人加入氏族。总之,它是氏族的最高权力机关。

典型的印第安人氏族的职能就是这样。

"它的全体成员都是自由人,都有相互保卫自由的义务;在个人权利方面平等,不论酋长或军事领袖都不能要求任何优先权;他们是由血亲纽带结合起来的同胞。自由、平等、博爱,虽然从来没有明确表达出来,却是氏族的根本原则,而氏族又是整个社会制度的单位,是有组织的印第安人社会的基础。这就可以说明,为什么印第安人具有那种受到普遍承认的强烈的独立感和自尊心。"①

到发现美洲的时候,全北美洲的印第安人都是按照母权制组成为氏族。仅在某几个部落如达科塔人的部落,氏族已然衰落;在另外几个部落中间,如在奥季布瓦、奥马哈等部落中间,氏族已经是按照父权制组成了。

在许多有五六个以上氏族的印第安人部落中间,我们看到,每三四个或更多的氏族联合成一个特殊的集团,摩尔根根据希腊语对类似集团的称呼,忠实地把印第安语的名称译过来,把这种集团叫做 Phratrie(胞族)。例如,塞讷卡部落有两个胞族;第一个胞族包括1—4四个氏族,第二个胞族包括5—8四个氏族。更详细的研究表明,这种胞族大抵是当初由部落分裂成的最初的氏族;因为在氏族内部禁止通婚的情况下,每个部落必须至少包括两个氏族才能独立存在。随着部落的增殖,每个氏族又分裂成两个或两个以上的氏族,这些氏族如今也作为单个的氏族而存在;而包括一切女儿氏族的最初的氏族,则作为胞族继续存在。在塞讷卡人和大多数其他印第安人中间,一个胞族内的各氏族被认为是兄弟氏族,

---

① 路·亨·摩尔根《古代社会》1877年伦敦版第85—86页。参看马克思《路易斯·亨·摩尔根〈古代社会〉一书摘要》(《马克思恩格斯全集》中文第1版第45卷第416页)。——编者注

而其他胞族的各氏族则被认为是它们的从兄弟氏族——这种称呼,在美洲亲属制度中,像我们在前边所看到的,都具有极其真实而明确的意义。塞讷卡人起初在胞族内也不能通婚,但是这种习俗久已废除了,如今只限于氏族。塞讷卡部落有一种传说,"熊"和"鹿"两个氏族是最初的氏族,其他氏族都是从这两个氏族分化出来的。这个新组织扎下根以后,便根据需要而改变;要是某一胞族的一些氏族灭亡了,那么为均衡起见,有时就从别的胞族中拨几个氏族去补充它。因此,我们在不同的部落中间,可以看到名称相同的氏族以不同的方式集结在各胞族中。

易洛魁人的胞族的职能,部分地是社会性质的,部分地是宗教性质的。(1)胞族间互相赛球竞技;每一胞族派出自己的优秀球员,其余的人按胞族旁立观看,并以本胞族球员的获胜打赌。(2)在部落议事会上,每个胞族的酋长和军事领袖坐在一起,两个胞族彼此相对,每个发言者都面对各胞族的代表讲话,把他们当做特别的团体。(3)如果部落内发生杀人事件,当行凶者与被害者不属于同一个胞族时,被害者的氏族往往诉诸自己的兄弟氏族;于是这些氏族就举行胞族议事会,把对方胞族作为一个整体进行交涉,使对方胞族也召集自己的议事会,以谋求事件的解决。因此,在这里,胞族又以最初的氏族的资格出现,并且比它派生的较微弱的单个氏族更有获胜的希望。(4)在重要人物死亡时,对方胞族办理安葬和丧礼,而死者胞族的成员则以死者的近亲服丧人资格参与葬仪。酋长死时,对方胞族将出缺一事通知易洛魁人的联盟议事会。(5)在选举酋长时,胞族议事会也出面参与。兄弟氏族对选举的确认,被认为是一种当然的事情;但另一个胞族的氏族则可能提出异议。在这种情况下,这个胞族的议事会即召开会议;如果议事会认为异议是正当的,选举就算无效。(6)从前,易洛魁人有一些特殊的宗教神秘仪式,白种人把它称为巫术集会。这种神秘仪式在塞讷卡人那里,是由两个宗教团体举行的;新会员入会时还举行正式的入会仪式;两个胞族中各有一个这样的团体。(7)在征服时期①,住在特拉斯卡拉四个区的四个 lineages(血族),如果是——而这差不多是肯定的——四个胞族的话,那么这证明,像希腊人的胞族以及德意志人的类似的血族团体一样,这种胞族也都有军事单位的意义;这四个血族在作战时各成一队,各穿自己的制服,有自己的旗帜和自己的首领。

正如几个氏族组成一个胞族一样,几个胞族就古典形式来说则组成一个部落;而那些大大衰微的部落则往往没有胞族这种中间环节。那么,美洲印第安人部落有什么特征呢?

1.有自己的地区和自己的名称。每一部落除自己实际居住的地方以外,还占有相当大的地区供打猎和捕鱼之用。在这个地区之外,还有一块广阔的中立地带,一直延伸到邻近部落的地区边上;在语言接近的各部落中间,这种中立地带比较狭小,在语言不接近的各部落中间,中立地带比较宽大。这种地带跟德意志人的边境森林、凯撒的苏维汇人在他们地区四周所设的荒地相同;这也跟丹麦人和德意志人之间的 îsarnholt(丹麦语为 jarnved,limes Danicus)、德意志人和斯拉夫人之间的萨克森森林和 branibor(斯拉夫语,意即"防卫林",勃兰登堡这一名称即由此而来)相同。由这种不确定的疆界隔开的地区,乃是部落的公有土地,而为相邻部落所承认,并由部落自己来防卫,以免他人侵占。疆界的不确定,

---

① 指 1519—1521 年西班牙侵略者征服墨西哥的时期。——编者注

多半仅在人口大量增加的时候,才会在实际上感到不方便。部落的名称,看来多半是偶然形成的,而不是有意选择的。随着时间的推移,往往一个部落被邻近各部落取了另外的名称,与该部落自己使用的名称不同,像德意志人历史上最初的统称"日耳曼人"是由凯尔特人给他们取的一样。

2.有独特的、仅为这个部落所用的**方言**。事实上,部落和方言在实质上范围是一致的;因分裂而形成新部落与新方言的事情,不久以前还在美洲发生,时至今日,也未必完全停止。在两个衰落的部落合而为一的地方,有时例外地在同一个部落内说着两种极为相近的方言。美洲各部落的平均人数在 2 000 人以下;但是彻罗基部落却有 26 000 人,这是在合众国说同一方言的数目最多的印第安人。

3.有隆重委任氏族所选出的酋长和军事领袖的权利。

4.有罢免他们的权利,甚至可以违反他们氏族的愿望而罢免他们。由于这些酋长和军事领袖都是部落议事会的成员,部落对他们有这种权利是当然的。凡已经组成部落联盟而且一切部落都有代表参加联盟议事会的地方,上述权利便转归联盟议事会了。

5.有共同的宗教观念(神话)和崇拜仪式。

"印第安人,是按照野蛮人方式信仰宗教的人民。"①

他们的神话迄今还远没有得到考证性的研究;他们已经给自己的宗教观念——各种精灵——赋予人的形象,但是他们还处在

---

① 路·亨·摩尔根《古代社会》1877 年伦敦版第 115 页。参看马克思《路易斯·亨·摩尔根〈古代社会〉一书摘要》(《马克思恩格斯全集》中文第 1 版第 45 卷第 436 页)。——编者注

野蛮时代低级阶段,所以还不知道具体的造像,即所谓偶像。这是一种正向多神教发展的自然崇拜与自然力崇拜。各部落都有其定期的节日和一定的崇拜形式,特别是舞蹈和竞技;舞蹈尤其是一切宗教祭祀的主要组成部分;每一部落各自庆祝自己的节日。

6.有管理公共事务的部落议事会。它是由各个氏族的酋长和军事领袖组成的——这些人是氏族的真正代表,因为他们是随时都可以罢免的;议事会公开开会,四周围着其余的部落成员,这些成员有权加入讨论和发表自己的意见;决议则由议事会作出。按照通例,每个出席的人都可以随意发表意见,妇女也可以通过她们所选出的演说人陈述自己的意见。在易洛魁人中间,最后的决定需要一致通过,跟德意志人的马尔克公社在作出某些决定时一样。部落议事会特别负有调整同其他部落的关系的责任;它接待和派遣使者,宣战及媾和。要是发生战争,大多由志愿者去作战。在原则上,每一个部落只要没有同其他部落订立明确的和平条约,它同这些部落便都算是处在战争状态。反对这种敌人的军事行动,大多由一些优秀的战士来组织;这些战士发起一个战争舞蹈,凡参加舞蹈的人,就等于宣告加入了出征队,队伍便立刻组织起来,即刻出动。部落的领土若被侵犯,其防卫也大多由志愿者来担任。这种队伍的出发和归来,总要举行公共的典礼。这种出征并不需要得到部落议事会的同意,没有人去征求这种同意,也没有人给予这种同意。这正和塔西佗所记述的德意志人扈从队的私人出征一样①,不过德意志人的扈从队伍,已具有比较常备的性质,而成为一种在平时也有组织,在战时集结其他志愿兵的强固核心了。这

———————————

① 塔西佗《日耳曼尼亚志》。——编者注

种武装队伍的人数一般不多;印第安人的最重要的出征,即使到距离很远的地方去,也是由不大的战斗力量来进行的。假如有几支这样的扈从队为了一次大规模战事而联合起来时,其中每支队伍只服从它自己的首领;作战计划的统一,好歹由这些首领的议事会来保证。据阿米亚努斯·马尔采利努斯的记载①,4世纪阿勒曼尼人在上莱茵的作战方法,就是如此。

7. 在有些部落中间,有一个最高的首领,但他的权力很小。他是酋长之一,当需要紧急行动时,他应当在议事会召集会议作出最后决定之前采取临时的措施。这是一种具有执行权力的官员的微弱萌芽,不过它在进一步发展中多半都没有什么成果;这种官员,如我们在后面将要看到的,虽不是到处,但在大多数场合,都是由最高军事首长发展来的。

大多数的美洲印第安人,都没有超过联合为部落的阶段。他们的人数不多的部落,彼此由广大的边境地带隔离开来,而且为不绝的战争所削弱,这样他们就以少数的人口占有辽阔的地区。亲属部落间的联盟,常因暂时的紧急需要而结成,随着这一需要的消失即告解散。但在个别地方,最初本是亲属部落的一些部落从分散状态中又重新团结为永久的联盟,这样就朝民族[Nation]的形成跨出了第一步。在合众国,我们在易洛魁人中间,便可以见到这种联盟的最发达的形式。他们从密西西比河以西的地方(在这里,他们大概是很大的达科塔族系的一个分支)迁移出来,经过长期漂泊才定居在今日的纽约州,并分成了五个部落:塞讷卡、卡尤加、奥嫩多加、欧奈达及摩霍克。他们以捕鱼、打猎及原始园艺为

---

① 阿米亚努斯·马尔采利努斯《罗马史》。——编者注

生;住在大多用栅栏防卫起来的村落中。他们的人数从未超过两万;五个部落中有几个氏族是共同的;他们说着同一种语言的非常近似的方言,占有互相接壤的、为五个部落所瓜分的地区。因为这个地区是他们不久以前才征服来的,所以这些部落惯于团结起来对付被他们驱逐的部落,是自然而然的事。这样至迟到 15 世纪初,就发展成为一种正式的"永世联盟",这种联盟,一经意识到它的新的实力,便立刻具有了进攻的性质,在 1675 年前后,当它达到了极盛的时候,便征服了它四周的广大土地,把这些地方上的居民一部分驱逐出境,一部分使之纳贡。易洛魁人联盟是尚未越过野蛮时代低级阶段的印第安人(因而,墨西哥人、新墨西哥人[7]和秘鲁人除外)所曾达到的最进步的社会组织。联盟的基本特点如下:

1. 五个血缘亲属部落以完全平等和在部落的一切内部事务上的独立为基础,结成永世联盟。这种血缘亲属关系是联盟的真实基础。五个部落中有三个称为父亲部落,互为兄弟部落;其余两个称为儿子部落,也互为兄弟部落。有三个氏族——最老的——在五个部落中都还存在着,另外有三个氏族在三个部落中都还存在着;这些氏族中的每一个氏族,其成员在所有五个部落中都被认为是兄弟。仅在方言上有差异的共同语言,便是共同世系的表现和证明。

2. 联盟的机关是联盟议事会,由 50 个地位和威信平等的酋长组成;这个议事会对联盟的一切事务作最后的决定。

3. 这 50 个酋长,在联盟成立时,被分配在各部落和氏族中,担任专为联盟目的而设立的新的公职。当出缺时,有关的氏族便重新进行选举,同时有关的氏族也可以随时罢免他们;不过委任权则属于联盟议事会。

4. 联盟的这些酋长们,在他们各自的部落中也是酋长,享有参加部落议事会和表决的权利。

5. 联盟议事会的一切决议,须经全体一致通过。

6. 表决是按部落举行的,这样,每个部落以及每个部落内的议事会全体成员,都必须一致赞成,决议才算有效。

7. 五个部落议事会中每一个都可以召集联盟议事会,但联盟议事会本身不得自行召集。

8. 会议在聚集起来的民众面前公开举行,每个易洛魁人都可以发言;但只有议事会才能作决定。

9. 联盟没有一长制首长,即没有主掌执行权的首脑。

10. 但联盟有两个具有平等职能和平等权力的最高军事首长(类似斯巴达人的两"王",罗马的两执政官)。

易洛魁人在其中生活了 400 余年,而且直至今日还生活于其中的整个社会制度,就是如此。我依据摩尔根,比较详细地叙述了这种制度,因为我们在这里有机会研究一种尚不知**国家**为何物的社会的组织情况。国家是以一种与全体固定成员相脱离的特殊的公共权力为前提的,所以毛勒凭其正确的直觉,确认德意志的马尔克制度是一种纯粹社会的制度,虽然它以后大部分成了国家的基础,但在本质上它是和国家不同的。因此,毛勒在他的一切著作中所研究的,是公共权力逐渐从马尔克、乡村、农户、城市等最初的组织中产生和与之并行产生的情形。**41**我们从北美印第安人那里可以看出,一个原来统一的氏族集团怎样逐渐散布于辽阔的大陆;各部落怎样通过分裂而转化为各民族[Völker],转化为整个的部落集团;语言怎样改变,以致不仅成了互相不懂的东西,而且差不多失去了原来统一性的任何痕迹；与此同时，在部落内部，单个的氏族怎样分裂为好几个氏族，老的母亲氏族作为胞族保存下来，但是这些最老的氏族的名称，在彼此相距极远的、老早就分离了的部落中间仍是一样的——"狼"和"熊"在大多数印第安人部落中仍然是氏族的名称。一般说来，上述的社会制度适用于印第安人的一切部落，只是有许多部落没有达到亲属部落联盟的程度罢了。

但是，我们也看到，氏族作为社会单位出现以后，氏族、胞族和部落这整个社会组织就怎样以几乎不可抗拒的必然性（因为是天然性）从这种单位中发展出来。这三种集团代表着不同层次的血缘亲属关系，每个都是闭关自守，自己的事情自己管理，但是又互相补充。归它们管辖的事情，包括低级阶段上的野蛮人的全部公共事务。所以，我们凡遇见某一民族是把氏族作为社会单位时，我们也就可以去寻找类似前面所讲的那种部落组织；凡有充足资料的地方，如在希腊人和罗马人那里，我们不仅能找出这种组织，而且也会确信，即使在没有资料作为依据的地方，只要与美洲社会制度作一比较，也有助于我们解决最困难的①疑难和哑谜。

而这种十分单纯质朴的氏族制度是一种多么美妙的制度呵！没有士兵、宪兵和警察，没有贵族、国王、总督、地方官和法官，没有监狱，没有诉讼，而一切都是有条有理的。一切争端和纠纷，都由当事人的全体即氏族或部落来解决，或者由各个氏族相互解决；血族复仇仅仅当做一种极端的、很少应用的威胁手段；我们今日的死刑，只是这种复仇的文明形式，而带有文明的一切好处与弊害。虽然当时的公共事务比今日多得多——家户经济是由一组家庭按照

---

① 在1884年版中不是"最困难的"，而是"最重要的"。——编者注

共产制共同经营的,土地是全部落的财产,仅有小小的园圃归家户经济暂时使用——,可是,丝毫没有今日这样臃肿复杂的管理机关。一切问题,都由当事人自己解决,在大多数情况下,历来的习俗就把一切调整好了。不会有贫穷困苦的人,因为共产制的家户经济和氏族都知道它们对于老年人、病人和战争残废者所负的义务。大家都是平等、自由的,包括妇女在内。他们还不曾有奴隶;奴役异族部落的事情,照例也是没有的。当易洛魁人在 1651 年前后征服伊利部落和"中立民族"**42**的时候,他们曾建议这两个部落作为完全平等的成员加入他们的联盟;被征服者只是在拒绝了这个建议之后,才被驱逐出自己所居住的地区。凡与未被腐蚀的印第安人接触过的白种人,都称赞这种野蛮人的自尊心、公正、刚强和勇敢,这些称赞证明了,这样的社会能够产生怎样的男子,怎样的妇女。

不久以前,我们在非洲看到了这种勇敢的例证。祖鲁卡菲尔人在数年前,也像努比亚人在数月前一样——两者都是至今还保存着氏族制度的部落——曾做出了任何欧洲军队都不能做到的事情。**43**他们没有枪炮,仅仅用长矛和投枪武装起来,在英国步兵——在密集队形战斗上被公认为世界第一——的后装枪的弹雨之下,竟然一直向前冲到刺刀跟前,不止一次打散英军队伍,甚至使英军溃退,尽管在武器上非常悬殊,尽管他们根本没有服过兵役,也不知道什么是操练。英国人诉苦说,卡菲尔人比马走得还快,一昼夜比马走得还远,这就可以证明这种野蛮人的能力和毅力。"他们的最小的一条筋都暴栗起来,坚硬如钢,像鞭条一样。"——一位英国的画家这样说。

在没有分化为不同的阶级以前,人类和人类社会就是如此。

要是我们把他们的状况和现代绝大多数文明人的状况作一比较,那么就可以看出,在今日的无产者和小农同古代自由的氏族成员之间,差距是巨大的。

这是一个方面。但我们不要忘记,这种组织是注定要灭亡的。它没有超出部落的范围;部落联盟的建立就已经标志着这种组织开始崩溃,这一点我们在后面将会看到,易洛魁人征服其他部落的企图也表明了这一点。凡是部落以外的,便是不受法律保护的。在没有明确的和平条约的地方,部落与部落之间便存在着战争,而且这种战争进行得很残酷,使别的动物无法和人类相比,只是到后来,才因物质利益的影响而缓和一些。全盛时期的氏族制度,如我们在美洲所见的,其前提是生产极不发展,因而广大地区内人口极度稀少;因此,人类差不多完全受着同他异己地对立着的、不可理解的外部大自然的支配,这也就反映在幼稚的宗教观念中。部落始终是人们的界限,无论对其他部落的人来说或者对他们自己来说都是如此:部落、氏族及其制度,都是神圣而不可侵犯的,都是自然所赋予的最高权力,个人在感情、思想和行动上始终是无条件服从的。这个时代的人们,虽然令我们感到值得赞叹,但他们彼此完全没有差别,他们都还依存于——用马克思的话说——自然形成的共同体的脐带①。这种自然形成的共同体的权力必然要被打破,而且也确实被打破了。不过它是被那种使人感到从一开始就是一种退化,一种离开古代氏族社会的纯朴道德高峰的堕落的势力所打破的。最卑下的利益——无耻的贪欲、狂暴的享受、卑劣的

① 参看马克思《资本论》第 1 卷,《马克思恩格斯文集》第 5 卷第 97 页。
　　——编者注

名利欲、对公共财产的自私自利的掠夺——揭开了新的、文明的阶级社会;最卑鄙的手段——偷盗、强制、欺诈、背信——毁坏了古老的没有阶级的氏族社会,把它引向崩溃。而这一新社会自身,在其整整两千五百余年的存在期间,只不过是一幅区区少数人靠牺牲被剥削和被压迫的大多数人而求得发展的图画罢了,而这种情形,现在比从前更加厉害了。

四 希腊人的氏族

　　希腊人，像皮拉斯基人以及其他起源于同一部落的民族一样，在史前时代，就已经按照美洲人的那种有机的序列——氏族、胞族、部落、部落联盟组织起来了。胞族可能是没有的，在多立斯人中间就是这样；部落联盟也不是到处都有成立的必要，但无论如何氏族是基本的单位。希腊人，在他们出现在历史舞台上的时候，已经站在文明时代的门槛上了；他们与上述美洲部落之间，横亘着差不多整整两个很大的发展时期，亦即英雄时代的希腊人超过易洛魁人两个时期。所以，希腊人的氏族也决不再是易洛魁人的那种古老的氏族了，群婚①的痕迹正开始显著地消失。母权制已让位给父权制；正在产生的私有制就这样在氏族制度上打开了第一个缺口。第二个缺口是第一个缺口的自然结果：由于在实行父权制以后，富有的女继承人的财产在她出嫁时应当归她的丈夫所有，从而归别的氏族所有，所以，这便摧毁了整个氏族权利的基础，在这种情况下，为了把少女的财产保存在氏族以内，不仅容许少女在氏族内出嫁，而且也**规定**要这样做。

　　根据格罗特的《希腊史》，其中雅典的氏族是建立在以下的基

_____

① 　在1884年版中不是"群婚"，而是"普那路亚家庭"。——编者注

础上的：

1. 共同的宗教祭祀和祭司为祀奉一定的神所拥有的特权。这种神被假想为氏族的男始祖，并用独特的名称做这种地位的标志。

2. 共同的墓地（参看狄摩西尼《反驳欧布利得》**44**）。

3. 相互继承权。

4. 在受到侵害时提供帮助、保护和支援的相互义务。

5. 在一定情况下，特别是在事关孤女或女继承人的时候，在氏族内部通婚的相互权利和义务。

6. 至少在某些情况下拥有共同财产，有自己的一位 Archon（酋长）和一位司库。

此后，几个氏族结合为一个比较不那么密切的胞族；但是在这里我们也可以看到类似的相互权利与义务，特别是共同举行一定的宗教仪式以及在胞族成员被杀害时进行追究的权利。一个部落的所有胞族，又有共同的定期举行的祭祀，由一个从贵族（Eupatriden）中间选出的 Phylobasileus（部落酋长）主持。①

格罗特所说的，就是这样。马克思补充说："但是，透过希腊氏族，也可以清楚地看到蒙昧人（例如易洛魁人）。"②要是我们作进一步的研究，那就看得更加清楚。

希腊的氏族还具有以下这几个特征：

7. 按照父权制计算世系。

---

① 参看乔·格罗特《希腊史》1869 年伦敦版第 3 卷第 54—55 页，以及马克思《路易斯·亨·摩尔根〈古代社会〉一书摘要》（《马克思恩格斯全集》中文第 1 版第 45 卷第 496—497 页）。——编者注

② 恩格斯引自马克思《路易斯·亨·摩尔根〈古代社会〉一书摘要》，参看《马克思恩格斯全集》中文第 1 版第 45 卷第 497 页。——编者注

8.禁止氏族内部通婚,但女继承人例外。这一例外及其确立成为规定,就证明旧时的规则仍然有效。这也是从下述普遍通行的原则中产生的,即妇女出嫁后,就不再参加本氏族的宗教仪式,而改行她丈夫的氏族的宗教仪式,注籍于她丈夫的胞族。根据这一点以及狄凯阿尔科斯的著名的一段话**45**看来,可知外婚乃是规则,而贝克尔在《哈里克尔》一书中径直认为,无论什么人都不得在本氏族内部通婚。①

9.接纳外人入族的权利;这是用家庭接纳的办法来实现的,不过要有公开的仪式,而且只限于例外情形。

10.选举和罢免酋长的权利。我们知道,每一氏族都有自己的酋长;但是,任何地方都没有说过这一职务是在一定的家庭里世袭的。在野蛮时代结束以前,不大可能有严格的②世袭制,因为这种世袭制是同富人和穷人在氏族内部享有完全平等权利的秩序不相容的。

不仅格罗特,而且尼布尔、蒙森以及迄今为止的其他一切古典古代历史编纂学家,都没有解决氏族问题。不论他们多么正确地叙述了氏族的许多特征,但是他们总是把氏族看做**家庭集团**,因此便不能理解氏族的本性和起源。在氏族制度之下,家庭从来不是,也不可能是一个组织单位,因为夫与妻必然属于两个不同的氏族。氏族整个包括在胞族内,胞族整个包括在部落内;而家庭却是一半

---

① 参看威·阿·贝克尔《哈里克尔,古代希腊习俗状况。对希腊人的私生活的较详细的介绍》1840年莱比锡版第2卷第447页,以及马克思《路易斯·亨·摩尔根〈古代社会〉一书摘要》(《马克思恩格斯全集》中文第1版第45卷第497—498页)。——编者注
② “严格的”是恩格斯在1891年版上增补的。——编者注

包括在丈夫的氏族内,一半包括在妻子的氏族内。国家在公法上也不承认家庭,到今日为止,家庭不过存在于私法上而已。然而我们的全部历史编纂学直至现在都是从以下一个荒诞的,尤其在18世纪已成为不可侵犯的假定出发的:与文明时代几乎同时出现的专偶制个体家庭,曾是社会和国家围绕它而逐渐萌发起来的核心。

马克思补充说:"格罗特先生应当进一步注意到,虽然希腊人是从神话中引申出他们的氏族的,但是这些氏族比**他们自己**所创造的神话及其诸神和半神要古老些。"①

摩尔根爱引用格罗特的话,因为后者是一个很有名望的和十分受人信任的证人。格罗特又说到,每个雅典氏族都有一个从它的假想的男始祖留传下来的名称;在梭伦时代以前,死者的财产一律由同氏族人(gennêtes)继承,在梭伦时代以后,死者如无遗言,其财产亦由同氏族人继承;遇有杀害事件,首先是被害者的亲属有权利和义务向法庭控告犯罪者,其次是同氏族人,最后是同胞族人:

"我们所知道的关于最古的雅典法律的一切,都是以划分成氏族和胞族为基础的。"②

氏族起源于共同祖先,成了"庸人学者"(马克思语)③绞尽脑

① 恩格斯引自马克思《路易斯·亨·摩尔根〈古代社会〉一书摘要》,参看《马克思恩格斯全集》中文第1版第45卷第500页。——编者注
② 乔·格罗特《希腊史》1869年伦敦版第3卷第66页。参看马克思《路易斯·亨·摩尔根〈古代社会〉一书摘要》(《马克思恩格斯全集》中文第1版第45卷第501页)。——编者注
③ 恩格斯引自马克思《路易斯·亨·摩尔根〈古代社会〉一书摘要》,参看《马克思恩格斯全集》中文第1版第45卷第502页。——编者注

汁而不能解决的难题。既然他们很自然地认为这种祖先纯粹是神话人物,他们便根本没有可能解释氏族是怎样从许多彼此相邻的、起初完全没有亲属关系的家庭中产生出来的,然而单是为了解释氏族的存在,他们还是非这样做不可。这样他们便陷入了说空话的圈子,不能超出这样一个论题:族系的确是一种虚构,但氏族是一个现实,因此,格罗特终于说(括弧内的话是马克思加的):

"我们只是偶尔听到这种族系,因为仅仅在一定的、特别隆重的场合才公开把它提出来。可是,比较卑微的氏族也有其共同的宗教仪式(这真奇怪,格罗特先生!),有一个共同的超人的男始祖和族系,像比较有名的氏族那样(格罗特先生,这在**比较卑微的**氏族那里真十分奇怪啊!);根本的结构和观念的基础(亲爱的先生! 不是**观念的**而是物质的,直白地说是**肉欲的**!)在一切氏族中都是相同的。"①

马克思把摩尔根对这个问题的答案概括如下:"与原始形态的氏族——希腊人像其他凡人一样也曾有过这种形态的氏族——相适应的血缘亲属制度,保存了全体氏族成员彼此之间的亲属关系的知识。他们从童年时代起,就在实践上熟悉了这种对他们极其重要的事物。随着专偶制家庭的产生,这种事物就湮没无闻了。氏族名称创造了一个族系,相形之下,个体家庭的族系便显得没有意义。氏族名称的作用就在于使具有这种名称的人不忘他们有共同世系的事实;但是氏族的族系已经十分久远,以致氏族的成员,除了有较近的共同祖先的少数场合以

---

① 乔·格罗特《希腊史》1869 年伦敦版第 3 卷第 60 页。参看马克思《路易斯·亨·摩尔根〈古代社会〉一书摘要》(《马克思恩格斯全集》中文第 1 版第 45 卷第 503 页)。——编者注

外,已经不能证明他们相互之间有事实上的亲属关系了。氏族名称本身就是共同世系的证据,而且除了接纳外人入族的情形以外,也是不可更改的证据。反之,像格罗特①和尼布尔所做的那样,把氏族变为纯粹虚构和幻想的产物,从而事实上否定氏族成员之间的任何亲属关系,这是只有'观念的',亦即蛰居式的书斋学者才能干出来的事情。由于血族联系(尤其是专偶制发生后)已经湮远,而过去的现实看来是反映在神话的幻想中,于是老实的庸人们便作出了而且还在继续作着一种结论,即幻想的族系创造了现实的氏族!"②

胞族,像在美洲人那里一样,是一种分裂成几个女儿氏族同时又把它们联合起来的母亲氏族,这种母亲氏族常常还能表明所有这些女儿氏族出自一个共同的男始祖。比如,据格罗特说:

"赫卡泰胞族的所有同时代的成员,都承认在第十六亲属等级内有一个共同的神为其男始祖。"③

所以,这一胞族的一切氏族都是真正的兄弟氏族。在荷马的诗篇中,还把胞族看做军事单位,在那著名的一段中,奈斯托尔劝告亚加米农说:要按照部落和胞族来编制军队,以便胞族帮助胞

---

① 在马克思的手稿中不是格罗特,而是格罗特经常引用其著作的公元2世纪的希腊学者波卢克斯。——编者注
② 恩格斯引自马克思《路易斯·亨·摩尔根〈古代社会〉一书摘要》,参看《马克思恩格斯全集》中文第1版第45卷第503—504页及路·亨·摩尔根《古代社会》1877年伦敦版第233—234页。——编者注
③ 乔·格罗特《希腊史》1869年伦敦版第3卷第58—59页。参看马克思《路易斯·亨·摩尔根〈古代社会〉一书摘要》(《马克思恩格斯全集》中文第1版第45卷第505页)。——编者注

族,部落帮助部落。① 此外,胞族在其成员被害时有追究的权利和义务;可见在较早的时代,胞族也有血族复仇的义务。其次,胞族有共同的神殿和节日,而且,从古代雅利安人的传统的自然崇拜而来的全部希腊神话,其发展本身,实质上也是由氏族及胞族所制约并在它们内部进行的。再次,胞族有一个胞族长(phratriarchos),据德·库朗日说,它还有全体大会,通过必须执行的决定,拥有法庭和行政机关。② 甚至以后的轻视氏族的国家,也给胞族保留下了若干公共的行政性的职能。

几个亲属胞族构成一个部落。在阿提卡,共有四个部落,每个部落有三个胞族,每个胞族有三十个氏族。这样细密的集团划分,是以有意识地和有计划地干涉自然形成的秩序为前提的。至于这是怎样发生的,什么时候发生的,发生的原因何在,希腊历史都没有提到,希腊人自己关于他们的历史所保存下来的记忆仅仅追溯到英雄时代为止。

拥挤在一个比较小的地区上的希腊人,其方言上的差异不像在广大的美洲森林中那样显著;但是就是在这里我们也看到,只有主要方言相同的部落才联合成为一个大的整体;甚至小小的阿提卡也有独特的方言,这一方言后来获得了统治地位而成为共同的散文语言。

---

① 参看荷马《伊利亚特》第2首歌,以及马克思《路易斯·亨·摩尔根〈古代社会〉一书摘要》(《马克思恩格斯全集》中文第1版第45卷第506页)。——编者注

② 参看菲斯泰尔·德·库朗日《古代城市》1864年巴黎—斯特拉斯堡版第146页,以及马克思《路易斯·亨·摩尔根〈古代社会〉一书摘要》(《马克思恩格斯全集》中文第1版第45卷第506—507页)。——编者注

在荷马的诗中，我们可以看到希腊的各部落大多数已联合成为一些小民族［kleine Völkerschaften］；在这种小民族内部，氏族、胞族和部落仍然完全保持着它们的独立性。它们已经住在有城墙保护的城市里；人口的数目随着畜群的增加、农业的扩展以及手工业的萌芽而日益增长；与此同时，产生了财产上的差别，随之也就在古代自然形成的民主制内部产生了贵族分子。各个小民族［Völkchen］，为了占有最好的土地，也为了掠夺战利品，进行着不断的战争；以俘虏充做奴隶，已成为公认的制度。

这些部落和小民族的组织如下：

1. 常设的权力机关为**议事会**（bulê），这种议事会最初大概是由各氏族的酋长组成的，后来，由于其人数增加得太多，便由其中选出的一部分人组成，这就造成了发展和加强贵族分子的机会；狄奥尼修斯所描述的英雄时代的议事会正是这样由贵族（kratistoi）组成的。① 议事会对于一切重要问题作出最后决定；例如，在埃斯库罗斯的作品中就谈到过忒拜议事会曾作了一个对当时局势有决定意义的决议，即为伊托克列斯举行荣誉葬礼，而波吕涅克斯的尸体则扔出去让狗吃掉。② 随着国家的设立，这种议事会就变为元老院了。

2. **人民大会**（阿哥腊［agora］）。我们在易洛魁人中间已经看到，当议事会开会时，人民——男男女女都站在周围，有秩序地参

---

① 参看哈利卡纳苏的狄奥尼修斯《古代罗马史》第2册第12章，以及马克思《路易斯·亨·摩尔根〈古代社会〉一书摘要》（《马克思恩格斯全集》中文第1版第45卷第508页）。——编者注

② 参看埃斯库罗斯《七雄攻打忒拜》，以及马克思《路易斯·亨·摩尔根〈古代社会〉一书摘要》（《马克思恩格斯全集》中文第1版第45卷第508—509页）。——编者注

加讨论,这样来影响它的决定。在荷马所描写的希腊人中间,这种"围立"[Umstand](这是古代德意志人的法庭用语)已经发展成为一种真正的人民大会,这种情形在古代德意志人那里也有。人民大会由议事会召集,以解决各项重要事务;每个男子都可以发言。决定是用举手(埃斯库罗斯的《乞援人》)或欢呼通过的。人民大会是最高级的权力,因为,正如舍曼所说(《希腊的古代文化》),

"当谈到一件需要人民协助来办的事情的时候,荷马并未向我们指出任何可以违反人民意志而强迫他们来这样做的手段"①。

原来,当部落中每个成年男子都是战士的时候,那脱离了人民的、有可能和人民对抗的公共权力还不存在。自然形成的民主制还处于全盛时期,所以无论在判断议事会的或者巴赛勒斯的权力与地位时,都应当以此为出发点。

3. 军事首长(巴赛勒斯[Basileus])。关于这一点马克思说道:"欧洲的学者们大都是天生的宫廷奴才,他们把巴赛勒斯变为现代意义上的君主。共和党人美国佬摩尔根是反对这一点的。他极其辛辣地,但很公正地说到油滑的格莱斯顿先生和他的《世界的少年时代》一书②:

'格莱斯顿先生向我们把英雄时代的希腊酋长描写成国王和公侯,而且还给他们加上绅士的资格,但是他本人不得不承认:总的说来,我们发现在他们那里似乎有长子继承制的习惯或法律,而且规定得很充分,但是并不十分

---

① 格·弗·舍曼《希腊的古代文化》1855年柏林版第1卷第27页。参看马克思《路易斯·亨·摩尔根〈古代社会〉一书摘要》(《马克思恩格斯全集》中文第1版第45卷第510页)。——编者注
② 指威·尤·格莱斯顿《世界的少年时代。英雄时代的神和人》第11章,见该书1869年伦敦版第428页。——编者注

明确'①。"②

看来,格莱斯顿先生本人也会觉得,这样一种带有种种附加条件的长子继承制十足是没有意义的东西,尽管这一点还不是表现得十分明确。

我们已经看到,易洛魁人和其他印第安人的酋长职位是怎样继承的。一切职位多半都是在氏族内部选举的,因而是在氏族范围内继承的。出缺时,最亲近的同氏族男亲属——兄弟,或姊妹的儿子,逐渐享有了优先权,除非有理由摒弃他。因此,如果说在希腊人中间,在父权制统治之下,巴赛勒斯的职位通常是传给儿子或儿子中的一个,那么这仅仅证明,儿子们在这里很有可能通过人民选举而获得继承权,但决不证明不经过人民选举就实行合法继承。这里所说的情况,在易洛魁人和希腊人那里,就是氏族内部特殊的贵族家庭的最初萌芽,而在希腊人那里,除此之外还是未来的世袭元首或君主制的最初萌芽。因此,这种推想说明,希腊人的巴赛勒斯,正像罗马的"王"(勒克斯)一样,必定是或者由人民选举的,或者为人民的公认的机关——议事会或人民大会——所认可的。

在《伊利亚特》里,勇士的统领亚加米农,并不是作为希腊人的最高国王,而是作为围城盟军的最高统帅而出现的。当希腊人中间发生内讧时,奥德赛在一段著名的话中指明了他的这一地位:多头指挥是不好的,应该由一个人做统帅等等(此外还有一节人

---

① 路·亨·摩尔根《古代社会》1877年伦敦版第248页。——编者注
② 恩格斯引自马克思《路易斯·亨·摩尔根〈古代社会〉一书摘要》,参看《马克思恩格斯全集》中文第1版第45卷第510页。——编者注

人爱诵的关于权杖的诗,但这是后人加的)。① "奥德赛在这里并不是讲述统治的形式,而是要求服从战争中的最高统帅。对于在特洛伊城下仅仅作为军队出现的希腊人说来,人民大会是进行得十分民主的。阿基里斯在说到赠品,即说到分配战利品时,总是既不让亚加米农也不让其他某个巴赛勒斯来分配,而是让'亚该亚人的儿子们'即人民来分配。'宙斯所生的','宙斯所养的'这一类称号,不能证明任何东西,因为**每个**氏族都起源于一个神,而部落首长的氏族则起源于一个'更显赫'的神,在这里就是起源于宙斯。甚至人身不自由的人,例如牧猪人优玛士等人,也都是'神的'(dioi 和 theioi),这是在《奥德赛》中所描述的情形,即在比《伊利亚特》晚得多的时期中发生的情形;在这本《奥德赛》中,'英雄'的称号还给予传令官木利奥斯和盲人歌手德莫多克。② 简言之,希腊著作家用来表示荷马所说的王权的巴赛勒亚[basileia]一词(因为这一权力的主要特征是军事的统率),在同时存在议事会和人民大会的情况下,其意不过是军事民主制而已。"(马克思语)③

巴赛勒斯除军事的权限以外,还有祭祀的和审判的权限;审判的权限没有详细规定,但祭祀的权限是他作为部落或部落联盟的

---

① 参看荷马《伊利亚特》第2首歌,以及马克思《路易斯·亨·摩尔根〈古代社会〉一书摘要》(《马克思恩格斯全集》中文第1版第45卷第511页)。——编者注

② 在马克思的手稿中接着还有一句为恩格斯所省略的话:"奥德赛用来称呼亚加米农的'科伊腊诺斯'(κοίρανος)这个词和'巴赛勒斯'这个词一样,也仅仅意味着'战争中军队的统帅'。"——编者注

③ 恩格斯引自马克思《路易斯·亨·摩尔根〈古代社会〉一书摘要》,参看《马克思恩格斯全集》中文第1版第45卷第511—512页。——编者注

最高代表而被赋予的。关于民政、行政的权限从来没有提到过；但是巴赛勒斯由于职位的关系大概也是议事会的成员。可见，用 König 来翻译 Basileus 一词，在语源上是完全正确的，因为 König (Kuning) 是由 Kuni、Künne 而来的，即氏族酋长的意思。不过，古希腊文的 basileus 跟现代意义的 König 一词是完全不相符合的。修昔的底斯把古代的 basileia 很确定地叫做 patrikê，即由氏族产生的意思，并说 basileia 有明确规定的，因而是有限的权限。① 亚里士多德也说，英雄时代的 basileia 是对自由人的统率，巴赛勒斯是军事首长、法官和最高祭司②；可见，巴赛勒斯并未握有后来的意义上的统治权力。③

这样，我们看到，在英雄时代的希腊社会制度中，古代的氏族组织还是很有活力的，不过我们也已经看到，它的瓦解已经开始：由子女继承财产的父权制，促进了财产积累于家庭中，并且使家庭变成一种与氏族对立的力量；财产的差别，通过世袭贵族和王权的

---

① 参看修昔的底斯《伯罗奔尼撒战争史》第 1 卷第 13 章，以及马克思《路易斯·亨·摩尔根〈古代社会〉一书摘要》(《马克思恩格斯全集》中文第 1 版第 45 卷第 513 页)。——编者注

② 参看亚里士多德《政治学》第 3 篇第 10 章，以及马克思《路易斯·亨·摩尔根〈古代社会〉一书摘要》(《马克思恩格斯全集》中文第 1 版第 45 卷第 513 页)。——编者注

③ 恩格斯在这里加了一个注："就像希腊的巴赛勒斯一样，阿兹特克人的军事首长也被误解为近代的王公。摩尔根最先对于西班牙人的起初是出于误会和夸张，后来简直是说谎的报告作了历史的考证，并证明，墨西哥人处于野蛮时代中级阶段，但他们的发展程度超过了新墨西哥的普韦布洛印第安人**7**，根据被曲解了的报告所提供的资料来判断，他们的社会制度相当于以下的情形：这是一个包括三个部落的联盟，它征服了其他几个部落并使之纳贡；它由联盟议事会和联盟军事首长来管理，西班牙人就是把这个联盟军事首长变成了'皇帝'。"——编者注

最初萌芽的形成,对社会制度发生反作用;奴隶制起初虽然仅限于俘虏,但已经开辟了奴役同部落人甚至同氏族人的前景;古代部落对部落的战争,已经逐渐蜕变为在陆上和海上为攫夺牲畜、奴隶和财宝而不断进行的抢劫,变为一种正常的营生,一句话,财富被当做最高的价值而受到赞美和崇敬,古代氏族制度被滥用来替暴力掠夺财富的行为辩护。所缺少的只是一件东西,即这样一个机关,它不仅保障单个人新获得的财富不受氏族制度的共产制传统的侵犯,不仅使以前被轻视的私有财产神圣化,并宣布这种神圣化是整个人类社会的最高目的,而且还给相继发展起来的获得财产从而不断加速财富积累的新的形式,盖上社会普遍承认的印章;所缺少的只是这样一个机关,它不仅使正在开始的社会分裂为阶级的现象永久化,而且使有产者阶级剥削无产者阶级的权利以及前者对后者的统治永久化。

　　而这样的机关也就出现了。**国家**被发明出来了。

五　雅典国家的产生

　　国家怎样靠部分地改造氏族制度的机关,部分地用设置新机关来排挤掉它们,并且最后完全以真正的国家机关来取代它们而发展起来;与此同时,受这些国家机关支配的,因而也可以被用来反对人民的、武装的"公共权力",又怎样代替了氏族、胞族和部落中自己保卫自己的、真正的"武装的人民"——关于这一切,至少是它的初始阶段,最好是从古雅典来加以研究。各种形式的更替,基本上已由摩尔根描绘出来了;我所要补充的,多半是引起这种形式更替的经济内容。

　　在英雄时代,雅典人的四个部落,还分居在阿提卡的各个地区;甚至组成这四个部落的十二个胞族,看来也还有自己单独的居住地,即凯克罗普斯的十二个城市。制度也是英雄时代的制度:人民大会、人民议事会和巴赛勒斯。从有成文历史的时候起,土地已被分割而成了私有财产,这种情形正是和野蛮时代高级阶段末期已经比较发达的商品生产以及与之相适应的商品交易相符合的。除了谷物以外,还生产葡萄酒和植物油;爱琴海的海上贸易,逐渐脱离腓尼基人的控制而大半落于阿提卡居民之手。由于地产的买卖,由于农业和手工业、商业和航海业之间的分工的进一步发展,氏族、胞族和部落的成员,很快就都杂居起来;在胞族和部落的地区内,移来了这样的居民,他们虽然也是本民族的同胞,但并不属于这些团体,因而他们在自己的居住地上被看做外人。在和平时期,每一个胞族和每一个部落都是自己管理自己的事务,也不向雅典的人民议事会或巴赛勒斯请示。但是那些住在胞族或部落的地区内而不属于这个胞族或部落的人,自然是不能参与这种管理的。

这就扰乱了氏族制度机关的正常活动,以致在英雄时代就需要设法补救。于是实行了据说是提修斯所规定的制度。这一改变首先在于,在雅典设立了一个中央管理机关,就是说,以前由各部落独立处理的一部分事务,被宣布为共同的事务,而移交给设在雅典的共同的议事会管辖了。由于这一点,雅典人比美洲任何土著民族都前进了一步:相邻的各部落的单纯的联盟,已经由这些部落融合为单一的民族[Volk]所代替了。于是就产生了凌驾于各个部落和氏族的法的习惯之上的在雅典普遍适用的民族法[Volksrecht];只要是雅典的公民,即使在非自己部落的地区,也取得了确定的权利和新的法律保护。但这样一来就跨出了摧毁氏族制度的第一步,因为这是后来容许不属于全阿提卡任何部落并且始终都完全处于雅典氏族制度以外的人也成为公民的第一步。据说是提修斯所规定的第二个制度,就是把全体人民,不问氏族、胞族或部落,一概分为 Eupatriden 即贵族,Geomoren 即农民和 Demiurgen 即手工业者三个阶级,并赋予贵族以担任公职的独占权。不过这一划分,除了由贵族担任公职以外,并没有起什么作用,因为除此以外,它并没有规定各个阶级之间的任何权利上的差别。① 但它

----

① 在1884年版中这句话的结尾是这样写的:"因为其余两个阶级并未获得任何特殊的权利。"——编者注

有着重大的意义,因为它向我们展示了新的、悄悄发展起来的社会要素。它表明,由一定家庭的成员担任氏族公职的习惯,已经变为这些家庭担任公职的无可争辩的权利;这些因拥有财富而本来就有势力的家庭,开始在自己的氏族之外联合成一种独特的特权阶级;而刚刚萌芽的国家,也就使这种霸占行为神圣化。其次,它表明,农民和手工业者之间的分工已经如此牢固,以致以前氏族和部落的划分在社会意义方面已不是最重要的。最后,它宣告了氏族社会和国家之间的不可调和的对立;建立国家的最初企图,就在于破坏氏族的联系,其办法就是把每一氏族的成员分为特权者和非特权者,把非特权者又按照他们的职业分为两个阶级,从而使之互相对立起来。

以后的雅典政治史,直到梭伦时代,人们知道得很不完全。巴赛勒斯一职已经废除;国家首脑人物已由贵族中所选出的执政官来充任。贵族的统治日益加强,到了公元前 600 年前后,已经变得令人不能忍受了。这时,货币和高利贷已成为压制人民自由的主要手段。贵族们的主要居住地是雅典及其近郊,在那里,海上贸易以及附带的有时仍然进行的海上掠夺,使贵族们发财致富,并使货币财富集中在他们手中。由此而日益发达的货币经济,就像腐蚀性的酸类一样,渗入了农村公社的以自然经济为基础的传统的生活方式。氏族制度同货币经济绝对不能相容;阿提卡小农的破产是与保护他们的旧的氏族联系的松弛同时发生的。债务契约和土地抵押(雅典人已经发明了抵押办法)既不理会氏族,也不理会胞族。而旧的氏族制度既不知有货币,也不知有贷款,更不知有货币债务。因此,贵族的日益扩展的货币统治,为了保护债权人对付债务人,为了使货币占有者对小农的剥削神圣化,也造成了一种新的习惯法。在阿提卡的田地上到处都竖立着抵押柱,上面写着这块地已经以多少钱抵押给某某人了。没有竖这种柱子的田地,大半都因未按期付还押款或利息而出售,归贵族高利贷者所有了;农民只要被允许做佃户租种原地,能得自己劳动生产品的**六分之一**以维持生活,把其余**六分之五**作为地租交给新主人,那他就谢天谢地了。不仅如此,如果出卖土地所得的钱不够还债,或者债务没有抵押保证,那么债务人便不得不把自己的子女出卖到国外去做奴隶,以偿还债务。父亲出卖子女——这就是父权制和专偶制的第一个果实! 要是吸血鬼还不满足,那么他可以把债务人本身卖为奴隶。雅典人民的文明时代的欢乐的曙光,就是如此。

以前,当人民的生活条件和氏族制度还相适应时,这样的变革是不可能的;但是现在这一变革发生了,人们不知道它是怎样发生的。我们暂且回转来看一下易洛魁人吧。这时强加在雅典人身上而他们可以说并未参与策划并且又确乎违反他们意志的状况,在易洛魁人中间是不能想象的。在易洛魁人那里,年年不变的生产生活资料的方式,决不会产生这种仿佛从外面强加的冲突,这种富人与穷人、剥削者与被剥削者之间的对立。易洛魁人离支配自然的地步还远得很,但是在他们能起作用的自然界限以内,他们是支配着自己的生产的。除开他们的小小园圃的歉收,他们的河流湖泊内的鱼类的罄竭以及森林中猎物的绝迹以外,他们知道他们获取生活资料的方式会产生什么结果。所必然产生的结果是生活资料,尽管有时少,有时多;但是决不会产生那种无意中产生的社会变革,氏族联系的破裂,或同氏族人和同部落人分裂为互相斗争的对立阶级。生产是在极狭隘的范围内进行的,但生产品完全由生产者支配。这是野蛮时代的生产的巨大优越性,这一优越性随着文明时代的到来便丧失了。夺回这一优越性，但是以今日人类所获得的对自然的有力支配以及今日已有可能的自由联合为基础，这将是下几代人的任务。

希腊人的情形就不同了。业已出现的对畜群和奢侈品的私人占有，引起了单个人之间的交换，使产品变成了**商品**。这就包含着随之而来的全部变革的萌芽。当生产者不再直接消费自己的产品，而是通过交换把它转让出去的时候，他们就失去了对自己的产品的支配权力。他们已不再知道产品的结局如何，于是产品有那么一天被用来反对生产者、剥削和压迫生产者的可能性便产生了。因此，不论哪一个社会，只要它不消灭单个人之间的交换，它便不能长久保持对它自己的生产的支配，不能长久保持对自己生产过程的社会效果的控制。

然而，产品是怎样在单个人之间的交换发生以后以及随着产品变成商品而迅速地支配了它的生产者的——这一点雅典人不得不亲自来体验了。随着商品生产，出现了个人单独经营的土地耕作，以后不久又出现了个人的土地所有制。随后就出现了货币，即其余一切商品都可以与之交换的普遍商品。但是当人们发明货币的时候，他们并没有想到，这样一来他们就创造了一种新的社会力量，一种整个社会都要向它屈膝的普遍力量。这种未经它自身创造者的预知并违反其意志而突然崛起的新力量，就以它那全部青春时代的粗暴性使雅典人感受到它的支配了。

怎么办呢？古老的氏族制度，不仅无力反对货币的胜利进军，而且也绝对没有办法能在自己的结构内部给货币、债权人、债务人以及逼债等找到立足之地。但是新的社会力量已经存在；挽回旧的美好时光的虔诚愿望和渴望，都没有能再把货币和高利贷从世界上消除。而且,在氏族制度中已经打开了一系列其他的次要缺口。在全部阿提卡境内,特别是在雅典城本身,各氏族和胞族的成员相互杂居,已经一代比一代厉害了,尽管这时雅典人仍然只能把土地而不能把自己的住宅卖给本氏族以外的人。随着工业和交换的进一步发展,各种生产部门——农业、手工业(在手工业内又有无数行业)、商业、航海业等——之间的分工日益充分地发展起来;居民现在依其职业分成了相当稳定的集团;其中每个集团都有好多新的共同的利益,这种利益在氏族或胞族内是没有存在的余地的,因而就需要创设新的公职来处理这种利益。奴隶的数量已经大大增加,那个时候肯定就已经远远超过自由的雅典人的数量;氏族制度最初并没有奴隶制,因而也就没有控制这大批非自由人的手段。最后,贸易把许多外地人吸引到雅典来,这些外地人是为了易于赚钱而定居这里的;按照旧制度,他们既没有权利,也不受法律保护,所以尽管有传统的容忍精神,他们仍然是人民中间令人不安的异己分子。

一句话,氏族制度已经走到了尽头。社会一天天成长,越来越超出氏族制度的范围;即使是最严重的坏事在它眼前发生,它也既不能阻止,又不能铲除了。但在这时,国家已经不知不觉地发展起来。最初在城市和乡村间,然后在各种城市劳动部门间实行的分工所造成的新集团,创立了新的机关以保护自己的利益;各种公职都设置起来了。这时,年轻的国家首先就需要一支自己的军事力量,而在操航海业的雅典人中间,起初只能是一支海上的军事力量,用以进行个别的小规模战争和保护商船。在梭伦以前的一个不能确知的时期,设置了诺克拉里,即小规模的区,每个部落设十二个;每一诺克拉里必须提供一只战船,配备上武器和船员,此外,还要提供两个骑士。这种设置对氏族制度起了双重的破坏作用:第一,它造成了一种已不再直接等同于武装起来的全体人民的公共权力;第二,它第一次不依亲属集团而依**共同居住地区**为了公共目的来划分人民。这有什么意义,可以从下面看出来。

既然氏族制度对于被剥削的人民不能有任何帮助,于是就只有期望正在产生的国家。而国家也确实以梭伦制度的形式给予了这种帮助,同时它又靠牺牲旧制度来增强自己。梭伦揭开了一系列所谓政治革命,而且是以侵犯所有制来揭开的,至于他在公元前594年实现改革的方式,我们在这里可以不谈。迄今的一切革命,都是为了保护一种所有制而反对另一种所有制的革命。它们如果不侵犯另一种所有制,便不能保护这一种所有制。在法国大革命时期,是牺牲封建的所有制以拯救资产阶级的所有制;在梭伦所进行的革命中,应当是损害债权人的财产以保护债务人的财产。债务简单地被宣布无效了。详情我们虽然不太清楚,但是梭伦在他的诗中自夸说,他清除了负债土地上的抵押柱,使那些因债务而被出卖和逃亡到海外的人都重返家园。这只有通过公开侵犯财产所有权才能做到。的确,一切所谓政治革命,从头一个起到末一个止,都是为了保护**某种**财产而实行的,都是通过没收(或者也叫做盗窃)**另一种**财产而进行的。所以毫无疑问,2 500年来私有财产之所以能保存下来,只是由于侵犯了财产所有权的缘故。

但现在必须防止这种使自由的雅典人变为奴隶的情形重演。这一点,首先是通过普遍实行的措施而做到的,例如禁止缔结以债务人的人身作抵押的债务契约。此外,又规定了个人所能占有的地产的最大数额,以便至少把贵族对于农民土地的无限贪欲限制一下。然后又对制度本身作了修改;对我们说来,最重要的有以下几点：

议事会规定由 400 人组成，每一部落为 100 人；因此在这里，部落依然是基础。不过这是新的国家组织从旧制度中接受下来的唯一方面。至于其他方面，梭伦把公民按照他们的地产和收入分为四个阶级；500、300 及 150 袋谷物（1 袋约等于 41 升），为前三个阶级的最低限度的收入额；只有较少地产或完全没有地产的人，则属于第四阶级。一切公职只有三个上等阶级的人才能担任；最高的公职只有第一阶级的人才能担任；第四阶级只有在人民大会上发言和投票的权利，但是，一切官吏都是在这里选出的，一切官吏都要在这里报告自己的工作；一切法律都是在这里制定的；而第四阶级在这里占多数。贵族的特权，部分地以财富特权的形式得到更新；但人民却保留有决定的权力。此外，四个阶级都是新的军队组织的基础。前两个阶级提供骑兵，第三阶级提供重装步兵，第四阶级提供不穿甲胄的轻装步兵或在海军中服务，大概还领薪饷。

这样，在制度中便加入了一个全新的因素——私有财产。公民的权利和义务，是按照他们的地产的多寡来规定的，于是，随着有产阶级日益获得势力，旧的血缘亲属团体也就日益遭到排斥；氏族制度遭到了新的失败。

然而，按照财产来规定政治权利，并不是国家不可缺少的办法。虽然这种办法在国家制度史上起过很大的作用，但是许多国家，而且恰好是最发达的国家，都是不需要它的。即使在雅典，它也只起了暂时的作用；从亚里斯泰迪兹的时候起，一切公职对每个公民都是开放的。[46]

其后 80 年间，雅典社会就逐渐采取了一个它在以后数百年中都遵循着的发展方向。在梭伦以前的时代盛行的农村高利贷，以及地产的无限制的集中,都受到了节制。商业以及靠奴隶劳动日益大规模发展起来的手工业和工艺,都成了流行的职业。人们也比较开通了。旧时残酷剥削自己同胞的方法,已经弃而不用,如今主要是剥削奴隶和雅典以外的买主了。动产,即由货币、奴隶以及商船构成的财富,日益增加。但是,这时它已经不是单单用做购置地产的手段,像在眼光狭小的最初时期那样。它已经变成目的本身了。结果,一方面形成了新阶级即从事工商业的富人对旧的贵族权力的胜利竞争,而另一方面,也使旧的氏族制度的残余失去了它的最后地盘。现在氏族、胞族和部落的成员遍布于全阿提卡并完全杂居在一起,因此,氏族、胞族和部落已不适宜于作为政治集团了;大量的雅典公民不属于任何氏族;他们是移民,他们虽然取得了公民权,但是并没有被接纳入任何旧的血族团体;此外,还有不断增加的仅仅被保护的外来的移民**47**。

这时,帮派斗争在进行着;贵族想夺回他们以前的特权,并在短时期内占了上风,直到克利斯提尼革命(公元前509年)**48**最终把他们推翻,但与此同时也推翻了氏族制度的最后残余。

克利斯提尼的新制度撇开了以氏族和胞族为基础的四个旧部落。代替它们的是一种全新的组织,这种组织是以曾经用诺克拉里试验过的只依居住地区来划分公民的办法为基础的。有决定意义的已不是血族团体的族籍,而只是常住地区了;现在要加以划分的,不是人民,而是地区了;居民在政治上已变为地区的简单的附属物了。

全阿提卡被划分成100个区域,即所谓德莫,分别实行自治。居住在每个德莫内的公民(德莫特),选举出自己的区长(德马赫)和司库,以及审理轻微案件的30个法官。各个德莫同样都有自己的神庙及守护神或英雄,并选出侍奉他们的祭司。德莫的最高权力属于德莫特大会。摩尔根说得对,这是实行自治的美洲市镇区的一种原型。① 当时在雅典正在产生的国家借以开始的单位,正好和现代国家在其最高发展阶段上借以完结的单位相同。

10 个这样的单位,即德莫,构成一个部落,但是这种部落和过去的血族部落不同,现在它被叫做地区部落。地区部落不仅是一种自治的政治组织,而且也是一种军事组织;它选出一个菲拉尔赫②即部落长,指挥骑兵;一个塔克色阿赫,指挥步兵;一个将军,统率在部落境内征召的全体军人。其次,它提供五艘配有船员和船长的战船,并且有阿提卡的一位英雄作为自己的守护神,英雄的名字也就是部落的名称。最后,它选举 50 名代表参加雅典议事会。

结果组成了雅典国家,它是由 10 个部落所选出的 500 名代表组成的议事会来管理的,最后一级的管理权属于人民大会,每个雅典公民都可以参加这个大会并享有投票权;此外,有执政官和其他官员掌管各行政部门和司法事务。在雅典没有总揽执行权力的最高官员。

由于实施这个新制度和容纳大量被保护民———一部分是移民,一部分是被释奴隶———,血族制度的各种机关便受到排挤而不再过问公事;它们下降为私人性质的团体和宗教社团。不过,旧氏族时代的道德影响、传统的观点和思想方式,还保存了很久才逐渐

---

① 参看路·亨·摩尔根《古代社会》1877 年伦敦版第 270—271 页以及马克思《路易斯·亨·摩尔根〈古代社会〉一书摘要》(《马克思恩格斯全集》中文第 1 版第 45 卷第 522—524 页)。——编者注

② 来源于古希腊文的"菲拉"(φυλή,意为部落)一词。——编者注

消亡下去。这一点从下面的一个国家设施中可以看出来。

我们已经看到,国家的本质特征,是和人民大众分离的公共权力。雅典在当时只有一支国民军和一支直接由人民提供的舰队,它们被用来抵御外敌和压制当时已占人口绝大多数的奴隶。对于公民,这种公共权力起初只不过作为警察而存在,警察和国家一样古老,所以18世纪的质朴的法国人就不讲文明民族而讲警察民族(nations policées)①。这样,雅典人在创立他们的国家的同时,也创立了警察,即由步行的和骑马的弓箭手组成的真正的宪兵队,也就是德国南部和瑞士所说的 Landjäger②。不过,这种宪兵队却是由**奴隶**组成的。这种警察职务,在自由的雅典人看来是非常卑贱的,以致他们宁愿让武装的奴隶逮捕自己,而自己却不肯去干这种丢脸的工作。这仍是旧的氏族观念。国家是不能没有警察的,不过国家还很年轻,还未享有充分的道义上的威望,使那种必然要被旧氏族成员视为卑贱的行业受到尊敬。

现在已经大体上形成的国家是多么适合雅典人的新的社会状况,这可以从财富、商业和工业的迅速繁荣中得到证明。现在社会制度和政治制度所赖以建立的阶级对立,已经不再是贵族和平民之间的对立,而是奴隶和自由民之间的对立、被保护民和公民之间的对立了。到了雅典全盛时期,自由公民的总数,连妇女和儿童在内,约为9万人,而男女奴隶为365 000人,被保护民——外地人和被释奴隶为45 000人。这样,每个成年的男性公民至少有18个奴隶和2个以上的被保护民。大量奴隶聚集在一起,是由于许

---

① 法文"police"(警察)的形容词"policé"意为"文明的"。——编者注
② 方言,意即宪兵。——编者注

多奴隶在监工的监督下在手工工场,在大房间内一起工作。但是,随着商业和工业的发展,发生了财富积累和集中于少数人手中,以及大批自由公民贫困化的现象;摆在自由公民面前的只有两条道路:或者从事手工业去跟奴隶劳动竞争,而这被认为是可耻的、卑贱的职业,而且也不会有什么成效;或者就变成穷光蛋。他们在当时条件下必不可免地走上了后一条道路;由于他们数量很大,于是就把整个雅典国家引向了灭亡。所以,使雅典灭亡的并不是民主制,像欧洲那些讨好君主的学究们所断言的那样,而是排斥自由公民劳动的奴隶制。

雅典人国家的产生乃是一般国家形成的一种非常典型的例子,一方面,因为它的形成过程非常纯粹,没有受到任何外来的或内部的暴力干涉——庇西特拉图的篡位为时很短,并未留下任何痕迹**49**——,另一方面,因为它使一个具有很高发展形态的国家,民主共和国,直接从氏族社会中产生;最后,因为我们是充分知道这个国家形成的一切重要详情的。

六　罗马的氏族和国家

从罗马建城的传说中可以看出,最早在这里定居的是由许多拉丁氏族(传说有 100 个)联合而成的一个部落;不久又加入了一个萨伯力安部落,据说也有 100 个氏族;最后加入的是一个由各种不同的分子构成的第三个部落,传说它也有 100 个氏族。初看起来,这全部故事表明,在这里除了氏族以外,很少再有自然形成的东西,连氏族本身在许多情况下,也只不过是在故土上继续存在的母亲氏族的分支。各个部落都带有人为构成的痕迹,但它们大部分都是由有亲属关系的分子构成的,并且不是按照人为的部落而是按照古代的已经长成的部落的样子构成的;同时仍不排除三个部落中每一个部落的核心都是一个真正的老部落。中间环节——胞族,是由 10 个氏族组成的,叫做库里亚;因此,共有 30 个库里亚。

人们公认,罗马氏族的制度和希腊氏族的制度是相同的;如果说,希腊氏族是我们在美洲红种人中间发现其原始形态的那种社会单位的进一步发展,那么,这对于罗马氏族也完全适用。因此,我们在这里可以谈得简单些。

罗马的氏族,至少在该城存在的早期,有以下的制度:

(1)氏族成员的相互继承权;财产仍保留在氏族以内。在罗马氏族里,也像在希腊氏族里一样,因为父权制已经盛行,所以女系后裔已经没有继承权。根据我们所知道的最古的罗马成文法即十二铜表法[50],首先是子女作为直系继承人继承财产;要是没有子女,则由父方宗亲(**男系**亲属)继承;倘若连父方宗亲也没有,则由同氏族人继承。无论在哪种情况下,财产都是留在氏族以内的。在这里我们看到,由财富的增加和专偶制所产生的新的法律规范已逐渐渗入氏族的习俗:同氏族人的原先是平等的继承权,起初——如前面所说的在很早的时期——在实践上只限于父方宗亲,最后只限于亲生子女及其男系后裔;不言而喻,这和十二铜表法上的顺序是相反的。

(2)拥有共同的墓地。克劳狄名门氏族,在由雷吉尔城迁到罗马时,得到了一块土地,此外还在城内得到了一块共同墓地。还在奥古斯都时代,死在条顿堡林山的瓦鲁斯[51]的首级运到罗马后,即埋在氏族坟地;可见他的氏族(昆提利)还有专用的坟地。①

(3)共同的宗教节日。这些氏族祭典是众所周知的。

(4)氏族内部不得通婚。这在罗马似乎从来没有成为一种成文法,但一直是一种习俗。在名字一直保存到今天的大量罗马人夫妇中,没有一对夫妇的氏族名称是相同的。继承权也证实了这一规则。妇女出嫁后就丧失了她的父方宗亲的权利,而退出自己的氏族;不论她或她的子女都不能继承她的父亲或父亲的兄弟,因为不然的话,父亲的氏族就会失掉一部分财产。这一惯例只有在女子不能和同氏族人结婚的前提下才有意义。

---

① "可见他的氏族(昆提利)还有专用的坟地"是恩格斯在1891年版上增补的。——编者注

（5）共同的地产。这在原始时代，从部落土地开始实行分配的时候起，始终是存在的。在各拉丁部落中间，我们看到，土地一部分为部落占有，一部分为氏族占有，一部分为家户占有，那时这种家户未必是①个体家庭。相传罗慕洛第一次把土地分配给了个人，每人大约一公顷（二罗马亩）。但是后来我们也还看到氏族掌握的地产，至于成为共和国全部内政史的轴心的国有土地，就更不必说了。

（6）同氏族人有互相保护和援助的义务。关于这一点，成文史仅有片断的记载；罗马国家，一开始就表现为这样一种超乎一切的力量，以致防御侵害的权利转到了它的手里。当亚庇乌斯·克劳狄乌斯被捕**52**时，他的氏族的全体成员，包括他的私敌在内，都穿上丧服。在第二次布匿战争**53**时，各氏族都联合起来，赎回他们的被俘的同氏族人；元老院则**禁止**它们这样做。

（7）使用氏族名称的权利。这种权利一直保持到帝政时代；被释奴隶可以采用他们从前的主人的氏族名称，但不能获得氏族的权利。

（8）接纳外人入族的权利。其办法是接纳到某一家庭中（像印第安人所做的那样），这同时也就是接纳入族。

（9）选举和罢免酋长的权利，在任何地方都没有被提到过。但是，由于在罗马存在的最初时期，从选举产生的王起，自上而下一切官职都是选举或任命的，同时，库里亚的祭司也是由库里亚选举的，因此我们可以推断，氏族酋长（principes）也定然如此，虽然氏族酋长从氏族内同一家庭选出的办法可能已成为规则。

---

① 在1884年版中不是"未必是"，而是"并不必定是"。——编者注

这就是罗马氏族的职能。除了已经完成向父权制的过渡这一点以外，这些职能完全是易洛魁氏族的权利与义务的再版；在这里也"可以清楚地看到易洛魁人"①。

今天②甚至最著名的历史编纂学家们在谈到罗马的氏族制度时还是怎样的一片混乱，仅举一例就可以看出。在蒙森关于共和时代和奥古斯都时代罗马氏族名称的论著（《罗马研究》1864年柏林版第1卷）中，有这样一段话：

"除了血族的一切男性成员以外——被接纳入族和受保护的人包括在内，但奴隶当然除外——，血族的名称也给予妇女……　部落〈蒙森在这里如此翻译 gens 一词〉是……一个从共同的——真实的或推测的甚至虚构的——世系中产生的，由共同的节日、墓地和继承权联合起来的共同体，一切有人身自由的个人，因而也包括妇女，都可以而且必须算在该共同体内。但是，确定已婚妇女的血族名称却成了一种困难。当妇女只能同自己血族的成员结婚时，这一困难自然是不存在的；而可以证明的是，在长时期内，妇女和血族以外的人结婚比同血族以内的人结婚要困难得多，因为这种在血族以外结婚的权利（gentis enuptio）到6世纪时，还被当做赏给个人的特权……　但是，凡是实行这种外婚制的地方，妇女在上古时代是转入夫方部落的。毫无疑问，依照古代的宗教婚姻，妇女完全加入夫方的法的和宗教的公社，而脱离她自己的公社。妇女出嫁就丧失了在本氏族内继承遗产或将自己的遗产传给本氏族成员的权利，而加入自己的丈夫、子女以及他们的所有同氏族人的继承团体，有谁不知道这一点？假使她被她的丈夫接纳而加入他的家庭，那么她怎能和他的血族不相干呢？"（第9—11页）

可见，蒙森断言，属于某一氏族的罗马女子，最初只能在她的

---

① 恩格斯引自马克思《路易斯·亨·摩尔根〈古代社会〉一书摘要》，参看《马克思恩格斯全集》中文第1版第45卷第497页。——编者注
② 从本段开始直到"在罗马建城差不多300年后"（本书第140页）之前是恩格斯在1891年版上增补的。——编者注

氏族**内部**结婚,因而,罗马的氏族是内婚制,不是外婚制。这种跟其他民族的全部经历相矛盾的观点,主要是(即使不完全是)以李维著作①中唯一的一段引起很多争论的话(第 39 卷第 19 章)为依据的。这段话说,元老院于罗马建城 568 年即公元前 186 年,曾作出如下的决议:

uti Feceniae Hispalae datio,deminutio,gentis enuptio,tutoris optio item esset quasi ei vir testamento dedisset;utique ei ingenuo nubere liceret,neu quid ei qui eam duxisset,ob id fraudi ignominiaeve esset——费策妮娅·希斯帕拉应有处理她的财产、减少她的财产、在氏族以外结婚、给自己选定保护人的权利,就像她的〈已故的〉丈夫曾用遗嘱把这个权利授予她一样;她可以和一个完全自由的人结婚,不能认为娶她为妻的人是做了不好的或可耻的事情。

毫无疑问,在这里,一个被释女奴隶费策妮娅获得了在氏族以外结婚的权利。同样无疑的是,丈夫也有权用遗嘱的方式允许妻子在他死后有权在氏族以外结婚。但是在**哪一个**氏族以外呢?

如果像蒙森所推测的那样,妇女必须在她的氏族内部结婚,那么她在结婚以后也仍然留在该氏族以内。不过,第一,正是这个关于氏族内婚的断言,尚待证明。第二,如果妇女必须在她的氏族内部结婚,那么,男子自然也应当如此,否则他就会找不到妻子。这样一来,就成了丈夫可以用遗嘱把一项他自己也没有并且自己也享受不到的权利传给他的妻子了;这从法律的观点来看是荒谬的。蒙森也感觉到了这一点,因此,他又推测道:

"为了在血族以外结婚,在法律上,大概不仅需要得到掌权者的同意,而且需要得到全体氏族成员的同意。"(第 10 页注)

---

① 　梯特·李维《罗马建城以来的历史》。——编者注

　　首先这是一个非常大胆的推测;其次,它跟那个决议的明确语意相矛盾;元老院是**代替她的丈夫**把这个权利给予她的;元老院给予她的显然不多不少恰恰和她的丈夫可能给予她的一样多;但是元老院给予她的乃是没有任何其他限制的**绝对**权利,她如果使用这个权利,她的新丈夫也不应因此受到损害;元老院甚至责成现在的和将来的执政官和大法官注意不要使她因此遭受任何委屈。这样,蒙森的推测便全然不能成立了。

　　或者,再假定,一个妇女和别的氏族的男子结婚,而她本人仍留在她原来的氏族内。这样一来,依照上面所引的那个决议,她的丈夫就有权允许他的妻子在她自己的氏族以外结婚。这就是说,他有权处理他所不归属的那个氏族的事务了。这是十分荒谬的事,用不着多说。

　　因此,剩下的只有这样一个推测,即妇女第一次结婚是嫁给别的氏族的男子,结婚后她便立即转入夫方的氏族,如蒙森事实上在这类场合所承认的那样。这样一来,一切相互关系立刻就不言自明了。妇女由于结婚而脱离她的老氏族,加入新的、夫方的氏族团体,这样她便在那里占着一个完全特殊的地位。虽然她也是氏族的一员,但她并不是血缘亲属;她加入氏族的方式,从一开始就使她不受因结婚而加入的那个氏族禁止内部通婚的一切规定的束缚;其次,她已经被接受到氏族的继承团体中来,可以在她的丈夫死亡时继承他的财产,即一个氏族成员的财产。为了把财产保存在氏族以内,她必须同她的第一个丈夫的同氏族人结婚而不得同别的任何人结婚,这岂不是再自然不过的事吗? 如果一定要造成例外,那么除了把这份财产遗留给她的第一个丈夫之外,试问谁还有资格授权她这样做呢? 在他把一部分财产遗留给她,同时允许她通过结婚或由于结婚而把这一部分财产转移到别的氏族的瞬间,这份财产还是属于他的;因而,他实际上只是处置他自己的财产。至于这个妇女本身以及她和她的丈夫的氏族的关系,那么,正是他通过自由意志的行为——结婚,使她加入了这个氏族;因此,同样自然的是,也正是他可以授权她通过第二次结婚而退出这个氏族。总之,只要我们抛弃罗马氏族实行内婚制的奇怪观念,而同摩尔根一起承认它最初是实行外婚制的氏族,那么问题就很简单而不言自明了。

还有最后一种推测,这种推测也有它的拥护者,而且它的拥护者似乎最多。根据这个推测,那个决议只是说:

"被释奴婢(libertae)没有特别的许可,不得 e gente enubere〈在氏族以外结婚〉,也不得作出任何由于丧失家庭权利而使被释奴婢脱离氏族团体的行为。"(朗格《罗马的古代文化》1856 年柏林版第 1 卷第 195 页,那里谈到我们从李维著作中引用的那段话时,引用了胡施克的话①)

如果这一推测是正确的,那么那个决议对于完全自由的罗马妇女的地位根本就什么也没有证明;更谈不上她们应在氏族内部结婚的义务了。

在氏族以外结婚[Enuptio gentis]一语,只出现在上面那个决议中,在全部罗马文献中再没有遇见过;enubere——与外人结婚——一语只遇见过三次,也是在李维的著作中,而且和氏族无关。那种虚幻的、认为罗马妇女只能在本氏族内部结婚的看法,其来源仅仅是那个决议。但是这种看法是绝对站不住脚的。因为,

---

① 参看格·胡施克的学位论文《关于元老院决议赋予费策妮娅·希斯帕拉的特权》1822 年格丁根版,以及梯特·李维《罗马建城以来的历史》第 39 卷第 19 章。——编者注

那个决议或者只是与被释女奴隶所受的特殊限制有关,那么它对于完全自由的妇女(ingenuae)就什么都没有证明;或者它也适用于完全自由的妇女,那么它倒证明妇女按照通例是在本氏族以外结婚,而结婚以后便转入夫方的氏族,从而证明蒙森说得不对,而摩尔根是正确的。

在罗马建城差不多300年后,氏族联系还这样牢固,以致一个名门氏族,即法比氏族,经元老院许可,竟以自己的力量征伐了邻近的维爱城。据说有306个法比人出征,尽为伏兵所杀;唯一剩下的一个男孩,延续了这个氏族。

我们已经说过,10个氏族构成一个胞族,胞族在这里叫做库里亚,它有着比希腊胞族更重要的社会职能。每一个库里亚都有自己的宗教仪式、圣物和祭司;全体祭司构成罗马祭司团之一。10个库里亚构成一个部落,这种部落,像其余的拉丁部落一样,最初大概有一个选举产生的酋长——军事首长兼最高祭司。所有三个部落合在一起,构成罗马人民,即populus romanus。

这样,只有身为氏族成员,并且通过自己的氏族而为库里亚成员和部落成员的人,才能属于罗马人民。罗马人民最初的制度是这样的:公共事务首先由元老院处理,而元老院,正像尼布尔最先正确地看到的那样,是由300个氏族的酋长组成的;**54** 正因为如此,他们作为氏族的长老被称为patres,即父老,而他们全体则构成元老院(长老议事会,由senex——老者一词而来)。氏族酋长总是从每个氏族的同一家庭中选出的习俗,在这里也造成了最初的部落显贵;这些家庭自称为贵族,并且企求进入元老院和担任其他一切官职的独占权。随着时间的推移,人民容忍了这种企求,这种企求就变成实际的权利,这一点在关于罗慕洛赐给第一批元老及其子孙以贵族身份和特权的传说中得到了反映。元老院像雅典议事会一样,在许多事情上有决定权,对比较重要的事情,尤其是新法律有权预先讨论。这些新法律,最后由叫做 comitia curiata(库里亚大会)的人民大会通过。来参加大会的人民按库里亚分组,而在每个库里亚内大概又按氏族分组;在通过决议时 30 个库里亚各有一票表决权。库里亚大会通过或否决一切法律,选举包括勒克斯(所谓王)在内的一切高级公职人员,宣战(但由元老院媾和),并以最高法院资格,在一切事关判处罗马公民死刑的场合,根据当事人的上诉作最后的决定。最后,与元老院和人民大会并列的,还有勒克斯,他完全相当于希腊的巴赛勒斯,但决不像蒙森所描述的那样[55] 几乎是专制的王。① 他同样也是军事首长、最高祭司和某些法庭的审判长。他决没有民政方面的权力,换句话说,决没有处理公民的生命、自由和财产的权力,除非这些权力来自军事首长的惩戒权或法庭审判长的判决执行权。勒克斯的职位不是世袭的;相反,他大概是由其前任推荐,先由库里亚大会选出,然后在第二次大会上被隆重委任。他也是可以罢免的,高傲的塔

---

① 恩格斯在这里加了一个注:"拉丁语的 rex[勒克斯],相当于凯尔特-爱尔兰语的 righ(部落长)和哥特语的 reiks[勒克斯]。哥特语的这个词,像德语 Fürst 的本义(与英语的 first,丹麦语的 förste 相同,意即"第一")一样,也是氏族酋长或部落酋长的意思,这从哥特人在 4 世纪时对于后世的王即全体人民的军事首长已有特别名称即 thiudans[狄乌丹斯]一事中已可以看出来。在乌尔菲拉所翻译的圣经中,阿尔塔薛西斯和希律从来不叫做 reiks[勒克斯],而是叫做 thiudans[狄乌丹斯],提比里乌斯皇帝的国家从来不叫做 reiki,而叫做 thiudinassus。在源自哥特语 thiudans(这个词我们不大确切地译为"王")的名字 Thiudareiks[狄奥达勒克斯]、Theodorich[狄奥多里希],亦称 Dietrich[迪特里希]中,这两个名称合而为一了。"——编者注

克文的命运,便是证明。

像英雄时代的希腊人一样,罗马人在所谓王政时代也生活在一种以氏族、胞族和部落为基础,并从它们当中发展起来的军事民主制之下。尽管库里亚和部落可能一部分是人为的组织,但它们都是按照它们所由产生并且从四面包围着它们的那种真正的、自然形成的社会的模型造成的。尽管自然形成的罗马贵族已经获得了牢固的基础,尽管担任勒克斯的人力图逐渐扩大自己的权力,但是所有这一切并没有改变制度的最初的根本性质,而全部问题就在于这个最初的根本性质。

这时,罗马城以及靠征服而扩大了的罗马地区的人口日益增加;增加的人口中一部分是外来移民,一部分是被征服地区,主要是拉丁地区的居民。所有这些新的国民(关于被保护民的问题,这里暂且不谈),都处在旧的氏族、库里亚和部落之外,因而,不是populus romanus 即本来的罗马人民的组成部分。他们是人身自由的人,可以占有地产,必须纳税和服兵役。可是他们不能担任任何官职;既不能参加库里亚大会,也不能参与征服得来的国有土地的分配。他们构成被剥夺了一切公权的平民。由于他们的人数不断增加,由于他们受过军事训练并有武装,于是就成了一种同这时根本禁止增加外来人口的旧的 populus 相对抗的可怕力量了。加之土地看来几乎是平均分配于 populus 和平民之间的,而商业和工业的财富,虽然还不十分发达,可能也主要是在平民手中。

由于全部传说的罗马原始史都被浓厚的黑暗所笼罩,这种黑暗又因后世受过法学教育的史料典籍著作家们试图作理性主义—实用主义的解释和报告而更加浓厚,因而,关于使古代氏族制度终结的革命发生的时间、进程和动因,都不可能说出什么确定的意见。只有一点是肯定的,这就是革命的原因在于平民和 populus 之间的斗争。

据说是由塞尔维乌斯·土利乌斯这位勒克斯依照希腊的榜样特别是梭伦的榜样制定的新制度,设立了新的人民大会;能参加或不得参加这个大会的,不分 populus 和平民,都依是否服兵役而定。凡是应服兵役的男子,都按其财产分为六个阶级。前五个阶级中每个阶级的最低财产额为:一、10 万阿司;二、75 000 阿司;三、5 万阿司;四、25 000 阿司;五、11 000 阿司;据杜罗·德拉马尔计算,这些数目大约相当于 14 000 、10 500 、7 000 、3 600 和 1 540 马克。[56]第六阶级为无产者,是由那些没有什么财产、不服兵役和不纳税的人构成的。在新的百人团人民大会(comitia centuriata)上,公民以军队方式按连队来编组,每队 100 人,称百人团,每个百人团有一票表决权。但是,第一阶级出 80 个百人团,第二阶级出 22 个,第三阶级出 20 个,第四阶级出 22 个,第五阶级出 30 个,而第六阶级,为了体面起见,也准出一个。此外,还有从最富裕的公民中征集的骑士所组成的 18 个百人团;一共有 193 个百人团;多数票为 97 票。但骑士和第一阶级合在一起就有 98 票,即占多数;只要他们意见一致,就可以不征询其余阶级的意见,决议也就有效了。

以前库里亚大会的一切政治权利(除了若干名义上的权利以外),现在都归这个新的百人团大会了;这样一来,库里亚和构成它们的各氏族,像在雅典一样,就降为纯粹私人的和宗教的团体,并且作为这样的团体还苟延残喘了很久,而库里亚大会不久就完全消失了。为了把三个旧的血族部落也从国家中排除出去,便设立了四个地区部落,每个地区部落居住罗马城的四分之一,并享有一系列的政治权利。

这样，在罗马也是在所谓王政被废除之前，以个人血缘关系为基础的古代社会制度就已经被炸毁了，代之而起的是一个新的、以地区划分和财产差别为基础的真正的国家制度。公共权力在这里体现在服兵役的公民身上，它不仅被用来反对奴隶，而且被用来反对不许服兵役和不许有武装的所谓无产者。

只是在僭取了真正王权的最后一个勒克斯，即高傲的塔克文被驱逐以后，在两个拥有同等职权（像在易洛魁人那里那样）的军事首长（执政官）代替了一个勒克斯以后，这个新制度才得到了进一步的发展，而罗马共和国的全部历史也就在这个制度的范围内演变，这里包括，共和国的贵族与平民为了担任官职以及分享国有土地而进行种种斗争，最后贵族溶化在大土地占有者和大货币占有者的新阶级中，这种大土地占有者和大货币占有者逐渐吞并了因兵役而破产的农民的一切地产，并使用奴隶来耕种由此产生的大庄园，把意大利弄到十室九空的地步，从而不仅给帝政而且也给帝政的后继者德意志野蛮人打开了门户。

七　凯尔特人和德意志人的氏族[57]

　　由于篇幅的原因,我们不能详细研究今天仍然在各种不同的蒙昧民族和野蛮民族中间以比较纯粹或比较模糊的形式存在着的氏族制度,或者亚洲的文明民族古代历史上的氏族制度的痕迹了。① 这两者是到处都可以见到的。只举几个例子:在人们还不知道什么是氏族的时候,那位曾经费了莫大气力去误解氏族问题的麦克伦南,就已经证实了氏族的存在,并且大体上正确地描述了卡尔梅克人、切尔克斯人、萨莫耶德人②的氏族,以及三个印度民族——华拉耳人、马加尔人[4]、曼尼普尔人的氏族。③ 不久以前,马·柯瓦列夫斯基也发现并描述了北萧胡人、显胡苏人、斯万人和其他高加索部落的氏族。在这里,我们只对凯尔特人和日耳曼人的氏族的存在,作若干简短的记述。

　　凯尔特人的保存到今天的最古的法律,使我们看到了仍然充满着活力的氏族;在爱尔兰,甚至到今天,在英国人用暴力炸毁了氏族以后,它至少还本能地存在于人民的意识中;在苏格兰,在上

---

① 以下直到本段最后一句话之前是恩格斯在 1891 年版上增补的。——编者注

② 涅涅茨人的旧称。——编者注

③ 参看约·弗·麦克伦南《古代史研究。附重印的〈原始婚姻。关于婚礼中抢劫仪式的起源的研究〉》1886 年伦敦—纽约版第 52—59 页。——编者注

世纪中叶,它还处于全盛时期,在这里它也只是由于英国人的武器、立法和法庭才被消灭的。

在威尔士被英国人征服以前数世纪[58],即至迟于11世纪所制定的古代威尔士的法律,还表明有整个村落共同耕作的事情,虽然这只是一种普遍流行的早期习俗的稀有残余;每个家庭有供自己耕作的五英亩土地;此外,另有一块土地共同耕种,收获物实行分配。从它跟爱尔兰和苏格兰类似这一点来看,毫无疑问这种农村公社乃是一种氏族或氏族分支,即使对威尔士法律的重新考查——我没有时间去这样做(我的摘要是在1869年作的[59])——未必能直接证实这一点。然而,威尔士以及爱尔兰的材料却直接证明,在11世纪时,凯尔特人的对偶婚还根本没有被专偶制所代替。在威尔士,婚姻只有满了七年之后才不能解除,或者更确切些说,才不能终止。甚至只差三夜就满七年,夫妻还是可以分离的。那时便要分家:由妻子来分,丈夫取他的一份。家具是按一定的非常有趣的规则来分的。如果是丈夫提出离婚的,那他必须把妻子的嫁妆和其他某些东西还给她;如果是妻子提出离婚的,那她便少得一点。如有三个子女,丈夫分两个,妻子分一个,即中间那一个。如果妻子在离婚后重新结婚,而她的前夫想重新要她时,即使她的**一只脚**已经踏上新夫的婚床,也要顺从前夫的要求。而如果已经同居七年,即使以前并未正式结婚,他们也是夫和妻。在结婚以前,少女的贞操完全不严格遵守,也不要求遵守;与此有关的规定,具有非常轻佻的性质,同资产阶级的道德完全不符。如果妻子与人通奸,丈夫可以殴打她(这是允许他这样做的三种情况之一,在其余场合殴打妻子是要受罚的),但是这样一来,他就无权要求别的补偿了;因为

"对于同一过错,或者要求赎罪,或者要求报复,但两者不可得兼"。①

　　妻子可据以要求离婚而且在分财产时自己的权利又不受损失的理由,范围非常广:只要丈夫有口臭就够了。为赎回初夜权而付给部落首领或国王的赎金(gobr merch,中世纪的 marcheta 这个名称、法语的 marquette 就是由此而来的)在法典上起着很大的作用。妇女在人民大会上享有表决权。如果我们补充下面几点:在爱尔兰已经证明有类似情况存在;在那里,暂时性的婚姻也非常流行,在离婚时,妻子享有很大的明确规定的照顾,甚至对她的家务操持也要给以赔偿;在那里,还有"长妻"与其他诸妻并存的事,而在分配遗产时,婚生子女和非婚生子女没有任何差别——这样,我们便看到了一幅对偶婚的图景,与这种对偶婚比较起来,北美现行的婚姻形式就显得严格了,不过,对于一个在凯撒时代还过着群婚生活的民族来说,在 11 世纪有这种情形,是不足为奇的。

　　爱尔兰氏族(即塞普特[sept];部落称为 clainne,即克兰[20])不仅由古代法典,而且还由 17 世纪被派到那里去把克兰领地变成英王王室领地的英国法学家们所证实并作过记述。直到那时,土地只要未被首领变为自己的私有领地,就仍是克兰或氏族的公共财产。如果某一氏族成员死亡,因而一户经济不再存在,首领(英国法学家称之为宗族长[caput cognationis])便把全部土地在其他各户中间进行一次重新分配。这种分配,大体上应该是依照在德意志通行的规则来进行的。即在今日,还可以见到一些属于所谓朗得尔[rundale]制度的村田,在四五十年前,这种村田是很多的。农民们,即租种被英国征服者所掠夺的先前属于氏族公有的土地的个

①　《威尔士的古代法律和规章》1841 年伦敦版第 44 页。——编者注

体佃农们,每人为自己承租的地段交纳租金,但是却把全部耕地和草地合并起来,按照方位和土质分成许多"大块"["Gewanne"],如摩泽尔河沿岸所称呼的那样;每个人在每一大块中都有一份;沼泽地和牧场共同使用。就在50年前,有时还重新分配土地,有些时候每年都重新分配。这种实行朗得尔制度的村落的地界图,看上去极似摩泽尔河沿岸或霍赫瓦尔德地区的一个德意志人农户公社的地界图。氏族此外还继续存在于"帮"["factions"]中。爱尔兰农民常常分成各种帮派,它们是建立在看起来毫无意思和十分荒诞的、为英国人所完全不理解的差别的基础之上的,并且它们除了彼此之间进行心爱的盛大殴斗而外,似乎别无任何目的。这是被消灭了的氏族的人为的复活,是氏族灭亡后产生的代替物,这种代替物以特殊的方式证明了流传下来的氏族本能的继续存在。此外,有些地方,同氏族人还一道住在他们旧有的地区内;比如在30年代,莫纳亨郡的大多数居民只有四个姓,换言之,即起源于四个氏族或克兰。①

---

① 在1891年版中,恩格斯在这里加了一个注:"在爱尔兰度过的那几天中**60**,我重新明确地意识到那里的乡村居民还是多么明显地生活在氏族时代的观念中。土地占有者在他的佃户农民的眼中还俨然是一种为了全体的利益而管理土地的克兰首领;农民以租金的形式向他纳贡,但认为在困难时也应得到他的帮助。同样,一切比较富裕的人,也被认为当自己的比较贫苦的邻居有急需时,有责任接济他们,这种帮助并不是施舍,而是比较富有的克兰成员或克兰首领理所当然地应给予比较贫苦的克兰成员的。政治经济学家和法学家们抱怨无法使爱尔兰农民接受现代资产阶级的财产概念,这是可以理解的;只有权利而无义务的财产概念,决不能灌输到爱尔兰人头脑中去。当具有这种素朴氏族观念的爱尔兰人突然流落到英国或美国的大城市,置身于道德观念和法律观念全然不同的居民中时,他们在道德和法律问题上会多么容易迷惑惶乱,失去一切依托并且往往大批地道德沦丧——这也是可以理解的。"——编者注

在苏格兰,氏族制度是随着1745年起义被镇压而灭亡的。**61**至于苏格兰的克兰是这个制度的哪一个环节,尚待研究;但它是这样一个环节,则是没有疑问的。在瓦尔特·司各脱的小说中,我们可以看到关于苏格兰高地的这种克兰的生动描写。摩尔根说,这种克兰,

"就组织和精神而言,乃是氏族的最好典型,也是氏族生活支配氏族成员的突出例证……　从他们的结世仇和血族复仇上,从按克兰划分地区上,从他们的共同使用土地上,从克兰成员对于酋长的忠诚以及彼此间的忠诚上,我们都看到了氏族社会的那种通常的、持久的特征……　世系是按照父权制计算的,因此男子的子女仍留在克兰内,而妇女的子女则转到他们父亲的克兰里去"①。

至于从前在苏格兰盛行过母权制,有下述事实为证:据贝达说,皮克特人的王室是按照女系继承的。② 甚至普那路亚家庭的残余,在威尔士人以及苏格兰人中间还以初夜权的形式一直保存到中世纪,那时,只要是初夜权没有赎回,克兰的首领或国王,便可以作为以前的共同丈夫的最后代表者,对每个新娘行使这个权利。③

---

① 　路·亨·摩尔根《古代社会》1877年伦敦版第357—358页。——编者注
② 　贝达《盎格鲁教会史》第1册第1章。——编者注
③ 　在1884年版中这句话后面接着还有两段话,第一段话是:"这种权利——在北美洲的最西北部地区经常可以见到——在俄国人当中也流行过;到10世纪时被奥丽珈女大公废除。"这一段话在1891年版中被恩格斯略去。第二段话是:"在法国,特别是在尼韦奈和弗朗什孔泰,直到法国革命时期还存在着与塞尔维亚—克罗地亚地区的斯拉夫人的家庭公社相似的由农奴家庭组成的共产制家户,这也是从前氏族组织的残余。这种共产制家户还没有完全消亡,例如在卢昂地区(在索恩-卢瓦尔省)还可以看到一些巨大的、造型别致的农民住房,中间是公用的大厅,四周是卧室,住着同一家庭的好几代人。"这一段话在1891年版中被恩格斯修改后补入第二章(见本书第61—64页)。——编者注

德意志人在民族大迁徙[62]以前,曾组织成为氏族,这是没有疑问的。他们只是在公元前数世纪,才有可能占据了多瑙河、莱茵河、维斯瓦河和北方诸海之间的地区;基姆布利人和条顿人当时正处在大迁徙中,而苏维汇人只是到凯撒时代才稳定地定居下来。凯撒谈到苏维汇人时明确地说过:他们是按氏族和亲属关系(gentibus cognationibusque)分开居住的①;而在尤利氏族[gens Julia]的罗马人的口中,gentibus 这个名词有着不容误解的确定的意义。这适用于全体德意志人;甚至在被征服的罗马各行省,他们②似乎还按氏族定居。从《阿勒曼尼亚法典》[63]中可以得到证实,在多瑙河以南的被征服的土地上,人们是按血族(genealogiae)分开居住的。这里使用的 genealogia 一词,与后来的马尔克公社或农村公社的意义完全相同。不久以前,柯瓦列夫斯基提出了一种见解,说这些

① 凯撒《高卢战记》第 6 卷第 22 章。——编者注

② 以下直到"像在墨西哥人和希腊人那里一样,在德意志人那里"(本书第 152 页)之前的段落,是恩格斯在 1891 年版中增补的;在 1884 年版中是这样的:"还按氏族居住。在公元 8 世纪的《阿勒曼尼亚法典》中 genealogia 一词完全与马尔克公社一词同义。这样我们就看到,德意志民族之一,并且恰恰又是苏维汇人,在这里是按血族即 gentes 分居的,每个氏族都分有确定的地区。勃艮第人和伦巴德人的氏族称为 fara,而《勃艮第法典》中所使用的氏族成员(faramanni)一词,同时也指勃艮第人,这是针对着罗马居民说的,后者自然不包括在勃艮第氏族内。因而在勃艮第人那里,土地的分配也是按照氏族进行的。日耳曼法学家们一百年来为之绞尽脑汁的 faramanni 问题,这样就可解决。在德意志人中并不是到处都把氏族称为 fara,尽管我们在一个哥特系的民族和另一个赫米诺南(高地德意志)系的民族那里可以发现这个名称。在德语中用来表示亲属关系的词根是很多的,这些词根同样使用在我们可以推断是和氏族有关的词语中。"——编者注

genealogiae 都是大家庭公社,土地在它们之间进行分配,农村公社只是后来才从它们当中发展起来的。① 所以关于 fara 也可以这样说,这个词在勃艮第人和伦巴德人那里——自然也在哥特部落和赫米诺南部落或高地德意志部落那里——的含义和《阿勒曼尼亚法典》上的 genealogia 一词的含义虽不完全相同,却也大体一致。这里摆在我们面前的究竟是氏族还是家庭公社,还需要作进一步研究。

在一切德意志人中是否有一个表示氏族的共同名词,这个名词又是什么,关于这个问题,古代语言研究文献没有给我们提供答案。在语源上,哥特语的 kuni,中古高地德语的 künne 是和希腊语的 genos、拉丁语的 gens 相当的,而且是在相同的意义上来使用的。妇女的名称来自同一个词根,如希腊语的 gyne、斯拉夫语的 žena、哥特语的 qvino,以及古斯堪的纳维亚语的 kona、kuna 等,这表明曾存在过母权制时代——在伦巴德人和勃艮第人那里,像刚才说过的,我们看到 fara 一词,这个词被格林假定来源于词根 fisan,意即生育。我则倾向于认为它来源于更显而易见的词根 faran,意即乘车②、迁徙,用来表示当然只由亲属构成的迁徙队伍的一个固定的分队。这个词,在起初是向东方,后来又向西方迁徙的许多世纪中,渐渐地被用来指血族共同体本身了。其次,哥特语的 sibja,盎格鲁撒克逊语的 sib,古高地德语的 sippia、sippa,都是亲属③的意思。在古斯堪的纳维亚语中,亲属一词仅有复数的

①　参看马·马·柯瓦列夫斯基《家庭及所有制的起源和发展概论》1890年斯德哥尔摩版第 62—63 页。——编者注
②　德语是 fahren。——编者注
③　德语是 Sippe。——编者注

sifjar；单数只用做女神西芙［Sif］的名字。最后，在《希尔德布兰德之歌》**64**中还见到另外一种用语，它出现在希尔德布兰德问哈杜布兰德的话中：

"这群人中的男子，谁是你的父亲……或你是哪一血族的？"（eddo huêlîhhes *cnuosles* du sîs）

要是德语有表示氏族的共同名称，那么这恐怕就是哥特语的 kuni 了；这不仅因为它和亲属语中相应的说法一致，而且因为最初表示氏族酋长或部落酋长的 kuning（王［König］）一词就是从 kuni 这个字演变来的。sibja（亲属）这个词似乎无须加以考虑；至少，sifjar 在古斯堪的纳维亚语中，不仅表示血缘亲属，而且也表示姻亲亲属，即包括至少**两个氏族**的成员；因此，sif 这个词本身不可能是表示氏族的用语。

像在墨西哥人和希腊人那里一样，在德意志人那里，骑兵队和楔形步兵纵队的战斗队形，也是按氏族的组织来编的；如果塔西佗说的是按家庭和亲属关系①，那么这种不明确的用语的来由是，在塔西佗时代氏族在罗马早已不再是一个有生命力的团体了。

有决定意义的②是塔西佗的这一段话，那里说：母亲的兄弟把他的外甥看做自己的儿子；有些人甚至认为舅父和外甥之间的血缘关系，比父子之间的血缘关系还要神圣和密切，所以当要求人质的时候，那个将受到约束的人的姊妹的儿子被认为是比

---

① 塔西佗《日耳曼尼亚志》第 7 章。——编者注
② 在 1884 年版中不是"有决定意义的"，而是"最具决定性的证据"。——编者注

他自己的儿子还要大的保证。① 在这里,我们看到了按照母权制组织起来的,因而是最初的氏族的活生生的残余,而且这种残余还被当做德意志人特有的一种东西。② 某一个这样的氏族,其成员假如把自己的儿子当做某一庄严义务的担保物,而这个儿子却成了父亲违约的牺牲品,那么这位父亲就责任自负。但是假如成为牺牲品的是姊妹的儿子,那么这就违反了最神圣的氏族法规;男孩子或少年的最近的同氏族亲属,即首先负有保护他的义务的人,便对他的死负有罪责;这个同氏族亲属或者是不应当把他作为人质,或者是必须履行契约。即使我们在德意志人那里没有发现氏族制度的其他任何痕迹,那么有上面这一段话也就够了。③

在古代斯堪的纳维亚关于诸神的黄昏和世界的毁灭的一首歌即《Völuspâ》[《女预言者的预言》]**66**中,有一个地方更具有决定

---

① 塔西佗《日耳曼尼亚志》第20章。——编者注

② 恩格斯在这里加了一个注:"起源于母权制时代并在许多民族中间都可以看到的舅父和外甥之间的特别密切的关系,在希腊人那里只是在英雄时代的神话中才能看到。据狄奥多鲁斯(第4卷第34章)说,梅里格尔杀死了铁斯特士的儿子们,也就是自己母亲阿耳泰娅的兄弟们。阿耳泰娅认为这种行为是一种无可饶恕的罪行,她诅咒凶手——她自己的儿子,并祈求他死。'据说,诸神听从了她的愿望,结束了梅里格尔的生命。'又据狄奥多鲁斯(第4卷第44章)说,海格立斯率领下的亚尔古船英雄在色雷斯登陆,他们在那里发现,菲尼士受他新妻子的教唆,残酷虐待被他遗弃的前妻——博雷阿德族的克利奥帕特拉所生的两个儿子。而在亚尔古船英雄中间,也有博雷阿德族的人,即克利奥帕特拉的兄弟们,也就是被虐待者的母亲的兄弟们。他们立刻保护他们的两个外甥,释放他们并杀死看守者。**65**"——编者注

③ 以下直到"……还没有消失。"(本书第154页)是恩格斯在1891年版上增补的。——编者注

性的意义,因为那是大约 800 年以后写的。这首《女预言者的预言》——如现在班格和布格所证明的①,这首歌中也包含有基督教的因素——,在描述大灾难前的普遍堕落和道德败坏的时代时说道:

> "Broedhr munu berjask ok at bönum verdask,
> munu *systrungar* sifjum spilla."
> "兄弟们将互相仇视,互相杀戮,
> **姊妹的儿女们**就要毁坏亲属关系了。"

Systrungar 一词是母亲的姊妹的儿子的意思,在诗人看来,姊妹的子女否认相互之间的血缘亲属关系比兄弟互相残杀的罪还要大。起加强作用的是表示母方亲属关系的 systrungar 一词;要是不用这个词,而用 syskina-börn(兄弟姊妹的子女)或 syskinasynir(兄弟姊妹的儿子们),那么第二行对于第一行就不是加强,而是减弱了。由此可见,甚至在产生《女预言者的预言》的海盗时代,在斯堪的纳维亚对于母权制的回忆还没有消失。

此外,在塔西佗时代,至少在他较为熟悉的②德意志人中间,母权制已经让位给父权制了:父亲的遗产由子女继承;如果没有子女,就由兄弟及叔伯和舅父继承。容许母亲的兄弟参加继承这一事实,是和刚刚所说的习俗的保存有关系的,同时也证明德意志人的父权制在当时还是多么年轻。直到进入中世纪很久之后,也仍然可以见到母权制的遗迹。那时,在人们中间,特别是在农奴中

---

① 安·克·班格《女预言者的预言和西维拉的卜辞》1879 年克里斯蒂安尼亚版,索·布格《斯堪的纳维亚关于神和英雄的传说的起源问题探讨》1881—1889 年克里斯蒂安尼亚版。——编者注
② "至少在他较为熟悉的"是恩格斯在 1891 年版上增补的。——编者注

间,似乎仍然不大信赖父系血统;所以,当封建领主向某个城市要求追回逃亡的农奴的时候,例如在奥格斯堡、巴塞尔和凯泽斯劳滕,就要求有六个最近的血缘亲属,而且是只限于母方的亲属来宣誓证实被告的农奴身份(毛勒《城市制度》第 1 卷第 381 页①)。

当时刚刚灭亡的母权制,还有一个残余,这就是在罗马人看来几乎是不可理解的、德意志人对于女性的尊敬。在同德意志人缔结条约时,贵族家庭的少女被认为是最可靠的人质;想到自己的妻女可能被俘而沦为奴隶,这对于德意志人说来是很可怕的,并且最能激励他们的战斗士气;他们认为妇女体现着某种神圣的和先知的东西,他们甚至在最重要的事情上也听取妇女的意见。例如,利珀河畔布鲁克泰人的女祭司魏勒妲,就曾经是推动巴达维人起义的灵魂,在这次起义中,齐维利斯领导德意志人和比利时人动摇了罗马人在高卢的全部统治。**67** 在家里妻子的统治看来是无可争辩的;自然,一切家务也都由妻子、老人和子女关照;丈夫则打猎、饮酒或游手好闲。塔西佗就是这样说的;但是由于他没有说谁耕田种地,并且确定地说,奴隶只纳贡,不服任何劳役,因此,耕种土地所需要的少量劳动,看来仍须由众成年男子来承担。

如前所述,婚姻的形式是逐渐接近专偶制的对偶制。这还不是严格的专偶制,因为还允许显要人物实行多妻制。少女的贞操,一般说来,是严格遵守的(这和凯尔特人相反),同样,塔西佗也特别热情地说到德意志人的婚姻关系的牢不可破②。他举出只有妻子通奸,才是离婚的理由。不过,他的话在这里留下了一些漏洞,

---

① 格·路·毛勒《德国城市制度史》1869 年埃朗根版。——编者注
② 塔西佗《日耳曼尼亚志》第 18、19 章。——编者注

而且过分明显地用来给放荡的罗马人做美德的镜子了。有一点是可以肯定的:如果说德意志人在自己的森林中曾经是这种世上少有的美德骑士,那么,只要和外界稍一接触,便足以使他们堕落到其余一般欧洲人的水平;在罗马世界中,恪守道德准则的最后痕迹消失得比德语还要快得多。只消读一读图尔的格雷戈里的作品①,就可以相信这点了。不言而喻,在德意志人的原始森林中,不可能像在罗马那样,盛行骄奢淫逸的享乐生活,因此,在这方面,即使我们没有硬给德意志人加上无论何时何地都没有在整个民族中盛行过的节欲行为,他们也比罗马世界优越得多。

从氏族制度中产生了把父亲或亲属的仇敌关系像友谊关系一样继承下来的义务;同样,也继承用以代替血族复仇的、为杀人或伤人赎罪的赔偿金。这种赔偿金在上一代还被认为是德意志人特有的制度,但现在已经证明,在成百个民族中都是这样,这是起源于氏族制度的血族复仇的一种普遍的较缓和的形式。这种赔偿金,就像款待客人的义务一样,我们在美洲印第安人中间也可以看到;塔西佗关于款待客人的情形的描述(《日耳曼尼亚志》第21章),与摩尔根关于印第安人款待客人的情形的描述,几乎在细节上都是一致的。

塔西佗时代的德意志人是否已经最终分配了耕地以及与此有关的那几段文字应如何解释,像这种热烈而无休止的争论,如今已经是过去的事了。自从证明差不多一切民族都实行过土地由氏族后来又由共产制家庭公社共同耕作——据凯撒证明②,在苏维汇

---

① 图尔的格雷戈里《法兰克人史》。——编者注
② 凯撒《高卢战记》第4卷第1章。——编者注

人当中就是如此——，继而差不多一切民族都实行过把土地分配给单个家庭并定期实行重新分配以来；自从确定耕地的这种定期重新分配的办法在德意志本土有些地方还保存到今日以来，关于这个问题就不必再费一词了。如果从凯撒到塔西佗的150年间，德意志人从凯撒所明确指出的苏维汇人的共同耕作（他说，他们完全没有被分割的或私有的土地）过渡到了土地每年重新分配的个体耕作，那么这确实是个很大的进步；在这样短的时间内，而且没有任何外来干涉，要从那个阶段过渡到土地完全私有，是根本不可能的。因此，我在塔西佗的著作中只读到他说得很简洁的话：他们每年更换（或重新分配）耕地一次，同时还留下充分的公有土地。① 这是和德意志人当时的氏族制度完全相适应的一个耕作和土地占有阶段。②

　　上面这一段，我仍照以前各版的样子保留下来，未作更改。在此期间，问题已转到另外一个方面了。柯瓦列夫斯基已经证明（见前引书，第44页③），家长制家庭公社乃是母权制共产制家庭和现代的孤立的家庭之间的中间阶段，它虽不是到处流行，但是流行很广。在这以后，问题已经不再像毛勒和瓦茨争论的那样——土地是公有还是私有，而是公有的**形式**是什么了。毫无疑问，在凯撒时代，苏维汇人不仅有过土地公有，而且也有过共同核算的共同耕作。至于他们的经济单位是氏族，还是家庭公社，或者是介于两者之间的某种共产制亲属集团，或者所有三种集团依土地条件的

---

① 　塔西佗《日耳曼尼亚志》第26章。——编者注
② 　以下直到"在凯撒时代，一部分德意志人……"（本书第159页）之前是恩格斯在1891年版上增补的。——编者注
③ 　见本书第61—63页。——编者注

不同都存在过,关于这些问题将来还会长久争论。但柯瓦列夫斯基认定,塔西佗所描述的状况,不是以马尔克公社或农村公社为前提,而是以家庭公社为前提的;只是过了很久,由于人口增加,农村公社才从这种家庭公社中发展出来。①

按照这个观点,德意志人在罗马时代他们所占据的土地上的居住区,以及后来他们从罗马人那里夺取的土地上的居住区,不是由村组成,而是由大家庭公社组成的,这种大家庭公社包括好几代人,耕种着相应的地带,并和邻居一起,作为共同的马尔克来使用四周的荒地。在这种情况下,塔西佗著作中谈到更换耕地的那个地方②,实际上就应当从农学意义上去理解:公社每年耕种另一个地带,而将上年的耕地休耕,或令其全然抛荒。由于人口稀少,荒地总是很多的,因此,任何争夺地产的纠纷,就没有必要了。只是经过数世纪之后,当家庭成员的人数过多,以致在当时的生产条件下共同经营已经成为不可能的时候,这种家庭公社才解体;以前公有的耕地和草地,就按人所共知的方式,在此后正在形成的单个农户之间实行分配,这种分配起初是暂时的,后来便成为永久的,至于森林、牧场和水域则依然是公共的。

这一发展过程,对于俄国,看来已经是历史上完全证实了的。至于德意志,乃至其余的日耳曼诸国,不可否认,这个推测,在许多方面,较之迄今流行的把农村公社的存在追溯到塔西佗时代的推测,能更好地诠释典籍,更容易解决困难。最古的文件,例如《洛尔希寺院文书》[68],一般说来,用家庭公社来解释,就比用农村马尔

---

① 参看马·马·柯瓦列夫斯基《家庭及所有制的起源和发展概论》1890年斯德哥尔摩版第62、92—94页。——编者注
② 塔西佗《日耳曼尼亚志》第21章。——编者注

克公社来解释要好得多。另一方面,这种家庭公社又造成了新的困难和引起了新的需要解决的问题。在这里只有新的研究才能作出结论;但是,我不能否认,作为中间阶段的家庭公社,在德国、斯堪的纳维亚以及英国很可能也都有过。

在凯撒时代,一部分德意志人刚刚定居下来,一部分人尚在找寻定居的地方,但在塔西佗时代,他们已有整整百年之久的定居生活了;与此相适应,在生活资料的生产方面也有了无可怀疑的进步。他们居住在木屋中,穿的还是很原始的森林居民的衣服:粗糙的羊毛外套、兽皮,妇女和显要人物则穿麻布内衣。食物为乳、肉、野生果实,以及像普林尼所补充的燕麦粥①(直到今日,这还是爱尔兰和苏格兰的凯尔特人的民族食物)。他们的财富是家畜,但是品种很差;牛矮小难看,没有角;马是小马,不善奔驰。钱币很少使用,数量有限,而且只是罗马钱币。他们不制造金银饰品,也不重视这些。铁是很少见的,看来至少在莱茵河和多瑙河诸部落中间差不多全靠输入,而不是自行冶炼。鲁恩文字(模仿希腊和拉丁字母造成的文字)仅仅用做暗语文字,并且专供宗教巫术之用。把人当做祭品的做法还在流行。一句话,我们在这里所看到的,是一个刚从野蛮时代中级阶段进到高级阶段的民族。不过,虽然与罗马人直接接壤的各部落由于输入罗马的工业品方便,因而其独立的金属业和纺织业的发展受到了阻碍,但是在东北部,在波罗的海沿岸诸部落中,则无疑发展起了这样的工业。在石勒苏益格沼泽地所发现的武器——长的铁剑、环甲、银盔等等,还有 2 世纪末的罗马铸币——以及由于民族大迁徙[62]而流传各地的德意志金属

---

① 普林尼《博物志》第18卷第17章。——编者注

制品,即使起初是模仿罗马式样的,但都相当讲究和独具风格。向文明的罗马帝国迁徙,使这种土生土长的工业,除了在英国以外,到处都绝迹了。至于这种工业是怎样一致地出现和发展起来的,可以拿青铜手镯为例来说明。在勃艮第、罗马尼亚、亚速海沿岸发现的青铜手镯,看来可能跟英国和瑞典的青铜手镯同出于一个作坊,因而同样无疑地是由日耳曼人生产的。

他们的制度也是跟野蛮时代高级阶段相适应的。据塔西佗说,到处都有氏族酋长(principes)议事会,它处理比较小的事情,而比较重大的事情则由它提交人民大会去解决;①这种人民大会,在野蛮时代低级阶段上,至少在我们知道有人民大会的地方,例如在美洲人那里,仅仅氏族才有,而部落或部落联盟是没有的。氏族酋长(principes)和军事头领(duces)还有显著的区别,正像在易洛魁人那里一样。氏族酋长已经部分地靠部落成员的献礼如家畜、谷物等来生活;他们——如在美洲一样——大半是从同一家庭中选举出来的;向父权制的过渡,例如在希腊和罗马,促进了选举制逐渐变为世袭制,从而促进了每个氏族形成一个贵族家庭。这种古代的所谓部落贵族,大多数在民族大迁徙中或在它以后不久便衰落了。军事首长完全是按才能来选举的,不问世系如何。他们的权力很小,必须以自己的榜样来发挥作用;至于军队的实际惩戒权,塔西佗确定地说,是握在祭司们手里的。真正的权力集中在人民大会上。大会由王或部落酋长主持;决定由人民来做:怨声表示反对,喝彩、敲打武器表示赞成。人民大会同时也是审判法庭;各种控诉都向它提出,并由它作出判决,死刑也在这里宣判,但只有

---

① 塔西佗《日耳曼尼亚志》第11章。——编者注

对卑怯、背叛民族和反自然的淫行才判处死刑。在氏族和其他分支中，也是由以氏族酋长为主席的全体大会进行审判；像在德意志人的一切最早的法庭上一样，氏族酋长可能只是诉讼的领导者和审问者；德意志人的判决，不论何时何地，都是由全体作出的。

部落联盟从凯撒时代起就组成了；其中有几个联盟已经有了王；最高军事首长，像在希腊人和罗马人中间一样，已经图谋夺取专制权，而且有时也达到了目的。这种侥幸的篡夺者决不是绝对的统治者；不过他们已经开始粉碎氏族制度的枷锁了。被释奴隶一般处于低微地位，因为他们不能属于任何氏族，而在新王的手下，这样一些宠儿却往往获得高官、财富和荣誉。罗马帝国被征服以后，在如今成了大国国王的军事首长那里也发生了同样的事。在法兰克人中间，国王的奴隶和被释奴隶，起初在宫廷里，后来在国家中，都起了重要的作用；新的贵族有很大一部分是从他们当中产生的。

有一种设施促进了王权的产生，这就是扈从队。我们在美洲红种人中间就已经看到，与氏族制度并行，还形成了一种独立自主地从事战争的私人团体。这种私人团体，在德意志人中间，已经成为经常性的团体了。博得了声誉的军事领袖，在自己周围集合一队掠夺成性的青年人，他们对他个人必须忠诚，而他对他们亦然。首领供给吃喝并奖赏他们，把他们编成等级；对于小规模的征战，他们充当卫队和随时可以战斗的队伍；对于大规模的征战，他们是现成的军官团。不管这种扈从队必然是多么弱小，像后来例如在意大利奥多亚克麾下所表现的那样，但是他们仍然成为古代的人民自由走向衰落的开端；在民族大迁徙时期和迁徙以后，他们也表明自己的作用正是这样。因为，第一，他们促进了王权的产生；第二,如塔西佗已经指出的,只有通过不断的战争和抢劫,才能把他们纠合在一起①。掠夺成了目的。如果扈从队首领在附近地区无事可做,他就把自己的人马带到发生了战争、可以指望获得战利品的别的民族那里去;由德意志人组成的辅助军,在罗马的旗帜下,甚至大举对德意志人作战,这种辅助军有一部分就是由这种扈从队编成的。德意志人的耻辱和诅咒——雇佣兵制度,在这里已经初具雏形。在罗马帝国被征服以后,国王们的这种扈从兵,就同非自由人和罗马人出身的宫廷奴仆一起,成了后来的贵族的第二个主要组成部分。

由此可见,一般说来,在联合为民族[Volk]的德意志各部落中,也曾发展出像英雄时代的希腊人和所谓王政时代的罗马人那样的制度,即人民大会、氏族酋长议事会和已在图谋获得真正王权的军事首长。这是氏族制度下一般所能达到的最发达的制度;这是野蛮时代高级阶段的典型制度。只要社会一越出这一制度所适用的界限,氏族制度的末日就来到了;它就被炸毁,由国家来代替了。

---

① 塔西佗《日耳曼尼亚志》第14章。——编者注

八　德意志人国家的形成

　　据塔西佗说,德意志人是人口众多的民族。① 我们从凯撒的著作中可以得出一个关于各德意志民族人数的大致概念;他认为住在莱茵河左岸的乌济佩特人和邓克泰人的人口,包括妇女和儿童在内,共为18万人。② 因而,每个民族大约有10万人③,这已经大大超过例如易洛魁人在其全盛时代的总数,那时易洛魁人不到2万人,但已成为自大湖至俄亥俄河和波托马克河整个地区的可怕力量。如果我们根据现有材料,把莱茵河附近定居的大家知道得比较确切的民族试着划分一下,那么每一个这样的民族在地图上所占的面积平均约等于普鲁士的一个行政区,即约为1万平方公里,或182平方德里。但是,罗马人的大日耳曼尼亚[Germania Magna],直到维斯瓦河为止,占有依整数计共50万平方公里的面

---

① 　塔西佗《日耳曼尼亚志》第4章。——编者注
② 　凯撒《高卢战记》第4卷第15章。——编者注
③ 　恩格斯在这里加了一个注:"这里所推测的数字,在狄奥多鲁斯关于高卢的凯尔特人的一段文字中可以得到证实。他说:'在高卢住着人口不等的许多民族,其中最大者,人口约为20万人,最小者约为5万人。'(西西里的狄奥多鲁斯,第5卷第25章)**65** 因而,平均起来是125 000人;由于各个高卢民族发展程度较高,应该把他们的人口设想得比德意志人多一些。"——编者注

积。如果一个民族的平均人口为 10 万人,那么整个大日耳曼尼亚的人口总数,应达 500 万;对于野蛮时代的民族集团来说,这是一个很大的数目,而就今日的情况来说——1 平方公里 10 人,或 1 平方德里 550 人——这是极其微小的数目。但是这并不包括生活在那个时候的全部德意志人。我们知道,沿喀尔巴阡山脉直至多瑙河口,都居住着哥特系统的德意志民族——巴斯塔尔人、佩夫金人等等——,它们的人数非常之多,因而,普林尼认为他们是德意志人的第五个大系统①,而这些在公元前 180 年已经替马其顿王柏修斯做过雇佣兵的德意志人,还在奥古斯都在位的初年就已突进到阿德里安堡附近了。假定他们的人数只有 100 万人,那么到公元初,德意志人的大概数目,就至少有 600 万了。

在他们定居日耳曼尼亚以后,人口一定是日益迅速地增长的;单是上面提到的工业方面的进步,就足以证明这一点。在石勒苏益格沼泽地所发现的古物,就其中的罗马铸币来判断,是属于 3 世纪的。由此可见,到这个时候,在波罗的海沿岸金属业和纺织业已经很发达了,跟罗马帝国已有频繁的往来,比较有钱的人已享有某些奢侈品——这一切都是人口更为稠密的迹象。而在这个时期,德意志人在莱茵河、罗马边墙和多瑙河全线,从北海起到黑海止,也开始了总进攻——这也是人口日益增多,竭力向外扩张的直接证明。斗争持续了 300 年,在斗争期间,哥特民族的整个大系统(斯堪的纳维亚的哥特人和勃艮第人除外)向东南推进,形成了漫长的进攻线的左翼;进攻线的中央是高地德意志人(赫米诺南人),沿多瑙河上游突进;右翼是易斯卡伏南人即现今所谓法兰克人,沿莱茵河突进;征

---

① 普林尼《博物志》第 4 卷第 14 章。——编者注

服不列颠,则是印格伏南人的事情。到 5 世纪末,罗马帝国已是那么衰弱,毫无生气和束手无策,因而为德意志人的入侵敞开了大门。

上面我们是站在古希腊罗马文明的摇篮旁边。这里我们却站在这一文明的棺木旁边了。罗马的世界统治的刨子,刨削地中海盆地的所有地区已经有数百年之久。凡在希腊语没有进行抵抗的地方,一切民族语言都不得不让位于被败坏的拉丁语;一切民族差别都消失了,高卢人、伊比利亚人、利古里亚人、诺里克人都不复存在,他们都变成罗马人了。罗马的行政和罗马的法到处都摧毁了古代的血族团体,这样也就摧毁了地方的和民族的自主性的最后残余。新出炉的罗马公民身份并没有提供任何补偿;它并不表现任何民族性,而只是民族性欠缺的表现。新民族[neue Nationen]的要素是到处都具备的;各行省的拉丁方言差别越来越大;一度使意大利、高卢、西班牙、阿非利加成为独立区域的自然疆界依然存在,依然使人感觉得到。但是,任何地方都不具备能够把这些要素结成新民族[neue Nation]的力量,任何地方都还没有显示出发展能力或抵抗力的痕迹,更不用说创造力了。广大领土上的广大人群,只有一条把他们联结起来的纽带,这就是罗马国家,而这个国家随着时间的推移却成了他们最凶恶的敌人和压迫者。各行省消灭了罗马,罗马本身变成了行省城市,像其他城市一样;它虽然有特权,但已经不再居于统治地位,已经不再是世界帝国的中心了,甚至也不再是皇帝和副皇帝的所在地了,他们现在住在君士坦丁堡、特里尔、米兰。罗马国家变成了一架庞大的复杂机器,专门用来榨取臣民的膏血。捐税、国家徭役①和各种代役租使人

---

① "国家徭役"一词是恩格斯在 1891 年版上增补的。——编者注

民大众日益陷于穷困的深渊;地方官、收税官以及兵士的勒索,更使压迫加重到使人不能忍受的地步。罗马国家及其世界统治引起了这样的结果:它把自己的生存权建立在对内维持秩序对外防御野蛮人的基础上;然而它的秩序却比最坏的无秩序还要坏,它借口保护公民防御野蛮人,而公民却把野蛮人奉为救星来祈望。

社会状况同样也是绝望的。从共和制的末期起,罗马统治的目的已经放在残酷剥削被征服的各行省上了;帝制不但没有消除这种剥削,反而把它变成了常规。帝国越是走向没落,捐税和赋役就越是增加,官吏就越是无耻地进行掠夺和勒索。商业和工业向来不是统治着各民族的罗马人的事业;只有在高利贷方面,他们做到了空前绝后。商业所得到所保持的东西,都在官吏的勒索下毁灭了;而残存下来的东西,仅在帝国东部的希腊部分才有,不过,这一部分不在我们研究范围之内。普遍的贫困化,商业、手工业和艺术的衰落,人口的减少,都市的衰败,农业退回到更低的水平——这就是罗马人的世界统治的最终结果。

农业是整个古代世界的决定性的生产部门,现在它更是这样了。在意大利,从共和制衰亡的时候起就几乎遍布全境的面积巨大的大庄园(Latifundien),是用两种方法加以利用的:或者当做牧场,在那里居民就被牛羊所代替,因为看管牛羊只用少数奴隶就行了;或者当做田庄,使用大批奴隶经营大规模的园艺业——一部分为了满足主人的奢侈生活,一部分为了在城市市场上出售。大牧场保存了下来,甚至还扩大了;但田庄田产及其园艺业却随着主人的贫穷和城市的衰落而衰败了。以奴隶劳动为基础的大庄园经济,已经不再有利可图;而在当时它却是大规模农业的唯一可能的形式。现在小规模经营又成了唯一有利的形式。田庄一个一个地分成了小块土地,分别租给缴纳一定款项的世袭佃农,或者租给分成制农民,这种分成制农民只能获得他们一年劳动生产品的六分之一,或者仅仅九分之一,他们与其说是佃农,毋宁说是田产看管人。但是这种小块土地主要是交给隶农,他们每年缴纳一定的款项,被束缚在土地上,并且可以跟那块土地一起出售;这种隶农虽不是奴隶,但也不是自由的,他们不能和自由民通婚,他们相互间的婚姻也不被看做完全有效的,而是像奴隶的婚姻一样,只被看做简单的同居(contubernium)。他们是中世纪农奴的前辈。

古典古代的奴隶制,已经过时了。无论在乡村的大规模农业方面,还是在城市的工场手工业方面,它都已经不能提供值得费力去取得的收益,因为它的产品市场已经消失了。帝国繁荣时代的庞大的生产已经收缩为小农业和小手工业,这种小农业和小手工业都不能容纳大量奴隶了。只有富人的家庭奴隶和供他们显示豪华的奴隶,在社会上还有存在余地。但是,日趋灭亡的奴隶制仍然能够使人认为,一切生产劳动都是奴隶的事,让自由的罗马人来做有失他们的身份,而现在人人都是这种自由的罗马人了。结果,一方面,多余而成了累赘的被释奴隶的人数日益增加;另一方面,隶农的人数,破产的自由民(类似美国从前各蓄奴州的白种贫民)的人数,也日益增多。基督教对于古典古代奴隶制的逐渐灭亡是完全没有罪过的。它在罗马帝国和奴隶制同流合污达数世纪之久,以后也从来没有阻止过基督徒买卖奴隶——既没有阻止过德意志人在北方,或威尼斯人在地中海买卖奴隶,也没有阻止过后世买卖黑奴。① 奴隶制已不再有利，因此也就灭亡了。但是垂死的奴隶制却留下了它那有毒的刺，即鄙视自由民的生产劳动。在这里罗马世界就陷入了绝境：奴隶制在经济上已经不可能了，而自由民的劳动却在道德上受鄙视。前者是已经不能再作为社会生产的基本形式，后者是还不能成为这种形式。只有一次彻底革命才能摆脱这种绝境。

各行省的情况，也不见得好些。我们所有的材料，以关于高卢的为最多。在这里，与隶农并存的，还有自由的小农。他们为了不受官吏、法官和高利贷者的侵害，往往托庇于有权势者以求保护；不仅农民个人这样做，而且整个公社也这样做，以致4世纪的皇帝们屡次发布命令，禁止这种行为。而寻求保护的人这样做有什么好处呢？保护者向他们提出了这样的条件：他们把自己那块土地的所有权转让给他，而他则保证他们终身使用这块土地——这是一个诡计，对此神圣的教会心领神会，并且在9世纪和10世纪竭力仿效以扩张神的王国和教会地产。诚然，在那个时候，即公元475年前后，马赛的主教萨尔维安还对这种掠夺表示愤慨，并且说，罗马官吏和大地主的压迫已经如此严重，以致许多"罗马人"纷纷逃往野蛮人所占领的地方，而移居那里的罗马公民最怕的是重新落入罗马统治之下。② 那时父母常常因贫穷而把自己的子女卖为奴隶，为禁止这种行为而颁布的法律就证明了这一点。

---

① 恩格斯在这里加了一个注："据克雷莫纳的主教利乌特普朗德说，10世纪在凡尔登，也就是说，在神圣德意志帝国，制造阉人成了一个主要的行业，因为把这些阉人输入西班牙，供摩尔人的后宫使用，可获厚利。**69**"——编者注

② 参看萨尔维安《论神的统治》第5册第8章。——编者注

德意志野蛮人把罗马人从他们自己的国家里解放了出来,为此他们便强夺了罗马人全部土地的三分之二在自己人当中分配。这一分配是按照氏族制度进行的;由于征服者的人数相对来说较少,仍有广大的土地未被分配,一部分归全体人民占有,一部分归各个部落和氏族占有。在每个氏族内,则用抽签方法把耕地和草地平均分给各户;后来是否进行过重新分配,我们不得而知,但无论如何,这样的做法在罗马各行省不久就取消了,单块的份地变成了可以转让的私有财产即自主地。森林和牧场始终没有分配而留做共同使用;森林和牧场的使用,以及被分配下去的耕地的耕种方式,都是按照古代的习俗和全体的决定来调整的。氏族在自己的村落里定居越久,德意志人和罗马人越是逐渐融合,亲属性质的联系就越是让位于地区性质的联系;氏族消失在马尔克公社中了,但在马尔克公社内,它起源于各成员的亲属关系的痕迹往往还是很显著的。可见,至少在保存着马尔克公社的各个国家——在法国北部、英国、德国和斯堪的纳维亚,氏族制度不知不觉地变成了地区制度,因此得以和国家相适应。但是,它仍保存了它那种自然形成而为整个氏族制度所特有的民主性质;甚至在它后来被迫蜕变的时候,也还留下了氏族制度的片断,从而在被压迫者手中留下了一种武器,直到现代还有其生命力。

这样,如果说氏族中的血缘纽带很快就丧失了自己的意义,那么,这是血缘纽带的各种机关在部落和整个民族内由于征服而同样发生蜕变的结果。我们知道,对被征服者的统治,是和氏族制度不相容的。在这里我们可以很普遍地看到这一点。各德意志民族做了罗马各行省的主人,就必须把所征服的地区组织管理起来。但是,它们既不能把大量的罗马人吸收到氏族团体里来,又不能通过氏族团体去统治他们。必须设置一种代替物来代替罗马国家，以领导起初大都还继续存在的罗马地方行政机关，而这种代替物只能是另一种国家。因此，氏族制度的机关必须转化为国家机关，并且为时势所迫，这种转化还非常迅速。征服者民族的最近的代表人是军事首长。被征服地区对内对外的安全，要求增大他的权力。于是军事首长的权力转变为王权的时机来到了，这一转变发生了。

就拿法兰克王国来说，在这里，胜利了的撒利法兰克人不仅完全占有①了广大的罗马国有领地，而且完全占有①了一切不曾分配给大大小小的区域公社和马尔克公社的大片土地，特别是全部较大的林区。从一个普通的最高军事首长变成了真正君主的法兰克国王做的第一件事，便是把这种人民的财产变为王室的财产，从人民方面把它盗窃过来而赠送或赏赐给他的扈从队。这种起初由他的私人军事扈从以及其余的下级军事首长组成的扈从队，不久就膨胀了起来，这不仅由于补入了罗马人即罗马化的高卢人，这些人因为能书写、有教养，懂得罗曼口语、拉丁文言和当地法律很快就变成他所离不开的人，而且还由于补入了奴隶、农奴和被释奴隶，这些人构成了他的宫廷，他从他们中间挑选自己的宠儿。所有这些人都得到了大片的人民的田地，这些田地起初多半是赠送给他们，后来就以采邑**70**的形式赏赐给他们——起初多半是享用到国王去世时为止。这样，就靠牺牲人民而造成了新贵族的基础。

不仅如此，由于王国幅员广阔，就不能再用旧的氏族制度的手段来管理了；氏族酋长议事会即使没有老早消失，也已经不能召集

---

① 在1884年版中不是"完全占有"，而是"全体共同占有"。——编者注

了,它很快就被国王的固定亲信所代替;旧的人民大会还继续存在着做做样子,但是也越来越变成纯粹是下级军事首长和新贵的会议。占有土地的自由农民,即法兰克人的主体,正如以前共和制末期的罗马农民一样,由于连年内战和征服战争,特别是查理大帝时期的征服战争而被弄得疲惫不堪和贫困衰败。这种起初构成全部军队,而在征服法兰西地区以后,又构成该地区的核心的农民,到9世纪之初,已穷困到五个人之中难得抽出一个人出去作战了。以前由国王直接招募的自由农民的卫国军,现在已经由新贵的仆从所组成的军队代替。在这些仆从中,还有一些依附农民,他们是那些先前只知有国王而不知有主人,而更早一点根本不知有任何主人,甚至也不知有国王的农民的后裔。在查理大帝的后代统治时,由于国内战争、王权的削弱和相应的贵人跋扈(在这种贵人之中还加上了查理大帝所任命的那些力图把自己的职位变成世袭的郡守[71]),最后,还由于诺曼人的侵犯,法兰克的农民等级就完全破产了。查理大帝死后50年,法兰克王国便毫无反抗地匍匐在诺曼人的脚下,正和400年前罗马帝国匍匐在法兰克人的脚下一样。

不仅对外软弱无能,而且内部的社会秩序(不如说是社会无秩序),差不多也是一样。自由的法兰克农民陷入了与他们的前辈即罗马的隶农一样的处境。他们被战争和掠夺弄得破产,不得不去乞求新贵或教会的保护,因为国王的权力太弱了,已经不能保护他们;不过这种保护使他们不得不付出很高的代价。像以前高卢农民那样,他们必须将自己那块土地的所有权交给保护人,再以各种不同的和变化的形式——不过总不外是劳役和代役租——从他那里把这块土地作为租地而租回来。一经陷入这种依附形式,他们也就逐渐地丧失了自己的人身自由;过不了几代,他们大多数已经都是农奴了。自由的农民等级灭亡得多么迅速,这从伊尔米农所编的圣日耳曼-德-普雷修道院(当时在巴黎附近,现在巴黎市内)的地产登记册[72]中可以得到证明。这个修道院的地产散布四周,面积极为广大,还在查理大帝在世的时候,就住有 2 788 户人家,差不多全是取德意志名字的法兰克人。其中 2 080 户是隶农,35 户是半农奴,220 户是奴隶,只有 8 户是自由的佃农! 保护人让农民把自己那块土地交归他所有,然后仅仅是再将这块土地交回农民终身使用,这个曾被萨尔维安宣布为背神行为的习俗,如今到处被教会施加在农民身上了。现在日益盛行的徭役,其原型既是罗马的安加利[73],即为国家所服的强制劳役,又是德意志马尔克公社成员为修桥、筑路,以及其他共同目的而出的劳役。这样一来,居民的主体在过了 400 年以后好像完全又回到起初的状况去了。

然而,这不过证明两点:第一,没落时期罗马帝国的社会分化和财产分配,是跟当时的农业和工业的生产水平完全相适应的,因而是不可避免的;第二,这一生产水平在以后 400 年间,并没有根本性的下降和上升,因此,才以同样的必然性重新产生了同样的财产分配和同样的居民阶级。在罗马帝国的最后数百年间,城市丧失了它从前对乡村的统治,而在德意志人统治的最初数百年间,也没有把它恢复起来。这是由农业与工业的发展程度很低决定的。这样一个总的状况,必然产生居于统治地位的大地主和依附的小农。要把使用奴隶劳动的罗马大庄园经济或使用徭役的新的大规模经营嫁接在这种社会上面是多么不可能,这可以从查理大帝用著名皇室田庄所作的几乎没有留下痕迹的庞大实验中得到证明。只有修道院才又继续了这种实验,也只是对修道院说来才获益甚丰;但是修道院是以独身生活为基础的非正常的社会团体;它们可能会有例外的成绩,然而正因为如此,才不能不永远是一个例外。

但在这400年间,毕竟是继续前进了。即使我们在这一时期末所看到的主要阶级差不多跟初期一样,但构成这些阶级的人却已经不同了。古典古代的奴隶制已经消失;破产的、贫穷的、视劳动为奴隶贱事的自由民也已经消失。介于罗马隶农和新的农奴之间的是自由的法兰克农民。奄奄一息的罗马世界的"无益的回忆与徒然的斗争"已经死亡并且被埋葬了。9世纪的社会阶级,不是在垂死文明的沉沦中,而是在新文明诞生的阵痛中形成的。新的世代,无论是主人还是仆从,跟他们的罗马前辈比较起来,已经是成年人的世代了。有权势的地主和服劳役的农民之间的关系,对罗马前辈来说曾经是古典古代世界毫无出路的没落形式,现在对新的世代来说则是新发展的起点。其次,不论这400年看起来多么没有成果,可是却留下了**一个**重大的成果:这就是一些现代的民族[moderne Nationalitäten],亦即西欧人类为了未来的历史而实行的分化和改组。德意志人确实重新使欧洲有了生气,因此,日耳曼时期的国家解体过程才不是以诺曼-萨拉森人的征服而告终,而是以采邑制度和保护关系(依附制度[74])进一步发展为封建制度而告终,①而人口也有了这样巨大的增长,以致能够完好无恙地经受了不到200年后的十字军征讨[75]的大流血。

然而,德意志人究竟是用了什么神秘的魔法,给垂死的欧洲注入了新的生命力呢?是不是像我们的沙文主义的历史编纂学所虚构的那样,德意志种族天生有一种特别的魔力呢?决不是。德意

---

① 以下直到本段结束是恩格斯在1891年版上增补的。——编者注

志人,尤其在当时,是一个天资高的雅利安族系,并且正处在生机勃勃的发展中。但是使欧洲返老还童的,并不是他们的特殊的民族特点,而只是他们的野蛮状态,他们的氏族制度而已。

他们的个人才能和勇敢,他们的自由意识,以及把一切公共的事情看做是自己的事情的民主本能,总之,罗马人所丧失的一切品质,而只有这些品质才能从罗马世界的污泥中造成新的国家,培养出新的民族[neue Nationalitäten]——所有这一切,如果不是高级阶段野蛮人的特征,即他们的氏族制度的果实,又是什么呢?

如果说,德意志人改革了专偶制的古代形式,缓和了男子在家庭中的统治,给了妇女比古典世界任何时期都更高的地位,那么,使他们能够做到这一点的,如果不是他们的野蛮状态、他们的氏族习惯,如果不是他们仍有母权制时代的遗风,又是什么呢?

如果说,他们至少在三个最重要的国度——德国、法国北部和英国——以马尔克公社的形式保存下来一部分真正的氏族制度,并把它带到封建国家里去,从而使被压迫阶级即农民甚至在中世纪农奴制的最严酷条件下,也能有地方性的团结和抵抗的手段,而这一手段无论在古典古代的奴隶那里或者在近代的无产阶级那里都没有这样现成,那么,造成这种情况的,如果不是他们的野蛮状态,如果不是他们的纯粹野蛮人的按血族定居的方式,又是什么呢?

最后,如果说,他们能把那种在他们的故乡已经实行的比较温和的隶属形式——在罗马帝国,奴隶制也日益转化为这种形式——发展起来,并使之成为唯一的形式,而这种隶属形式,正如

傅立叶最早强调指出的①，给被奴役者提供了一个使自己**作为阶
级**而逐渐获得解放的手段（给土地耕种者提供了一个获得**集体和
逐渐**解放的手段），因此，这种形式大大胜过奴隶制——在奴隶制
下，只能有单个人不经过过渡状态而立即获得释放（古代是没有
用胜利的起义来消灭奴隶制的事情的），而中世纪的农奴实际上
却作为阶级而逐渐实现了自己的解放——，如果是这样的话，那
么，这一切如果不是归功于他们的野蛮状态（由于这种野蛮状态，
他们还没有达到充分发展的奴隶制：既没有达到古典古代的劳动
奴隶制，也没有达到东方的家庭奴隶制），又归功于什么呢？

　　凡德意志人给罗马世界注入的一切有生命力的和带来生命的
东西，都是野蛮时代的东西。的确，只有野蛮人才能使一个在垂死
的文明中挣扎的世界年轻起来。而德意志人在民族大迁徙**62**之前
已经达到并努力开拓的野蛮时代高级阶段，对于这一过程恰好最
为适宜。这就说明了一切。

---

① 参看沙·傅立叶《关于四种运动和普遍命运的理论》1846年巴黎第3
　版（《傅立叶全集》第1卷）第220页。——编者注

九　野蛮时代和文明时代

　　我们已经根据希腊人、罗马人和德意志人这三大实例,探讨了氏族制度的解体。最后,我们来研究一下那些在野蛮时代高级阶段已经破坏了氏族社会组织,而随着文明时代的到来又把它完全消灭的一般经济条件。在这里,马克思的《资本论》对我们来说是和摩尔根的著作同样必要的。

　　氏族在蒙昧时代中级阶段发生,在高级阶段继续发展起来,就我们现有的资料来判断,到了野蛮时代低级阶段,它便达到了全盛时代。所以现在我们就从这一阶段开始。

　　这一阶段应当以美洲红种人为例;在这一阶段上,我们发现氏族制度已经完全形成。一个部落分为几个氏族,通常是分为两个;①随着人口的增加,这些最初的氏族每一个又分裂为几个女儿氏族,对这些女儿氏族来说,母亲氏族便是胞族;部落本身分裂成几个部落,在其中的每一个部落中,我们多半又可以遇到那些老氏族;部落联盟至少是在个别情况下把亲属部落联合在一起。这种简单的组织,是同它所由产生的社会状态完全适应的。它无非是这种社会状态所特有的、自然长成的结构;它能够处理在这样组织

---

① "通常是分为两个"是恩格斯在1891年版上增补的。——编者注

起来的社会内部一切可能发生的冲突。对外的冲突,则由战争来解决;这种战争可能以部落的消灭而告终,但从没能以它的被奴役而告终。氏族制度的伟大,但同时也是它的局限,就在于这里没有统治和奴役存在的余地。在氏族制度内部,还没有权利和义务的分别;参与公共事务,实行血族复仇或为此接受赎罪,究竟是权利还是义务这种问题,对印第安人来说是不存在的;在印第安人看来,这种问题正如吃饭、睡觉、打猎究竟是权利还是义务的问题一样荒谬。同样,部落和氏族分为不同的阶级也是不可能的。这就使我们不能不对这种状态的经济基础加以研究了。

　　人口是极其稀少的;只有在部落的居住地才比较稠密,在这种居住地的周围,首先是一片广大的狩猎地带,其次是把这个部落同其他部落隔离开来的中立的防护森林。分工是纯粹自然产生的;它只存在于两性之间。男子作战、打猎、捕鱼,获取食物的原料,并制作为此所必需的工具。妇女管家,制备衣食——做饭、纺织、缝纫。男女分别是自己活动领域的主人:男子是森林中的主人,妇女是家里的主人。男女分别是自己所制造的和所使用的工具的所有者:男子是武器、渔猎用具的所有者,妇女是家内用具的所有者。家户经济是共产制的,包括几个,往往是许多个家庭。① 凡是共同制作和使用的东西,都是共同财产:如房屋、园圃、小船。所以,在这里,而且也只有在这里,才真正存在着文明社会的法学家和经济学家所捏造的"自己劳动所得的财产"——现代资本主义所有制

————————

① 　恩格斯在这里加了一个注:"特别是在美洲的西北沿岸,见班克罗夫特的著作[76]。在夏洛特皇后群岛上的海达人部落中,还有700人聚居在一所房屋中的家户经济。在努特卡人那里,整个部落都聚居在一所房屋中生活。"——编者注

还依恃着的最后一个虚伪的法律借口。

但是，人们并不是到处都停留在这个阶段。在亚洲，他们发现了可以驯服并且在驯服后可以繁殖的动物。野生的雌水牛，需要去猎取；但已经驯服的雌水牛，每年可生一头小牛，此外还可以挤奶。有些最先进的部落——雅利安人、闪米特人，也许还有图兰人——，其主要的劳动部门起初就是驯养牲畜，只是到后来才又有繁殖和看管牲畜。游牧部落从其余的野蛮人群中分离出来——这是**第一次社会大分工**。游牧部落生产的生活资料，不仅比其余的野蛮人多，而且也不相同。同其余的野蛮人比较，他们不仅有数量多得多的乳、乳制品和肉类，而且有兽皮、绵羊毛、山羊毛和随着原料增多而日益增加的纺织物。这就第一次使经常的交换成为可能。在更早的阶段上，只能有偶然的交换；制造武器和工具的特殊技能，可能导致暂时的分工。例如，在许多地方，都发现石器时代晚期的石器作坊的无可置疑的遗迹；在这种作坊中发展了自己技能的匠人们，大概是为全体工作，正如印度的氏族公社的终身手艺人至今仍然如此一样。在这个阶段上，除了部落内部发生的交换以外，决不可能有其他的交换，而且，即使是部落内部的交换，也仍然是一种例外的事件。但是，自从游牧部落分离出来以后，我们就看到，各不同部落的成员之间进行交换以及把交换作为一种经常制度来发展和巩固的一切条件都具备了。起初是部落和部落之间通过各自的氏族酋长来进行交换；但是当畜群开始变为特殊财产①的时候，个人交换便越来越占优势，终于成为交换的唯一形式。不过，游牧部落用来同他们的邻人交换的主要物品是牲畜；牲

---

① 在1884年版中不是"特殊财产"，而是"私有财产"。——编者注

畜变成了一切商品都用来估价并且到处都乐于与之交换的商品——一句话,牲畜获得了货币的职能,在这个阶段上就已经起货币的作用了。在商品交换刚刚产生的时候,对货币商品的需要,就以这样的必然性和速度发展起来了。

园圃种植业大概是亚洲的低级阶段野蛮人所不知道的,但它在那里作为田野耕作的先驱而出现决不迟于中级阶段。在图兰平原的气候条件下,在漫长而严寒的冬季,没有饲料储备,游牧生活是不可能的;因此,牧草栽培和谷物种植,在这里就成了必要条件。黑海以北的草原,也是如此。但谷物一旦作为家畜饲料而种植,它很快也成了人类的食物。耕地仍然是部落的财产,最初是交给氏族使用,后来由氏族交给家庭公社使用,最后①交给个人使用;他们对耕地或许有一定的占有权,但是没有更多的权利。

在这一阶段工业的成就中,特别重要的有两件。第一是织布机;第二是矿石冶炼和金属加工。铜、锡以及二者的合金——青铜是顶顶重要的金属;青铜可以制造有用的工具和武器,但是并不能排挤掉石器;这一点只有铁才能做到,而当时还不知道冶铁。金和银已开始用于首饰和装饰,其价值肯定已比铜和青铜高。

一切部门——畜牧业、农业、家庭手工业——中生产的增加,使人的劳动力能够生产出超过维持劳动力所必需的产品。同时,这也增加了氏族、家庭公社或个体家庭的每个成员所担负的每日的劳动量。吸收新的劳动力成为人们向往的事情了。战争提供了新的劳动力:俘虏变成了奴隶。第一次社会大分工,在使劳动生产

---

① "交给家庭公社使用,最后"是恩格斯在 1891 年版上增补的。——编者注

率提高,从而使财富增加并且使生产领域扩大的同时,在既定的总的历史条件下,必然地带来了奴隶制。从第一次社会大分工中,也就产生了第一次社会大分裂,分裂为两个阶级:主人和奴隶、剥削者和被剥削者。

至于畜群怎样并且在什么时候从部落或氏族的共同占有变为各个家庭家长的财产,我们至今还不得而知。不过,基本上,这一过渡一定是在这个阶段上发生的。随着畜群和其他新的财富的出现,便发生了对家庭的革命。谋取生活资料总是男子的事情,谋取生活资料的工具是由男子制造的,并且是他们的财产。畜群是新的谋取生活资料的工具,最初对它们的驯养和以后对它们的照管都是男子的事情。因此,牲畜是属于他们的;用牲畜交换来的商品和奴隶,也是属于他们的。这时谋生所得的全部剩余都归了男子;妇女参加它的享用,但在财产中没有她们的份儿。"粗野的"战士和猎人,以在家中次于妇女而占第二位为满足,但"比较温和的"牧人,却依恃自己的财富挤上了首位,把妇女挤到了第二位。而妇女是不能抱怨的。家庭内的分工决定了男女之间的财产分配;这一分工仍然和以前一样,可是它现在却把迄今所存在的家庭关系完全颠倒了过来,这纯粹是因为家庭以外的分工已经不同了。从前保证妇女在家中占统治地位的同一原因——妇女只限于从事家务劳动——,现在却保证男子在家中占统治地位:妇女的家务劳动现在同男子谋取生活资料的劳动比较起来已经相形见绌;男子的劳动就是一切,妇女的劳动是无足轻重的附属品。在这里就已经表明,只要妇女仍然被排除于社会的生产劳动之外而只限于从事家庭的私人劳动,那么妇女的解放,妇女同男子的平等,现在和将来都是不可能的。妇女的解放,只有在妇女可以大量地、社会规模地参加生产,而家务劳动只占她们极少的工夫的时候,才有可能。而这只有依靠现代大工业才能办到,现代大工业不仅容许大量的妇女劳动,而且是真正要求这样的劳动,并且它还力求把私人的家务劳动逐渐溶化在公共的事业中。

随着男子在家中的实际统治的确立,实行男子独裁的最后障碍便崩毁了。这种独裁,由于母权制的倾覆、父权制的实行、对偶婚制向专偶制的逐步过渡而被确认,并且永久化了。但是这样一来,在古代的氏族制度中就出现了一个裂口:个体家庭已经成为一种力量,并且以威胁的姿态起来与氏族对抗了。

下一步把我们引向野蛮时代高级阶段,一切文明民族都在这个时期经历了自己的英雄时代:铁剑时代,但同时也是铁犁和铁斧的时代。铁已在为人类服务,它是在历史上起过革命作用的各种原料中最后的和最重要的一种原料。所谓最后的,是指直到马铃薯的出现为止。铁使更大面积的田野耕作,广阔的森林地区的开垦,成为可能;它给手工业工人提供了一种其坚硬和锐利非石头或当时所知道的其他金属所能抵挡的工具。所有这些,都是逐渐实现的;最初的铁往往比青铜还软。所以,石制武器只是慢慢地消失的;不仅在《希尔德布兰德之歌》[64]中,而且在1066年的黑斯廷斯会战[77]中都还使用石斧。但是,进步现在是不可遏止地、更少间断地、更加迅速地进行着。用石墙、城楼、雉堞围绕着石造或砖造房屋的城市,已经成为部落或部落联盟的中心;这是建筑艺术上的巨大进步,同时也是危险增加和防卫需要增加的标志。财富在迅速增加,但这是个人的财富;织布业、金属加工业以及其他一切彼此日益分离的手工业,显示出生产的日益多样化和生产技术的日益改进;农业现在除了提供谷物、豆科植物和水果以外,也提供植物油和葡萄酒,这些东西人们已经学会了制造。如此多样的活动,已经不能由同一个人来进行了;于是发生了**第二次大分工**:手工业和农业分离了。生产的不断增长以及随之而来的劳动生产率的不断增长,提高了人的劳动力的价值;在前一阶段上刚刚产生并且是零散现象的奴隶制,现在成为社会制度的一个根本的组成部分;奴隶们不再是简单的助手了;他们被成批地赶到田野和工场去劳动。随着生产分为农业和手工业这两大主要部门,便出现了直接以交换为目的的生产,即商品生产;随之而来的是贸易,不仅有部落内部和部落边境的贸易,而且海外贸易也有了。然而,所有这一切都还很不发达;贵金属开始成为占优势的和普遍性的货币商品,但是还不是铸造的货币,只是不作加工按重量交换罢了。

除了自由民和奴隶的差别以外,又出现了富人和穷人的差别——随着新的分工,社会又有了新的阶级划分。各个家庭家长之间的财产差别,炸毁了各地迄今一直保存着的旧的共产制家庭公社;同时也炸毁了为这种公社而实行的土地的共同耕作。耕地起初是暂时地,后来便永久地分配给各个家庭使用,它向完全的私有财产的过渡,是逐渐进行的,是与对偶婚制向专偶制的过渡平行地发生的。个体家庭开始成为社会的经济单位了。

住得日益稠密的居民,对内和对外都不得不更紧密地团结起来。亲属部落的联盟,到处都成为必要的了;不久,各亲属部落的融合,从而分开的各个部落领土融合为一个民族[Volk]的整个领土,也成为必要的了。民族的军事首长——勒克斯、巴赛勒斯、狄乌丹斯——,成了不可缺少的常设的公职人员。还不存在人民大会的地方,也出现了人民大会。军事首长、议事会和人民大会构成了继续发展为军事民主制的氏族社会的各机关。其所以称为"军事",是因为战争以及进行战争的组织现在已经成为民族生活的正常功能。邻人的财富刺激了各民族的贪欲,在这些民族那里,获取财富已成为最重要的生活目的之一。他们是野蛮人:掠夺在他们看来比用劳动获取更容易甚至更光荣。以前打仗只是为了对侵犯进行报复,或者是为了扩大已经感到不够的领土;现在打仗,则纯粹是为了掠夺,战争成了经常性的行当。在新的设防城市的周围屹立着高峻的墙壁并非无故:它们的堑壕成了氏族制度的墓穴,而它们的城楼已经高耸入文明时代了。内部也发生了同样的情形。掠夺战争加强了最高军事首长以及下级军事首长的权力;习惯地由同一家庭选出他们的后继者的办法,特别是从父权制实行以来,就逐渐转变为世袭制,他们最初是耐心等待,后来是要求,最后便僭取这种世袭制了;世袭王权和世袭贵族的基础奠定下来了。于是,氏族制度的机关就逐渐挣脱了自己在民族中,在氏族、胞族和部落中的根子,而整个氏族制度就转化为自己的对立物:它从一个自由处理自己事务的部落组织转变为掠夺和压迫邻近部落的组织,而它的各机关也相应地从人民意志的工具转变为独立的、压迫和统治自己人民的机关了。但是,如果不是对财富的贪欲把氏族成员分裂成富人和穷人,如果不是"同一氏族内部的财产差别把利益的一致变为氏族成员之间的对抗"(马克思语)[1],如果不是奴隶制的盛行已经开始使人认为用劳动获取生活资料是只有奴隶才配做的、比掠夺更可耻的活动,那么这种情况是决不会发生的。

———

---

[1]　恩格斯引自马克思《路易斯·亨·摩尔根〈古代社会〉一书摘要》,参看《马克思恩格斯全集》中文第1版第45卷第522页。——编者注

这样,我们就走到文明时代的门槛了。它是由分工方面的一个新的进步开始的。在野蛮时代低级阶段,人们只是直接为了自身的消费而生产;间或发生的交换行为也是个别的,只限于偶然的剩余物。在野蛮时代中级阶段,我们看到游牧民族已经有牲畜作为财产,这种财产,到了畜群具有相当规模的时候,就可以经常提供超出自身消费的若干余剩;同时,我们也看到了游牧民族和没有畜群的落后部落之间的分工,从而看到了两个并存的不同的生产阶段,也就是看到了进行经常交换的条件。在野蛮时代高级阶段,又进一步发生了农业和手工业之间的分工,于是劳动产品中日益增加的一部分是直接为了交换而生产的,这就把单个生产者之间的交换提升为社会的生活必需。文明时代巩固并加强了所有这些已经发生的各次分工,特别是通过加剧城市和乡村的对立(或者是像古代那样,城市在经济上统治乡村,或者是像中世纪那样,乡村在经济上统治城市)而使之巩固和加强,此外它又加上了一个第三次的、它所特有的、有决定意义的重要分工:它创造了一个不再从事生产而只从事产品交换的阶级——**商人**。在此以前,阶级的形成的一切萌芽,还都只是与生产相联系的;它们把从事生产的人分成了领导者和执行者,或者分成了规模较大和较小的生产者。这里首次出现一个阶级,它根本不参与生产,但完全夺取了生产的领导权,并在经济上使生产者服从自己;它成了每两个生产者之间的不可缺少的中间人,并对他们双方都进行剥削。在可以使生产者免除交换的辛劳和风险,可以使他们的产品的销路扩展到遥远的市场,而自己因此就成为居民当中最有用的阶级的借口下,一个寄生阶级,真正的社会寄生虫阶级形成了,它从国内和国外的生产上榨取油水,作为对自己的非常有限的实际贡献的报酬,它很快就获得了大量的财富和相应的社会影响；正因为如此，它在文明时期便取得了越来越荣誉的地位和对生产的越来越大的统治权，直到最后它自己也生产出自己的产品——周期性的商业危机为止。

不过，在我们正在考察的这个发展阶段上，年轻的商人阶级还丝毫没有预感到它未来的伟大事业。但是这个阶级正在形成并且使自己成为必不可少的，而这就够了。随着这个阶级的形成，出现了**金属货币**即铸币，随着金属货币就出现了非生产者统治生产者及其生产的新手段。商品的商品被发现了，这种商品以隐蔽的方式包含着其他一切商品，它是可以任意变为任何值得向往和被向往的东西的魔法手段。谁有了它，谁就统治了生产世界。但是谁首先有了它呢？商人。他们把货币崇拜牢牢掌握在自己的手中。他们尽心竭力地叫人们知道，一切商品，从而一切商品生产者，都应该毕恭毕敬地匍匐在货币面前。他们在实践上证明，在这种财富本身的化身面前，其他一切财富形式都不过是一个影子而已。以后货币的权力再也没有像在它的这个青年时代那样，以如此原始的粗野和横暴的形式表现出来。在使用货币购买商品之后，出现了货币借贷，随着货币借贷出现了利息和高利贷。后世的立法，没有一个像古雅典和古罗马的立法那样残酷无情地、无可挽救地把债务人投在高利贷债权人的脚下——这两种立法都是作为习惯法而自发地产生的，都只有经济上的强制。

除了表现为商品和奴隶的财富以外，除了货币财富以外，这时还出现了表现为地产的财富。各个人对于原来由氏族或部落给予他们的小块土地的占有权，现在变得如此牢固，以致这些小块土地作为世袭财产而属于他们了。他们最近首先力求实现的，正是要摆脱氏族公社索取这些小块土地的权利,这种权利对他们已成为桎梏了。这种桎梏他们是摆脱了,但是不久他们也失去了新的土地所有权。完全的、自由的土地所有权,不仅意味着不折不扣和毫无限制地占有土地的可能性,而且也意味着把它出让的可能性。只要土地是氏族的财产,这种可能性就不存在。但是,当新的土地占有者彻底摆脱了氏族和部落的最高所有权这一桎梏的时候,他也就挣断了迄今把他同土地密不可分地连在一起的纽带。这意味着什么,和土地私有权同时被发明出来的货币,向他作了说明。土地现在可以成为出卖和抵押的商品了。土地所有权刚一确立,抵押就被发明出来了(见关于雅典的一章)。像淫游和卖淫紧紧跟着专偶制而来一样,如今抵押也紧紧跟着土地所有权而来了。你们曾希望有完全的、自由的、可以出售的土地所有权,那么好了,现在你们得到它了——这就是你所希望的,乔治·唐丹!①

这样,随着贸易的扩大,随着货币和货币高利贷、土地所有权和抵押的产生,财富便迅速地积聚和集中到一个人数很少的阶级手中,与此同时,大众日益贫困化,贫民的人数也日益增长。新的财富贵族,只要从一开始就恰巧不是旧的部落显贵,便把部落显贵完全排挤到后面去了(在雅典,在罗马,以及在德意志人中间)。随着这种按照财富把自由民分成各个阶级的划分,奴隶的人数特别是在希腊便大大增加②,奴隶的强制性劳动构成了整个社会的

----

① 莫里哀《乔治·唐丹》第 1 幕第 9 场。——编者注

② 恩格斯在这里加了一个注:"雅典奴隶的人数见前第 117 页。在科林斯城全盛时代,奴隶的人数达 46 万人,在埃吉纳达 47 万人;在这两个地方奴隶的人数都等于自由民的 10 倍。"参看本书第 131 页。——编者注

上层建筑所赖以建立的基础。

现在我们来看看,在这种社会变革中,氏族制度怎么样了。面对着没有它的参与而兴起的新因素,它显得软弱无力。氏族制度的前提,是一个氏族或部落的成员共同生活在纯粹由他们居住的同一地区中。这种情况早已不存在了。氏族和部落到处都杂居在一起,到处都有奴隶、被保护民和外地人在公民中间居住着。直到野蛮时代中级阶段末期才达到的定居状态,由于居住地受商业活动、职业变换和土地所有权转让的影响而变动不定,所以时常遭到破坏。氏族团体的成员再也不能集会来处理自己的共同事务了;只有不重要的事情,例如宗教节日,还勉强能够安排。除了氏族团体有责任并且能够予以保证的需要和利益以外,由于谋生条件的变革及其所引起的社会结构的变化,又产生了新的需要和利益,这些新的需要和利益不仅同旧的氏族制度格格不入,而且还千方百计在破坏它。由于分工而产生的手工业集团的利益,城市的对立于乡村的特殊需要,都要求有新的机构;但是,每一个这种集团都是由属于极不相同的氏族、胞族和部落的人们组成的,甚至还包括外地人在内;因此,这种机构必须在氏族制度以外,与它并列地形成,从而又是与它对立的。——同时,在每个氏族团体中,也表现出利益的冲突,这种冲突由于富人和穷人、高利贷者和债务人结合于同一氏族和同一部落中而达到最尖锐的地步。——此外,又加上了大批新的、氏族公社以外的居民,他们在当地已经能够成为一种力量,像罗马的情况那样,同时他们人数太多,不可能被逐渐接纳到血缘亲属的血族和部落中来。氏族公社作为一种封闭的享有特权的团体与这一批居民相对立;原始的自然形成的民主制变成了可憎的贵族制。——最后,氏族制度是从那种没有任何内部对立的社会中生长出来的,而且只适合于这种社会。除了舆论以外,它没有任何强制手段。但是现在产生了这样一个社会,它由于自己的全部经济生活条件而必然分裂为自由民和奴隶,进行剥削的富人和被剥削的穷人,而这个社会不仅再也不能调和这种对立,反而必然使这些对立日益尖锐化。一个这样的社会,只能或者存在于这些阶级相互间连续不断的公开斗争中,或者存在于第三种力量的统治下,这第三种力量似乎站在相互斗争着的各阶级之上,压制它们的公开的冲突,顶多容许阶级斗争在经济领域内以所谓合法形式决出结果来。氏族制度已经过时了。它被分工及其后果即社会之分裂为阶级所炸毁。它被**国家**代替了。

————

前面我们已经分别考察了国家在氏族制度的废墟上兴起的三种主要形式。雅典是最纯粹、最典型的形式:在这里,国家是直接地和主要地从氏族社会本身内部发展起来的阶级对立中产生的。在罗马,氏族社会变成了封闭的贵族制,它的四周则是人数众多的、站在这一贵族制之外的、没有权利只有义务的平民;平民的胜利炸毁了旧的血族制度,并在它的废墟上面建立了国家,而氏族贵族和平民不久便完全溶化在国家中了。最后,在战胜了罗马帝国的德意志人中间,国家是直接从征服广大外国领土中产生的,氏族制度不能提供任何手段来统治这样广阔的领土。但是,由于同这种征服相联系的,既不是跟旧有居民的严重斗争,也不是更加进步的分工;由于被征服者和征服者差不多处于同一经济发展阶段,从而社会的经济基础依然如故,所以,氏族制度能够以改变了的、地区的形式,即以马尔克制度的形式,继续存在几个世纪,甚至在以后的贵族血族和城市望族的血族中,甚至在农民的血族中,例如在迪特马申①,还以削弱了的形式复兴了一个时期。

可见,国家决不是从外部强加于社会的一种力量。国家也不像黑格尔所断言的是"伦理观念的现实","理性的形象和现实"。② 确切地说,国家是社会在一定发展阶段上的产物;国家是承认:这个社会陷入了不可解决的自我矛盾,分裂为不可调和的对立面而又无力摆脱这些对立面。而为了使这些对立面,这些经济利益互相冲突的阶级,不致在无谓的斗争中把自己和社会消灭,就需要有一种表面上凌驾于社会之上的力量,这种力量应当缓和冲突,把冲突保持在"秩序"的范围以内;这种从社会中产生但又自居于社会之上并且日益同社会相异化的力量,就是国家。

国家和旧的氏族组织不同的地方,第一点就是它**按地区**来划分它的国民。正如我们所看到的,由血缘关系形成和联结起来的旧的氏族公社已经很不够了,这多半是因为它们是以氏族成员被束缚在一定地区为前提的,而这种束缚早已不复存在。地区依然,但人们已经是流动的了。因此,按地区来划分就被作为出发点,并允许公民在他们居住的地方实现他们的公共权利和义务,不管他们属于哪一氏族或哪一部落。这种按照居住地组织国民的办法是一切国家共同的。因此,我们才觉得这种办法很自然;但是我们已经看到,当它在雅典和罗马能够代替按血族来组织的旧办法以前,曾经需要进行多么顽强而长久的斗争。

第二个不同点,是**公共权力**的设立,这种公共权力已经不再直

---

① 恩格斯在这里加了一个注:"对于氏族的本质至少已有大致概念的第一个历史编纂学家是尼布尔,这应归功于他熟悉迪特马申**78**的血族。但是他的错误也是直接由此而来的。"——编者注
② 黑格尔《法哲学原理》第 257 和 360 节。——编者注

接就是自己组织为武装力量的居民了。这个特殊的公共权力之所以需要，是因为自从社会分裂为阶级以后，居民的自动的武装组织已经成为不可能了。奴隶也包括在居民以内;9万雅典公民，对于365 000奴隶来说，只是一个特权阶级。雅典民主制的国民军，是一种贵族的、用来对付奴隶的公共权力，它控制奴隶使之服从;但是如前所述，为了也控制公民使之服从，宪兵队也成为必要了。这种公共权力在每一个国家里都存在。构成这种权力的，不仅有武装的人，而且还有物质的附属物，如监狱和各种强制设施，这些东西都是以前的氏族社会所没有的。在阶级对立还没有发展起来的社会和偏远的地区，这种公共权力可能极其微小，几乎是若有若无的，像有时在美利坚合众国的某些地方所看到的那样。但是，随着国内阶级对立的尖锐化，随着彼此相邻的各国的扩大和它们人口的增加，公共权力就日益加强。就拿我们今天的欧洲来看吧，在这里，阶级斗争和争相霸占已经把公共权力提升到大有吞食整个社会甚至吞食国家之势的高度。

为了维持这种公共权力，就需要公民缴纳费用——**捐税**。捐税是以前的氏族社会完全没有的。但是现在我们却十分熟悉它了。随着文明时代的向前进展，甚至捐税也不够了;国家就发行票据，借债，即发行**公债**。关于这点，老欧洲也已经屡见不鲜了。

官吏既然掌握着公共权力和征税权，他们就作为社会机关而凌驾于社会**之上**。从前人们对于氏族制度的机关的那种自由的、自愿的尊敬，即使他们能够获得，也不能使他们满足了;他们作为同社会相异化的力量的代表，必须用特别的法律来取得尊敬，凭借这种法律，他们享有了特殊神圣和不可侵犯的地位。文明国家的一个最微不足道的警察，都拥有比氏族社会的全部机构加在一起还要大的"权威";但是文明时代最有势力的王公和最伟大的国家要人或统帅,也可能要羡慕最平凡的氏族酋长所享有的,不是用强迫手段获得的,无可争辩的尊敬。后者是站在社会之中,而前者却不得不企图成为一种处于社会之外和社会之上的东西。

由于国家是从控制阶级对立的需要中产生的,由于它同时又是在这些阶级的冲突中产生的,所以,它照例是最强大的、在经济上占统治地位的阶级的国家,这个阶级借助于国家而在政治上也成为占统治地位的阶级,因而获得了镇压和剥削被压迫阶级的新手段。因此,古希腊罗马时代的国家首先是奴隶主用来镇压奴隶的国家,封建国家是贵族用来镇压农奴和依附农的机关,现代的代议制的国家是资本剥削雇佣劳动的工具。但也例外地有这样的时期,那时互相斗争的各阶级达到了这样势均力敌的地步,以致国家权力作为表面上的调停人而暂时得到了对于两个阶级的某种独立性。17世纪和18世纪的专制君主制,就是这样,它使贵族和市民等级彼此保持平衡;法兰西第一帝国特别是第二帝国的波拿巴主义,也是这样,它唆使无产阶级去反对资产阶级,又唆使资产阶级来反对无产阶级。使统治者和被统治者都显得同样滑稽可笑的这方面的最新成就,就是俾斯麦国家的新的德意志帝国:在这里,资本家和工人彼此保持平衡,并为了破落的普鲁士土容克的利益而遭受同等的欺骗。

此外,在历史上的大多数国家中,公民的权利是按照财产状况分级规定的,这直接地宣告国家是有产阶级用来防御无产阶级的组织。在按照财产状况划分阶级的雅典和罗马,就已经是这样。在中世纪的封建国家中,也是这样,在那里,政治上的权力地位是按照地产来排列的。现代的代议制国家的选举资格,也是这样。

但是,对财产差别的这种政治上的承认,决不是本质的东西。相反,它标志着国家发展的低级阶段。国家的最高形式,民主共和国,在我们现代的社会条件下正日益成为一种不可避免的必然性,它是无产阶级和资产阶级之间的最后决定性斗争只能在其中进行到底的国家形式——这种民主共和国已经不再正式讲什么财产差别了。在这种国家中,财富是间接地但也是更可靠地运用它的权力的。其形式一方面是直接收买官吏(美国是这方面的典型例子),另一方面是政府和交易所结成联盟,而公债越增长,股份公司越是不仅把运输业而且把生产本身集中在自己手中,越是把交易所变成自己的中心,这一联盟就越容易实现。除了美国以外,最新的法兰西共和国,也是这方面的一个显著例证,甚至一本正经的瑞士,在这方面也做出了自己的成绩。不过,为了使政府和交易所结成这种兄弟般的联盟,并不一定要有民主共和国,除英国以外,新的德意志帝国也证明了这一点,在德国,很难说普选制究竟是把谁抬得更高,是把俾斯麦还是把布莱希勒德。最后,有产阶级是直接通过普选制来统治的。只要被压迫阶级——在我们这里就是无产阶级——还没有成熟到能够自己解放自己,这个阶级的大多数人就仍将承认现存的社会秩序是唯一可行的秩序,而在政治上成为资本家阶级的尾巴,构成它的极左翼。但是,随着被压迫阶级成熟到能够自己解放自己,它就作为独立的党派结合起来,选举自己的代表,而不是选举资本家的代表了。因此,普选制是测量工人阶级成熟性的标尺。在现今的国家里,普选制不能而且永远不会提供更多的东西;不过,这也就足够了。在普选制的温度计标示出工人的沸点的那一天,他们以及资本家同样都知道该怎么办了。

所以,国家并不是从来就有的。曾经有过不需要国家,而且根本不知国家和国家权力为何物的社会。在经济发展到一定阶段而必然使社会分裂为阶级时，国家就由于这种分裂而成为必要了。现在我们正在以迅速的步伐走向这样的生产发展阶段，在这个阶段上，这些阶级的存在不仅不再必要，而且成了生产的真正障碍。阶级不可避免地要消失，正如它们从前不可避免地产生一样。随着阶级的消失，国家也不可避免地要消失。在生产者自由平等的联合体的基础上按新方式来组织生产的社会，将把全部国家机器放到它应该去的地方，即放到古物陈列馆去，同纺车和青铜斧陈列在一起。

————

所以，根据以上所述，文明时代是社会发展的这样一个阶段，在这个阶段上，分工、由分工而产生的个人之间的交换，以及把这两者结合起来的商品生产，得到了充分的发展，完全改变了先前的整个社会。

先前的一切社会发展阶段上的生产在本质上是共同的生产，同样，消费也是在较大或较小的共产制共同体内部直接分配产品。生产的这种共同性是在极狭小的范围内实现的，但是它随身带来的是生产者对自己的生产过程和产品的支配。他们知道，产品的结局将是怎样：他们把产品消费掉，产品不离开他们的手；只要生产在这个基础上进行，它就不可能越出生产者的支配范围，也不会产生鬼怪般的、对他们来说是异己的力量，像在文明时代经常地和不可避免地发生的那样。

但是，分工慢慢地侵入了这种生产过程。它破坏生产和占有的共同性，它使个人占有成为占优势的规则，从而产生了个人之间的交换——这是如何发生的，我们前面已经探讨过了。商品生产逐渐地成了占统治地位的形式。

随着商品生产，即不再是为了自己消费而是为了交换的生产的出现，产品必然易手。生产者在交换的时候交出自己的产品；他不再知道产品的结局将会怎样。当货币以及随货币而来的商人作为中间人插进生产者之间的时候，交换过程就变得更加错综复杂，产品的最终命运就变得更加不确定了。商人是很多的，他们谁都不知道谁在做什么。商品现在已经不仅是从一手转到另一手，而且是从一个市场转到另一个市场；生产者丧失了对自己生活领域内全部生产的支配权，这种支配权商人也没有得到。产品和生产都任凭偶然性来摆布了。

但是，偶然性只是相互依存性的一极，它的另一极叫做必然性。在似乎也是受偶然性支配的自然界中，我们早就证实，在每一个领域内，都有在这种偶然性中去实现自身的内在的必然性和规律性。而适用于自然界的，也适用于社会。一种社会活动，一系列社会过程，越是超出人们的自觉的控制，越是超出他们支配的范围，越是显得受纯粹的偶然性的摆布，它所固有的内在规律就越是以自然的必然性在这种偶然性中去实现自身。这些规律也支配着商品生产和商品交换的偶然性：它们作为异己的、起初甚至是未被认识的、其本性尚待努力研究和探索的力量，同各个生产者和交换的参加者相对立。商品生产的这些经济规律，随这个生产形式的发展阶段的不同而有所变化，但是总的说来，整个文明期都处在这些规律的支配之下。直到今天，产品仍然支配着生产者；直到今天，社会的全部生产仍然不是由共同制定的计划，而是由盲目的规律来调节，这些盲目的规律，以自发的威力，最后在周期性商业危机的风暴中显示着自己的作用。

上面我们已经看到,在相当早的生产发展阶段上,人的劳动力就能够提供大大超过维持生产者生存所需要的产品了,这个发展阶段,基本上就是产生分工和个人之间的交换的那个阶段。这时,用不了多久就又发现一个伟大的"真理":人也可以成为商品;如果把人变为奴隶,人力①也是可以交换和消费的。人们刚刚开始交换,他们本身也就被交换起来了。主动态变成了被动态,不管人们愿意不愿意。

随着在文明时代获得最充分发展的奴隶制的出现,就发生了社会分成剥削阶级和被剥削阶级的第一次大分裂。这种分裂继续存在于整个文明期。奴隶制是古希腊罗马时代世界所固有的第一个剥削形式;继之而来的是中世纪的农奴制和近代的雇佣劳动制。这就是文明时代的三大时期所特有的三大奴役形式;公开的而近来是隐蔽的奴隶制始终伴随着文明时代。

文明时代所由以开始的商品生产阶段,在经济上有下列特征:(1)出现了金属货币,从而出现了货币资本、利息和高利贷;(2)出现了作为生产者之间的中间阶级的商人;(3)出现了土地私有制和抵押;(4)出现了作为占统治地位的生产形式的奴隶劳动。与文明时代相适应并随之彻底确立了自己的统治地位的家庭形式是专偶制、男子对妇女的统治,以及作为社会经济单位的个体家庭。国家是文明社会的概括,它在一切典型的时期毫无例外地都是统治阶级的国家,并且在一切场合在本质上都是镇压被压迫被剥削阶级的机器。此外,文明时代还有如下的特征:一方面,是把城市和乡村的对立作为整个社会分工的基础固定下来;另一方面,是实

---

① 　在1884年版中不是"人力",而是"人的劳动力"。——编者注

行所有者甚至在死后也能够据以处理自己财产的遗嘱制度。这种同古代氏族制度直接冲突的制度,在雅典直到梭伦时代之前还没有过;在罗马,它很早就已经实行了,究竟在什么时候我们不知道①;在德意志人中间,这种制度是由教士引入的,为的是使诚实的德意志人能够毫无阻碍地将自己的遗产遗赠给教会。

文明时代以这种基本制度完成了古代氏族社会完全做不到的事情。但是,它是用激起人们的最卑劣的冲动和情欲,并且以损害人们的其他一切禀赋为代价而使之变本加厉的办法来完成这些事情的。鄙俗的贪欲是文明时代从它存在的第一日起直至今日的起推动作用的灵魂;财富,财富,第三还是财富——不是社会的财富,而是这个微不足道的单个的个人的财富,这就是文明时代唯一的、具有决定意义的目的。如果说在文明时代的怀抱中科学曾经日益发展,艺术高度繁荣的时期一再出现,那也不过是因为现代的一切积聚财富的成就不这样就不可能获得罢了。

由于文明时代的基础是一个阶级对另一个阶级的剥削,所以它的全部发展都是在经常的矛盾中进行的。生产的每一进步,同时也就是被压迫阶级即大多数人的生活状况的一个退步。对一些

① 恩格斯在这里加了一个注:"拉萨尔的《既得权利体系》一书第二部**79**的中心,主要是这样一个命题:罗马的遗嘱制同罗马本身一样古老,以致在罗马历史上,从来'没有过无遗嘱制的时代',遗嘱制确切些说是在罗马以前的时代从对死者的崇拜中产生的。拉萨尔作为一个虔诚的老年黑格尔派,不是从罗马人的社会关系中,而是从意志的'思辨概念'中引申出罗马的法的规定,从而得出了上述的完全非历史的论断。这在该书中是不足为奇的,因为该书根据同一个思辨概念得出结论,认为在罗马的继承制中财产的转移纯粹是次要的事情。拉萨尔不仅相信罗马法学家,特别是较早时期的罗马法学家的幻想,而且还比他们走得更远。"——编者注

1929 年上海新生命书局和 1941 年上海学术出版社出版的
《家庭、私有制和国家的起源》中译本

人是好事,对另一些人必然是坏事,一个阶级的任何新的解放,必然是对另一个阶级的新的压迫。这一情况的最明显的例证就是机器的采用,其后果现在已是众所周知的了。如果说在野蛮人中间,像我们已经看到的那样,不大能够区别权利和义务,那么文明时代却使这两者之间的区别和对立连最愚蠢的人都能看得出来,因为它几乎把一切权利赋予一个阶级,另方面却几乎把一切义务推给另一个阶级。

但是,这并不是应该如此的。凡对统治阶级是好的,对整个社会也应该是好的,因为统治阶级把自己与整个社会等同起来了。所以文明时代越是向前进展,它就越是不得不给它所必然产生的种种坏事披上爱的外衣,不得不粉饰它们,或者否认它们——一句话,即实行流俗的伪善,这种伪善,无论在较早的那些社会形式下还是在文明时代初期阶段都是没有的,并且最后在下述说法中达到了极点:剥削阶级对被压迫阶级进行剥削,完全是为了被剥削阶级本身的利益;如果被剥削阶级不懂得这一点,甚至想要造反,那就是对行善的人即对剥削者的一种最卑劣的忘恩负义行为。①

现在把摩尔根对文明时代的评断引在下面作一个结束:

"自从进入文明时代以来,财富的增长是如此巨大,它的形式是如此繁多,它的用途是如此广泛,为了所有者的利益而对它进行的管理又是如此巧

---

① 恩格斯在这里加了一个注:"我最初打算引用散见于沙尔·傅立叶著作中的对文明时代的卓越的批判,同摩尔根和我自己对文明时代的批判并列。可惜我没有时间来做这个工作了。现在我只想说明,傅立叶已经把专偶制和土地所有制作为文明时代的主要特征,他把文明时代叫做富人对穷人的战争。同样,我们也发现他有一个深刻的观点,即认为在一切不完善的、分裂为对立面的社会中,个体家庭(les familles incohérentes)是一种经济单位。"——编者注

妙,以致这种财富对人民说来已经**变成了一种无法控制的力量。人类的智慧在自己的创造物面前感到迷惘而不知所措了**。然而,总有一天,人类的理智一定会强健到能够支配财富,一定会规定国家对它所保护的财产的关系,以及所有者的权利的范围。社会的利益绝对地高于个人的利益,必须使这两者处于一种公正而和谐的关系之中。只要进步仍将是未来的规律,像它对于过去那样,那么单纯追求财富就不是人类的最终的命运了。自从文明时代开始以来所经过的时间,只是人类已经经历过的生存时间的一小部分,只是人类将要经历的生存时间的一小部分。社会的瓦解,即将成为以财富为唯一的最终目的的那个历程的终结,因为这一历程包含着自我消灭的因素。管理上的民主,社会中的博爱,权利的平等,教育的普及,将揭开社会的下一个更高的阶段,经验、理智和科学正在不断向这个阶段努力。**这将是古代氏族的自由、平等和博爱的复活,但却是在更高级形式上的复活**。"(摩尔根《古代社会》①第 552 页)

弗·恩格斯写于 1884 年 4 月
初—5 月 26 日

1884 年在霍廷根—苏黎世出版

原文是德文

选自《马克思恩格斯选集》
第 3 版第 4 卷第 29—195 页

---

① 路·亨·摩尔根《古代社会》1877 年伦敦版。——编者注

附　　录

弗·恩格斯

*论未来的联合体⁸⁰

迄今存在过的联合体,不论是自然形成的,或是人为造成的,实质上都是为经济目的而存在的,但是这些目的被意识形态的附带物掩饰和遮盖了。古代的城邦⁴⁷、中世纪的城市或行会、封建的土地贵族联盟——这一切都有意识形态的附带目的,这些附带目的,它们是奉为神圣的,在城市望族的血族团体和行会中,这些附带目的来源于氏族社会的回忆、传统和象征,古代城邦的情况也差不多。只有资本主义商业公司才是完全清醒和务实的——然而是庸俗的。

未来的联合体将把后者的清醒同古代联合体对共同的社会福利的关心结合起来,并以此来达到自己的目的。

弗·恩格斯写于1884年4—5月

第一次发表于《马克思恩格斯全集》1937年俄文第1版第16卷第1册

原文是德文

选自《马克思恩格斯全集》中文第1版第21卷第447页,根据《马克思恩格斯全集》2011年历史考证版第1部分第30卷校订

弗·恩格斯

新发现的一个群婚实例[81]

　　最近有些唯理论的民族志学家以否认群婚为时髦;因此,下面这篇我译自旧历 1892 年 10 月 14 日的莫斯科"Russkija Vjedomosti"(《俄罗斯新闻》[82])的报道是值得一读的。它不仅明确地肯定了群婚,即一群男子和一群女子相互性交的权利还在盛行,而且肯定了这种群婚具有跟夏威夷人的普那路亚婚姻,即群婚的最发展最典型的阶段非常接近的形式。典型的普那路亚家庭是由一群兄弟(同胞的或血统较远的)跟一群同胞的或血统较远的姊妹结婚而组成的,而在库页岛上,我们看到,一个男子是跟自己兄弟的所有妻子和自己妻子的所有姊妹结成婚姻的,如果从女子方面来看,就是这个男子的妻子有权跟她的丈夫的兄弟和她的姊妹的丈夫自由发生性的关系。可见,它跟典型的普那路亚婚姻形式的区别,只在于丈夫的兄弟和姊妹的丈夫不一定是同一些人。

　　其次应该看到,这篇报道也证实了我在《家庭的起源》一书第 4 版第 28—29 页所讲的话:群婚绝不像我们的庸人的惯于妓院的幻想所描绘的那样;实行群婚的人们,并不是公开过着庸人暗中所过的那种淫荡生活;这种婚姻形式,至少就我们现在还可以遇见的例子来看,与不牢固的对偶婚制或一夫多妻制不同的地方,实际上只不过是许多在其他条件下要遭受严厉惩罚的性交情事,在这里却为习俗所许可而已。① 至于这些权利的实际行使正在逐渐消亡,那只不过证明这种婚姻形式本身正在消亡,这种婚姻形式很少能见得到,也可证实这一点。

此外,整个这篇描述之所以值得注意,还因为它再一次表明:处在大致相同发展阶段上的原始民族的社会制度是相似的,其基本特征甚至是相同的。关于库页岛上这些亚蒙古人的记载,大部分都适用于印度的德拉维达部落、南太平洋各岛屿发现时岛上的土人,以及美洲的红种人。这篇报道写道:

"尼·安·杨楚克 10 月 10 日〈旧历;新历为 10 月 22 日〉在莫斯科②自然科学爱好者协会人类学部会议上宣读了施特恩堡先生关于吉里亚克人**[83]**的有趣的报告,吉里亚克人是一个生活在库页岛的很少被人研究的部落,这个部落还处在蒙昧人的文化阶段③上。吉里亚克人不懂农耕和制陶术,主要靠渔猎为生,用投入炽热的石头将木槽里的水温热,等等。特别有趣的是他们的家庭和氏族制度。吉里亚克人不仅把自己的生父叫做父亲,而且把自己生父的一切兄弟也叫做父亲,把生父的兄弟的妻子和自己母亲的姊妹全都叫做母亲,把所有这些'父亲'和'母亲'④的子女统统叫做自己的兄弟和姊妹。众所周知,北美的易洛魁人和其他印第安人部落,以及印度的一些部落,都有这样的称呼法⑤,不过在他们中间,这种称呼法早已跟现实不相符合了,而在吉里亚克人中间,这种称呼法却**迄今仍然存在着的状况**的标识。直到现在**每一个吉里亚克男人对自己兄弟的妻子以及对自己妻子的姊妹都享有丈夫的权利至少**

---

① 参看本书第 46 页。——编者注
② "莫斯科"是恩格斯加的。——编者注
③ 在《俄罗斯新闻》上不是"阶段",而是"程度"。——编者注
④ 在《俄罗斯新闻》上不是"所有这些'父亲'和'母亲'",而是"所有这些亲属"。——编者注
⑤ 在《俄罗斯新闻》上不是"称呼法",而是"术语"。——编者注

人们并不认为行使这些权利是被禁止的事情①。这些以氏族为基础的群婚②的残余，颇似本世纪上半叶还在桑威奇群岛存在着的有名的普那路亚家庭。这种形式的家庭关系和氏族关系③是吉里亚克人的整个氏族制度和社会组织的基础。

吉里亚克人的氏族，是由他父亲的一切兄弟(血统较近的和较远的、真正的和名义的)④、由这些兄弟的父亲和母亲〈?〉**84**、由他的兄弟的子女及他自己的子女组成的。显然，这样构成的氏族，可能有大量的成员。氏族生活遵循下面的原则。氏族内部绝对禁止通婚。死者的妻子，根据氏族的决定，转嫁给死者的同胞兄弟或名义兄弟⑤当中的一个。氏族养活自己的一切没有劳动能力的成员。一个吉里亚克人对报告人说：'我们没有穷人，谁有需要，哈里〈氏族〉就来养活他。'氏族成员还通过共同的祭祀和节日、共同的坟地等联系在一起。

氏族保障自己每一个成员的生命与安全不受非本氏族的人的侵害⑥。报复的手段是血族复仇⑦，但是在俄罗斯人的统治下，这一手段的使用已经大大地减少了。妇女被完全排除在氏族复仇的行动以外。氏族也收养他氏族的人，但这只是一些罕见的个案。通例是死者的财产不得出氏族。在这一方面，吉里亚克人一丝不苟地执行着十二铜表法的一项有名的条文：si suos heredes non habet, gentiles familiam habento——如无继承人，应由同氏族人继

---

① 在《俄罗斯新闻》上不是"被禁止的事情"，而是"罪恶"。——编者注
② 在《俄罗斯新闻》上不是"以氏族为基础的群婚"，而是"氏族婚姻"。——编者注
③ 在《俄罗斯新闻》上不是"家庭关系和氏族关系"，而是"家庭关系和亲属关系"。——编者注
④ 在《俄罗斯新闻》上不是"(血统较近的和较远的、真正的和名义的)"，而是"(所有亲等的)"。——编者注
⑤ 在《俄罗斯新闻》上不是"同胞兄弟或名义兄弟"，而是"'任何亲等的'兄弟"。——编者注
⑥ 在《俄罗斯新闻》上不是"氏族"，而是"哈里"；不是"非本氏族的人"，而是"另一哈里的人"。——编者注
⑦ 在《俄罗斯新闻》上不是"报复的手段"，而是"手段"；不是"血族复仇"，而是"氏族复仇"。——编者注

承。**85**吉里亚克人生活中所有重大的事件,都有氏族的参与。在不久以前,即大约一两代以前,氏族长者还是氏族的首领,即一族之'长'。不过,现在氏族长者的作用几乎仅限于主持宗教仪式了。氏族成员往往散居在彼此相距很远的地方,不过,同氏族人即使不生活在一起,也会互相惦记,互相来往作客,互相提供帮助和庇护等等。而且,吉里亚克人如果不是万不得已,绝不舍弃自己的同族人和自己氏族的墓地。氏族生活,给吉里亚克人的全部精神生活,给他们的性格、习俗和制度,都打上了非常显著的烙印。共同讨论一切事情的习惯,长久维护同氏族人利益的必要性,血族复仇①时的团结一致,和十几个同伴一起住在一个大帐篷里的必要性和习俗,总之,他们几乎总是生活在人群当中,这一切使吉里亚克人养成了一种非常合群非常健谈的性格。吉里亚克人是非常好客的,他们爱招待客人,自己也爱作客。好客的美好习俗,在不幸的日子里表现得特别明显。在困难的年月中,当吉里亚克人自己和狗都没有东西吃的时候,他并不伸手去乞求施舍,他可以有把握地去作客,而且常常可以在那里吃住很长时间。

在库页岛的吉里亚克人中间,几乎完全没有贪图私利性质的犯罪。吉里亚克人把自己的贵重东西存放在一间仓库里,从不锁门。吉里亚克人极富于羞耻心,如果他被揭露干了什么不名誉的事,他便会到树林里去上吊。在吉里亚克人中间,杀人事件是十分罕见的,而且几乎都是由于盛怒,而从来不是出于贪图私利的目的。在和其他人的关系②上,吉里亚克人表现得真诚、守信用和忠厚。

吉里亚克人虽然曾长期隶属于汉化了的满族人,虽然受了阿穆尔边区移民③的极端有害的影响,但是在道德方面仍保存着原始部落所固有的许多美德。不过他们的社会制度的命运已经注定了。再过一两代,大陆上的吉里亚克人将完全俄罗斯化,他们在接受文化上好的东西的同时,也将承受文化上坏的东西。库页岛的吉里亚克人,距俄国人定居地的中心多少远一些,因此有可能保持纯洁稍微久一些。不过邻近的俄国居民对他们也已经开始有所影响了。他们走村串户地做生意,到尼古拉也夫斯克去打工,而每个从谋生

---

① 在《俄罗斯新闻》上不是"血族复仇",而是"复仇"。——编者注

② 在《俄罗斯新闻》上不是"和其他人的关系",而是"内部关系"。——编者注

③ 在《俄罗斯新闻》上不是"移民",而是"无赖居民"。——编者注

处返回故乡的吉里亚克人,便带回了像工人从城市带到俄罗斯乡村的那种气氛。此外,在城市里打工而且机遇变化无常,愈来愈使构成吉里亚克人这样的民族的简单经济生活的主要特征的那种原始平等遭到破坏。

施特恩堡先生的论文还搜集了有关吉里亚克人的宗教观点、宗教仪式、法律制度①等方面的材料。该文将在《**民族志学评论**》(Etnografischeskoje Obozrenie)**86**上全文刊载。"

弗·恩格斯写于 1892 年 11 月底—12 月 4 日

载于 1892—1893 年《新时代》杂志第 1 卷第 12 期

原文是德文

选自《马克思恩格斯全集》中文第 1 版第 22 卷第 409—413 页,根据《马克思恩格斯全集》2010 年历史考证版第 1 部分第 32 卷校订

---

① 在《俄罗斯新闻》上不是"法律制度",而是"法律习惯"。——编者注

恩格斯关于《家庭、私有制和国家的起源》的书信摘选

恩格斯致奥古斯特·倍倍尔

（1882年12月22日）

亲爱的倍倍尔：

……我昨天已把小册子的最后一部分手稿，即关于马尔克制度和一般德国农民简史的附录[87]寄往苏黎世。因为毛勒写得很不好，把很多东西混在一起，使人在初读之下难以抓住头绪。我一收到校样，就把这个附录寄给你，因为它不单是摘录毛勒的著作，而且也间接地予以批判，同时还包含有很多新东西。这是多年来我研究德国历史的第一个成果，我感到十分高兴的是，我能够首先把它献给工人，而不是献给学究和其他"有教养者"。……

恩格斯致卡尔·考茨基

（1883年2月10日）

亲爱的考茨基先生：

……关于您的论述淫游的文章[88]，我还坚持我过去的看法：共

妻(和对妇女来说共夫)是部落内部性交关系的起点,这大概不会使您感到奇怪。相反地,用嫉妒去作心理上的解释,就是硬把后来的看法扯进去,这种解释被无数事实所驳倒(下面要谈到这点)。达尔文在这方面并没有什么权威,正如在经济学方面一样——他的马尔萨斯主义就是从经济学中弄来的。关于猴子,在这方面我们几乎一无所知,因为动物园里的观察证明不了任何东西,又难于对野猴群进行观察,即使是据说做了一些观察,也不可能是精确的、完全的,更不可能用来做出一般性的结论。大猩猩和猩猩根本就不必考虑,因为它们不是群居的。您所引证的实行松弛的专偶制的原始部落,我认为是蜕变了的——班克罗夫特谈到的加利福尼亚半岛居民的情况①证明了这一点。原始状态的标志不是粗野,而是部落古老的血缘关系保留的程度。因此,从这个或那个部落的一些个别现象作出某些结论之前,首先必须确定每一个别场合下的这种关系。例如,在加利福尼亚半岛居民中,这种古老的关系大大削弱了,并且没有被什么另外的组织所代替;这是蜕变的令人信服的标志。但是,即使这些例证也是反对您的。在他们那里,妇女也定期回到共有状态。这就是主要的一点,可您却完全不提。可以肯定地得出结论说,凡是在强制放牧[89]下土地定期重新回到共有状态的地方,原先都实行过完全的土地共有制,我认为,可以同样肯定地得出结论说,凡是妇女定期回到——实际地或象征性地——共有状态的地方,原始时期都实行过共妻。这种情形不仅在您的加利福尼亚半岛居民那里发生,而且在许多其他印第安人

① 休·豪·班克罗夫特《北美太平洋沿岸各州的土著民族》1875 年伦敦版第 1 卷。——编者注

部落,以及在腓尼基人、巴比伦人、印度人、斯拉夫人、凯尔特人那里也都——实际地或者象征性地——发生,可见这是远古就有的,而且是广泛盛行的,这完全驳倒了嫉妒这种心理论据。我很想看看您将来如何克服这个困难,因为您是回避不了它的。……

恩格斯致卡尔·考茨基

（1884 年 2 月 16 日）

亲爱的考茨基:

……如果有人肯花点力气用**爪哇**(国家社会主义在这里极为盛行)的实例来说明猖獗一时的国家社会主义,那倒是一件好事。全部的材料都包括在詹·威·贝·莫尼律师著的《爪哇,或怎样管理殖民地》(1861 年伦敦版,共两卷)这本书里。从这里可以看到,荷兰人怎样在古代公社共产主义的基础上由国家组织生产,并且怎样保证人们过上一种在荷兰人看来是非常舒适的生活;结果是:人民被保持在原始的愚昧阶段上,而荷兰的国库却每年得到 7 000 万马克的收入(现在大概还要多)。这种情况很有意思,而且很容易从中吸取有益的教训。这也附带证明了,那里的原始共产主义,像在印度和俄国一样,今天正在给剥削和专制制度提供最好的、最广阔的基础(只要现代共产主义的因素不去震动这种原始共产主义),并且在现代社会条件下,它和瑞士各旧州[90]的独立的马尔克公社一样,成为极其引人注目的(或者应当被克服或者应当得到进一步发展的)历史遗迹。

在论述社会的原始状况方面,现在有一本像达尔文的著作对于生物学那样具有**决定意义**的书,这本书当然也是马克思发现的,这就是摩尔根的《古代社会》(1877年版)。马克思谈到过这本书,但是,当时我脑子里正装着别的事情,而以后他也没有再回头研究;看来,他是很想回头再研究的,因为从他所作的十分详细的摘录①中可以看出,**他自己**曾打算把该书介绍给德国读者。摩尔根在他自己的研究领域内独立地重新发现了马克思的唯物主义历史观,并且最后还对现代社会提出了直接的共产主义的要求。他根据野蛮人的、尤其是美洲印第安人的氏族组织,第一次充分地阐明了罗马人和希腊人的氏族,从而为原始史奠定了牢固的基础。假如我有时间,我倒想利用马克思的札记把这些材料加加工,为《社会民主党人报》**91**的杂文栏或《新时代》**92**写点东西,但是,目前不可能去考虑这一点。泰勒、拉伯克及其同伙所搞的整个骗局,不管是内婚制、外婚制、还是其他各种荒诞无稽之谈,现在都被彻底揭穿了。**93**这些先生们在这里拼命抵制这本书,它是在美国印刷的,而在扉页上还印着一家伦敦书局作为共同出版者,五个星期以前我就订购了这本书,但是还没有收到!……

恩格斯致卡尔·考茨基

(1884年3月24日)

亲爱的考茨基:

摩尔根的书②最好在美国订购,麦克米伦公司为英国印了一

---

① 马克思《路易斯·亨·摩尔根〈古代社会〉一书摘要》,见《马克思恩格斯全集》中文第1版第45卷。——编者注

② 指路·亨·摩尔根《古代社会,或人类从蒙昧时代经过野蛮时代到文明时代的发展过程的研究》。——编者注

批,册数不多,看来已经全部批发或零售完了。我那一本是费了很大劲才从**旧书商**那里弄到的。我不认识美国出版商。我买那本书花了 13 先令 4 便士。

一有功夫,我就把这本书为你给《新时代》作一番加工,但你们一定要出单行本(搞成以后,大概有三个印张)①;我本人对马克思担负着这项义务,我可以利用他的札记②。……

恩格斯致卡尔·考茨基

(1884 年 4 月 11 日)

亲爱的考茨基:

……关于摩尔根的书①,希望在下星期能写好;现在我无法做很多工作,肖莱马和穆尔在这里。在一段时间里,这是我最后一本著作,要把内容如此丰富、但写得如此糟糕的书③概括起来,可不是闹着玩儿的事。如果杜西能把信[11]找到,书中还将包括马克思对理查·瓦格纳的批评;这里有何联系,请您自己去想吧。……

---

① 指恩格斯《家庭、私有制和国家的起源》。——编者注
② 马克思《路易斯·亨·摩尔根〈古代社会〉一书摘要》,见《马克思恩格斯全集》中文第 1 版第 45 卷。——编者注
③ 指路·亨·摩尔根《古代社会,或人类从蒙昧时代经过野蛮时代到文明时代的发展过程的研究》。——编者注

恩格斯致卡尔·考茨基

（1884 年 4 月 26 日）

亲爱的考茨基：

我曾经打算，并且在这里也对大家谈过，要作弄一下俾斯麦，写一篇他绝对无法查禁的东西(摩尔根)①。愿望虽好，但是做不到。关于专偶制那一章，以及关于私有制是阶级矛盾的根源和破坏古代公社的杠杆的那最后一章，我根本**不可能**写得适合反社会党人法的要求。正如路德说的：宁可让我去见鬼，我也不能改变！

如果只是"客观地"介绍摩尔根的著作②，对它不作批判的探讨，不利用新得出的成果，不同我们的观点和已经得出的结论联系起来阐述，那就没有意义了。那对我们的工人不会有什么帮助。总之，写得好，就一定被查禁，写得坏，就会得到许可。可是按后一种做法，我办不到。

到下星期，我大概可以完成（肖莱马又在这里，要住到星期一）。足足有四个印张，甚至更多。你们读了以后，如果**愿意**冒险刊登在《新时代》上，那一切后果落到你们头上，可别怨我。如果你们明智一些，不致为一篇文章而让整个杂志担风险，那就把这篇东西印成小册子，或者在苏黎世印，或者照《妇女》一书处理。**94**这就是你们的事情了。

---

① 指恩格斯《家庭、私有制和国家的起源》。——编者注
② 指路·亨·摩尔根《古代社会，或人类从蒙昧时代经过野蛮时代到文明时代的发展过程的研究》。——编者注

　　我想,这篇东西对于我们共同的观点,将有特殊的重要性。摩尔根使我们能够提出崭新的观点,因为他通过史前史为我们提供了前所未有的事实根据。不管你对原始史和"蒙昧时代"的某些事实还有什么怀疑,他通过研究氏族基本上把问题解决了,并且阐明了原始历史。因此,这篇东西要认真加工,仔细推敲,从总体上作周密思考,但是在写作时**不应当顾虑反社会党人法**。

　　还有很重要的一点:我应当指明,傅立叶早就天才地想到了摩尔根谈的很多问题。而傅立叶对文明时代的批判,则由于摩尔根而显示出它的全部天才。对这一点还要下一番功夫①。……

恩格斯致保尔·拉法格

(1884 年 5 月 10 日)

亲爱的拉法格:

　　……我必须搁笔,我要完成一部重要的著作——《家庭、私有制和国家的起源》。我想在下周末搞完它,在此之前还得苦干一番。……

恩格斯致爱德华·伯恩施坦

(1884 年 5 月 17 日)

亲爱的爱德:

　　稿子②今天写完,还要再校阅一遍并作最后的润色,这需要几

---

①　参看本书第 197 页。——编者注
②　指恩格斯《家庭、私有制和国家的起源》。——编者注

天的时间。随后即寄给你们。我想,考茨基可以在《新时代》发表关于家庭那一章(删去专偶制)①,作为试验,而全文则应当印成单行本。在哪里出版,如何出版,关于这一点,你们接到稿子以后可以向我提出建议。

关于巴黎选举**95**和其他问题,我一有空就写。现在稿子使我不得安生,为此我把其他一切事情,甚至最紧急的事情都搁下了。文章很长,约130页八开纸,而且写得很密,标题是《家庭、私有制和国家的起源》。……

恩格斯致爱德华·伯恩施坦和卡尔·考茨基

(1884 年 5 月 22 日)

亲爱的小伙子们:

稿子②寄上,最后一章还需要修改,暂缺。你们可以看到,这部著作对于德国**合法的**市场是不适宜的;请仔细考虑,是否用一个假公司的名义,在斯图加特出版,或者马上就在苏黎世出版,请写信告诉我。从《普鲁士烧酒》以来,**凡是有我署名的东西**一律被查禁。**96**如果稿子发往斯图加特,我不希望预先交给在那里独霸天下的聪明人**97**去评判。无论如何我应当亲自看**校样**,请寄给我**两份**纸张好、页边宽的校样,否则不可能作仔细的校对。收到稿子,请用明信片告知。今晚或明天答复你们的来信;为了完成这件事,我

---

① 参看本书第65—80页。——编者注
② 指恩格斯《家庭、私有制和国家的起源》。——编者注

把一切都搁下了，现在我要去参加星期日去世的彭普斯小儿子的葬礼。

恩格斯致卡尔·考茨基

（1884 年 5 月 23 日）

亲爱的考茨基：

一至八章稿子①谅已收到，是昨天用挂号信寄给你的。如果你想从中抽出一些供《新时代》发表，那最好像我向你建议的②，抽家庭那一章，把专偶制删去。那里对专偶制已经预先作了充分的说明，足以构成一定的完整性。……

恩格斯致劳拉·拉法格

（1884 年 5 月 26 日）

亲爱的劳拉：

……我当时正忙于赶完自己的小册子①，为此我甚至把最急迫要写的信都搁下了，你可以想象得到，我是在很困难的情况下把它赶完了的。好了，现在工作搞完了，最后几个印张明天寄出。要多少时间印出来，我不知道。

---

① 指恩格斯《家庭、私有制和国家的起源》。——编者注
② 参看本书第 214 页。——编者注

……我预料,我的《家庭……的起源》出版后,保尔一定很想译它,因为那里面的东西正好是他所熟悉的:如果他要译的话,他必须把握住德文字的原意,而不要用他所喜欢赋予它们的意思,因为我根本不会有时间去加工。……

恩格斯致弗里德里希·阿道夫·左尔格

(1891 年 6 月 10 日)

亲爱的左尔格:

我正埋头准备《家庭的起源》一书新版①,为此,我必须重新翻阅八年来有关这一问题的全部文献,并将其精华写进书中。这不是一件轻而易举的事,特别是在工作时常中断的情况下。不过,最繁重的工作已经过去,以后,我终于又能着手整理第三卷②了。我不得不减少自己的所有书信来往,不然就根本无法前进。……

恩格斯致卡尔·考茨基

(1891 年 6 月 13 日)

亲爱的考茨基:

关于秘鲁的文章**98**已收到,谢谢。请允许我在未完成《起源》新版以前,把它留在我这里。我在另一篇关于东非黑人习俗的文

---

① 指恩格斯《家庭、私有制和国家的起源》德文第 4 版。——编者注
② 指马克思《资本论》第 3 卷,见《马克思恩格斯文集》第 7 卷。——编者注

章中看到一段记载，说那里的妇女在出嫁前要割除阴蒂。赛姆·穆尔来信说，尼日尔河两岸百余英里内，也有同样怪诞的习俗。但他生活的地方没有这种习俗，**他**断定在那里这种器官还存在。

《起源》新版的序言①已写好，假若你想先在《新时代》上刊用，下周便寄去。如果这样做，请把校样寄来，而且要三份，——其中一份送给腊韦去译成法文；根据旧版翻译的译文已经有了。顺便提一下，腊韦虽然生在斯特拉斯堡，可是德语却欠通。他的译文中有明显的错误，劳拉·拉法格不得不进行大量工作。她竟然承担了这一任务，我真感到惊异。

这样，你可以转告狄茨，他已无须等很久了。但还是让他告诉我，这次要出的是**第几版**？在苏黎世这么快就印了 5 000 册，以致我现在完全不知道我是在准备第几版——第二，第三，第四，还是哪一版？

……在修订《起源》的过程中，须参阅有关的全部文献，这占用了我很多时间。再没有一个比史前史学者勾结得更紧的互助保险公司了。这是一伙败类，他们在国际范围内结党营私，排斥异己，因这些人为数尚少，所以这种做法能够得逞。不过目前出现了新的因素，即有了从事比较法学的法学家，尽管他们有其消极的方面，但或许可以击破这个老朽的小集团。……

---

① 指恩格斯《家庭、私有制和国家的起源》德文第 4 版序言，见本书第 6—
　　19 页。——编者注

注　　释

1 这篇序言在《家庭、私有制和国家的起源》第 4 版出版以前,经恩格斯本人同意,曾以《关于原始家庭的历史(巴霍芬、麦克伦南、摩尔根)》为题发表在 1890 — 1891 年《新时代》(见注 92)杂志第 9 年卷第 2 册第 41 期。1891 年以后以德文和其他文字出版的恩格斯的《家庭、私有制和国家的起源》的各种版本,都收入了这篇序言。——6。

2 《现代人》(Contemporanul)是罗马尼亚社会主义者的一家文学、科学和政治杂志,由康·多布罗贾努—盖雷亚和若·纳杰日杰创办;1881 年 7 月—1890 年 12 月用这个名称在雅西出版,先是每月出两次,后改为月刊;该杂志刊登过马克思的《资本论》、《工资、价格和利润》和恩格斯的《家庭、私有制和国家的起源》的一些片断。——7。

3 这段引文摘自约·弗·麦克伦南《古代史研究。附重印的〈原始婚姻。关于婚礼中抢劫仪式的起源的研究〉》1886 年伦敦—纽约版第 124 — 125 页。麦克伦南的《原始婚姻》最早于 1865 年在爱丁堡出版单行本,而收有《原始婚姻》的《古代史研究》第 1 版于 1876 年在伦敦出版。恩格斯在下面也提到这一版本。——12。

4 马加尔人过去是一个部落,现在是居住在尼泊尔西部地区的一个民族。——12、145。

5 路·亨·摩尔根的 14 封《关于易洛魁人的通信》发表在纽约的《美国评论》杂志 1847 年 2 — 12 月第 2 — 12 期,他的著作《Ho-dé-no-sau-nee 或易洛魁联盟》1851 年在伦敦出版。

《美国评论:辉格党关于政治、文学、艺术和科学的期刊》(The American Review:A Whig journal of politics,literature,art and science)是1845—1852年间在纽约出版的一份月刊,这份刊物的副标题曾作多次改动。——12。

6 1888年8—9月恩格斯曾同爱·艾威林、爱·马克思-艾威林和卡·肖莱马去美国和加拿大旅行。恩格斯在旅行归来乘坐的纽约号轮船上,用轮船上的公用信笺写下了一些片断,描述美国的社会政治生活,《美国旅行印象》(见《马克思恩格斯全集》中文第1版第21卷)即是其中一篇。——18。

7 普韦布洛印第安人是原居住在新墨西哥(今美国西南部和墨西哥北部)的一个部落集团的名称,因西班牙殖民者称这些宅居群为pueblo(意为人民、村庄、公社)故而得名。恩格斯也称普韦布洛印第安人为新墨西哥人。他们的村庄是要塞式建筑,有五六层,可容纳上千人。普韦布洛印第安人同属史前阿纳萨齐人的后裔,但他们的语言并不相同,分为四大语系。他们按居住地分为东西两支,东支有较发达的农业,种植多种农作物,并具有灌溉系统,掌握了复杂的、水平较高的建筑术,已接近阶级社会;西支则仍保留氏族制度。在路·亨·摩尔根《古代社会》一书中普韦布洛印第安人一般指印第安人的村庄;在休·豪·班克罗夫特《北美太平洋沿岸各州的土著民族》(1875年伦敦版)中,被用做美国西南部部落集团的总称。——24、102、119。

8 这里的海盗是指中世纪斯堪的纳维亚各国侵扰英国、法国、南意大利、俄国等国沿海地区的半商海盗。——25。

9 马克思在《路易斯·亨·摩尔根〈古代社会〉一书摘要》中写道:"家庭是一个能动的要素,它从来不是静止不动的,而是由较低级的形式进到较高级的形式。反之,亲属制度却是被动的;它把家庭经过一个长久时期所发生的进步记录下来,并且只有当家庭已经根本变化了的时候,它才发生根本的变化。

〈同样,政治的、宗教的、法律的、哲学的体系,一般都是如此。〉"

从"反之,亲属制度……"开始,一直到这段结束,旁边有用红笔画的线；"一般都是如此"下面有用红笔画的线（参看《马克思恩格斯全集》中文第 1 版第 45 卷第 353—354 页）。——30。

10　亚·日罗-特隆在《婚姻与家庭的起源》1884 年日内瓦—巴黎版第 XV 页的脚注中沿用了昂利·德·索绪尔的这种提法。——33。

11　马克思给恩格斯的这封信没有保存下来。但恩格斯在 1884 年 4 月 11 日给卡·考茨基的信中提到了这封信："如果杜西能把信找到，书中还将包括马克思对理·瓦格纳的批评；这里有何联系，请您自己去想吧。"（见本书第 211 页）——38、211。

12　这是理·瓦格纳的大型组歌剧《尼贝龙根的指环》的一句歌词，引自《瓦尔库蕾》第 2 幕。这部歌剧是作曲家瓦格纳根据斯堪的纳维亚史诗《艾达》（见注 13）和德国史诗《尼贝龙根之歌》写成的。它包括以下四部歌剧：《莱茵的黄金》、《瓦尔库蕾》、《齐格弗里特》和《神的灭亡》。

　　《尼贝龙根之歌》是根据民族大迁徙时期（3—5 世纪）的古代德意志神话和传说创作的德意志民间英雄史诗。这部叙事诗形成于公元 1200 年前后，作者不详。——38、83。

13　《艾达》是一部斯堪的纳维亚各民族的神话和英雄传说与歌曲的集子；保存下来的有两种形式，一种是 13 世纪的手稿，1643 年为冰岛主教斯维因松所发现（即所谓老《艾达》），另一种是 13 世纪初诗人和编年史家斯诺里·斯图鲁逊所编的古代北欧歌唱诗人诗歌论集（即所谓小《艾达》）。《艾达》中的诗歌反映了氏族制度解体和民族大迁徙时期斯堪的纳维亚的社会状况，从中可以看到古代日耳曼人民间创作中的一些形象和情节。

　　《厄革斯德列克》是老《艾达》诗歌集中属于较晚时期的歌词之一。恩格斯在这里引的是这首诗歌的第 32 和 36 节。——38。

14　亚萨神和瓦那神是斯堪的纳维亚神话中的两类神。

　　《英格林加传说》是中世纪冰岛诗人和编年史家斯诺里·斯图鲁逊所著关于挪威国王故事（从远古到 12 世纪）的《环球》一书中的第一个传说，该书是作者在 13 世纪上半叶根据有关挪威国王的历史记述以及冰岛和挪威的氏族传说编写成的。恩格斯在这里引的是第一个传说的

第 4 章。——38。

15 "是来自群婚制"这句话在 1884 年版中为"是来自普那路亚家庭"。约·雅·巴霍芬的观点见他的《母权论》1861 年斯图加特版第 XXIII 页。马克思的话引自《路易斯·亨·摩尔根〈古代社会〉一书摘要》(参看《马克思恩格斯全集》中文第 1 版第 45 卷第 565 页)。——41。

16 见凯撒《高卢战记》第 5 卷第 14 章,他在这一章中谈到了野蛮时代中级阶段布列吞人的婚姻情况。——41。

17 这里所谓级别制度中的级别是指婚姻等级或组别,澳大利亚的大多数部落都分成二至四个等级或组别。每一组别的男子只能与另一个一定的组别的女子通婚。——42。

18 洛·法伊森和阿·威·豪伊特多年研究澳大利亚群婚制,他们共同取得的研究成果,见法伊森和豪伊特《卡米拉罗依人和库尔纳依人》(1880 年墨尔本—悉尼—阿德莱德—布里斯班版)一书。恩格斯在下面论述澳大利亚黑人群婚制时引用了该书的有关事实材料。——45。

19 参看约·麦克伦南《原始婚姻。关于婚礼中抢劫仪式的起源的研究》1865 年爱丁堡版(特别是第 1 章和第 2 章)。当时的人类学家经常使用"抢劫婚姻"和"买卖婚姻"的说法。——49。

20 克兰即氏族,在凯尔特民族中,除指氏族外偶尔也指部落;在氏族关系解体时期,则指一群血缘相近且具有想象中的共同祖先的人们。克兰内部保存着土地公有制和氏族制度的古老习俗。在苏格兰和威尔士的个别地区,克兰一直存在到 19 世纪。——50、93、147。

21 这段引文出自阿·莱特 1874 年 5 月 19 日写给路·亨·摩尔根的信,这封信曾全文发表在美国威斯康星州默纳沙出版的《美国人类学家》杂志(新辑)1933 年第 1 期第 138—140 页。恩格斯转引自摩尔根《古代社会》1877 年伦敦版第 455 页(摩尔根指明该信写于 1873 年),马克思在《路易斯·亨·摩尔根〈古代社会〉一书摘要》中也摘录了这段引文(参看《马克思恩格斯全集》中文第 1 版第 45 卷第 361 页)。——51。

22　见休·豪·班克罗夫特《北美太平洋沿岸各州的土著民族》1875 年伦敦版第 1 卷第 565 页。恩格斯在 1882 年前后所作的《休·豪·班克罗夫特〈北美太平洋沿岸各州的土著民族〉一书摘要》第 10 页上写道："……在节日里几个部落聚集在一起,目的是不加区别地发生性关系(这显然是古老的,是通过脱离了平日生活的旧习俗来重温往昔岁月的部落集团)。"恩格斯在 1883 年 2 月 10 日写给卡·考茨基的信中,也提到班克罗夫特谈到的加利福尼亚居民的情况(见本书第 208—209 页)。——51。

23　沙特恩节是古罗马的重要节日之一,每年冬季农事结束后都要举行纪念农神沙特恩的节日。节日从 12 月 17 日开始,起初为一至三天,后来延长到五至七天。在节日期间举行群众性的盛宴和狂饮;奴隶得到暂时的自由,也可以参加沙特恩节,并与自由民同席。在沙特恩节期间盛行性关系的自由。"沙特恩节"遂成了纵情欢乐、盛宴狂饮的代名词。——52。

24　1486 年 4 月 21 日,西班牙国王、天主教徒斐迪南五世在加泰罗尼亚农民起义的压力下,在瓜达卢佩召见农民和封建主代表,并以仲裁人的身份作出裁决,颁发了所谓《瓜达卢佩诏谕》。裁决规定不得再把农民固定在土地上,并且取消了封建主裁判权和一些羞辱性的封建习俗,其中包括初夜权,但是,农民必须为此付出大量的赎金。——54。

25　扎德鲁加(Zádruga)是古代南方斯拉夫人、凯尔特人的家长制家庭公社,这种公社包括几个或十几个在血缘、经济、土地上有联系的家庭,大家共同生产,共同消费。19 世纪后半期扎德鲁加逐渐解体。——61。

26　公社(община)是俄国农民共同使用土地的形式,其特点是在实行强制性的统一轮作的前提下,将耕地分给农户使用,森林、牧场则共同使用,不得分割。公社内实行连环保制度。公社的土地定期重分,农民无权放弃土地和买卖土地。公社管理机构由选举产生。俄国的公社在远古时代即已存在,在历史发展过程中逐渐成为俄国封建制度的基础。俄国自 1861 年改革以后,随着资本主义生产关系的发展和资本主义向俄国农业的渗透,公社制度逐渐解体。——62。

27　参看马·马·柯瓦列夫斯基《家庭及所有制的起源和发展概论》1890年斯德哥尔摩版第65—66页。——62。

28　《雅罗斯拉夫的真理》是古俄罗斯的法典《俄罗斯的真理》古本第一册的名称,它是11世纪上半叶在当时习惯法的基础上产生的,其中既有封建权利的法规也有原始公社制度下形成的古老法规。这些法规反映了11—12世纪俄罗斯社会的经济和社会关系。——62。

29　达尔马提亚法典,又称波利察法规,是一部刑法、民法、诉讼法的汇编。15—17世纪该法典一直在波利察(历史上达尔马提亚的一部分)通行。——62。

30　Calpullis(卡尔普里)是墨西哥的印第安人被西班牙人征服时期的家庭公社。每一个家庭公社的全体成员都有着共同的世系,家庭公社占有一块公共的土地,土地不得让渡,也不得在继承者之间分配。阿·德·苏里塔在其所著《关于新西班牙的各类首领、法律、民俗、被征服前后确定的赋税等等的报告》中记述了卡尔普里,这一报告第一次用法文发表在泰尔诺-孔庞的《有关美洲发现史的游记、报告和回忆录原本》1840年巴黎版第11卷第50—64页。——63。

31　《外国》(Das Ausland)是德国的一家地理学、民族学和博物学杂志,1828—1893年出版,最初是日刊,在奥格斯堡出版。从1853年起改为周刊,1873年起改在斯图加特出版。——63。

32　拿破仑法典(法兰西民法典)指在拿破仑统治时期于1804年通过并以《拿破仑法典》著称的民法典,这里还广义地指1804—1810年拿破仑第一统治时期通过的五部法典:民法典、民事诉讼法典、商业法典、刑法典和刑事诉讼法典。这些法典曾沿用于拿破仑法国所占领的德国西部和西南部,在莱茵地区于1815年归并于普鲁士以后仍然有效。恩格斯称法兰西民法典为"典型的资产阶级社会的法典"(见《马克思恩格斯选集》第3版第4卷第259页)。——65。

33　马克思在《路易斯·亨·摩尔根〈古代社会〉一书摘要》中有这样一段文字:"而对奥林波斯山的女神们的态度,则反映了对妇女以前更自由和

更有势力的地位的回忆。……"（见《马克思恩格斯全集》中文第 1 版第
45 卷第 368 页）——65。

34　斯巴达人是古斯巴达享有充分权利的公民。

　　黑劳士是被斯巴达征服的南伯奔尼撒的农民,属于古斯巴达无
权的居民。黑劳士属于国家,并隶属于斯巴达人的土地,他们耕种斯巴
达人个人使用的土地,向斯巴达人交纳国家规定的地租(约占收成的一
半)。——68。

35　恩格斯这里可能引自马克思和恩格斯的著作《德意志意识形态》手稿中
未保存下来的部分(手稿第 36—39 页)。《德意志意识形态》流传下来
的手稿中包含着类似的思想,但表述与恩格斯此处的引文有出入(参看
《马克思恩格斯文集》第 1 卷第 534 页)。——70。

36　庙奴是古希腊和希腊殖民地中属于神庙的男女奴隶。在许多地方,包
括小亚细亚和科林斯,女庙奴都在神庙中从事卖淫活动。——71。

37　恩格斯在这里套用了沙·傅立叶的话,见傅立叶的著作《关于普遍统一
的理论》1841 年巴黎第 2 版第 3 卷(《傅立叶全集》第 4 卷)第 120 页。
——77。

38　《古德龙》又称《库德龙》,是 13 世纪德国的一部叙事诗。13 世纪上半
叶形成,作者不详,在 16 世纪的一部手稿中保存下来,直到 19 世纪初才
被发现。——84。

39　16 世纪,德国新教创始人马丁·路德领导了要求摆脱教皇控制、改革封
建关系的宗教改革运动。1517 年 10 月 31 日,路德在维滕贝格教堂门
前张贴了《九十五条论纲》,抗议教皇滥用特权、派教廷大员以敛财为目
的向各地教徒兜售赎罪券,并要求对此展开辩论。随着《九十五条论
纲》的传播,德国和欧洲各地掀起了宗教改革运动。关于这一运动的情
况,可参看恩格斯《德国农民战争》第二章(《马克思恩格斯全集》中文
第 2 版第 10 卷第 481—501 页)。

　　16 世纪欧洲宗教改革运动时期,著名宗教改革活动家让·加尔文
(1509—1564 年)创立了加尔文教,这是基督教新教流派之一。该教派

的教义是"绝对先定"和人的祸福神定的学说。根据这种学说,一部分人是由上帝先定为可以得救的(选民),另一部分人则是永定为受惩罚的(弃民)。加尔文教严格奉行的宗教信条完全符合当时资产阶级的要求。——86。

40 萨姆是马加尔人(见注4)的血缘团体的称谓。——93。

41 格·路·毛勒的主要著作有:《马尔克制度、农户制度、乡村制度、城市制度和公共政权的历史概论》1854年慕尼黑版;《德国马尔克制度史》1856年埃朗根版;《德国领主庄园、农户和农户制度史》1862—1863年埃朗根版第1—4卷;《德国乡村制度史》1865—1866年埃朗根版第1—2卷和《德国城市制度史》1869—1871年埃朗根版第1—4卷。

恩格斯对毛勒的主要著作进行了深入的研究,并对《马尔克制度、农户制度、乡村制度、城市制度和公共政权的历史概论》一书作了大量笔记。恩格斯的有关研究成果可参看他的《马尔克》一文(见《马克思恩格斯全集》中文第2版第25卷第565—584页)。——103。

42 "中立民族"指17世纪居住在伊利湖北岸的几个与易洛魁人血缘相近的印第安部落所组成的军事联盟。这些部落在易洛魁人和古朗人的战争中保持中立,因此法国殖民者称其为"中立民族"。——105。

43 指祖鲁人和努比亚人反对英国殖民者的民族解放斗争。

1879年1月英国人向祖鲁人进攻,祖鲁人在自己的领袖开芝瓦约的领导下非常顽强地抵抗了英国殖民军达半年之久。英国殖民军由于在武器装备方面占巨大优势,在经过一系列战斗之后取得胜利。直到1887年,英国人利用了他们在祖鲁人中间挑起的连续几年的部落混战,才得以最后征服祖鲁人。

19世纪70年代英国殖民者开始侵入苏丹,遭到苏丹各族人民的顽强抵抗。1881年爆发了以穆斯林传教主穆罕默德-艾哈迈德(他自称"马赫迪",意即"救世主")为首的苏丹的努比亚人、阿拉伯人和其他民族的民族解放起义,起义于1883—1884年获得胜利,从英国殖民军手中解放了几乎全部国土。在起义的过程中成立了独立统一的马赫迪国家。1899年,英国殖民军趁这个国家因连年战事和发生部落纷争而内部削弱之机,依靠武器的绝对优势,征服了苏丹。——105。

44　指狄摩西尼在法庭上反驳欧布利得的演说词。演说词提到了共同的墓地只能埋葬本氏族死人的习俗。——109。

45　恩格斯在这里提到的古希腊哲学家狄凯阿尔科斯的没有保存下来的著作片断,引自威·瓦克斯穆特的著作《从国家观点研究希腊古代》1826年哈雷版第1部第1篇第312页。——110。

46　公元前477年通过的选举资格法规定,允许雅典公民第四阶级,即最低阶级自由的贫民担任民政职务。一部分历史学家曾认为这是从亚里斯泰迪兹时期开始的。——128。

47　在古希腊城邦定居的外来移民被称做麦特克。他们虽有人身自由,但没有雅典的公民权利。他们不能参加人民大会、担任公职和占有不动产,不能和雅典公民通婚等;他们可以从事手工业、商业等职业并参加祭祀庆祝活动,要交纳特别的捐税和服兵役,但必须有全权公民作为自己的保护人,在法庭上也只能由全权公民代为辩护。公元前5—4世纪,麦特克成为阿提卡的城市人口中的重要部分,在阿提卡的经济生活,尤其是贸易方面起了重要作用。

　　城邦(Polis)是古希腊奴隶社会的社会经济和政治组织的典型形式,它出现于公元前8至6世纪。城邦由城市本身和它附近一定范围内的农业区组成。只有拥有地产并占有奴隶的城邦居民才是享有充分权利的城邦公民。——129、201。

48　克利斯提尼革命指公元前509年雅典平民反对旧氏族贵族统治的斗争,其领袖是阿尔克梅奥尼德氏族的代表克利斯提尼。这次革命推翻了贵族的统治,并于公元前508年前后实行改革,消灭了氏族制度的残余,为雅典民主制度的发展奠定了基础。——129。

49　公元前560年贫困破产的贵族氏族的代表庇西特拉图夺取了雅典的政权,建立了个人统治的制度即僭主政体。这种制度在庇西特拉图公元前527年去世前曾因他两次被逐出雅典而中断,后来一直延续到公元前510年庇西特拉图之子希庇亚斯被逐为止。不久,在雅典建立了以克利斯提尼为首的奴隶主民主派的统治。庇西特拉图旨在保护中小地主的利益、反对氏族贵族的活动,没有引起雅典国家政治结构的重大改变。——132。

50　十二铜表法是古罗马最早的成文法,它代替了原先在罗马有效的习惯法。习惯法的解释权原先掌握在贵族手中,在平民的要求下,成立了以亚庇乌斯·克劳狄乌斯为首的十人委员会(十人团),该委员会受托编制法律,公元前451年编出十表,次年又成立新的十人委员会,再编两表,先后刻在十二块铜牌上公布,故而得名,原物已散失,仅在拉丁作家文集中保存下来不完整的法律条文。十二铜表法反映了罗马社会财产分化的过程、奴隶制发展和奴隶主国家形成的过程。十二铜表法是后来罗马法以及欧洲法学的渊源。——134。

51　公元9年,在条顿堡林山会战中,阿尔米纽斯领导的德意志部落起义军歼灭了三个罗马军团,罗马军队的统帅普卜利乌斯·昆提利乌斯·瓦鲁斯自杀身亡。

　　构成罗马人名的中间部分是其所属氏族的原名,由此可以推断瓦鲁斯是昆提利氏族的成员。——134。

52　亚庇乌斯·克劳狄乌斯在公元前451年和450年被选进十人委员会(十人团),委员会受托制定法律,即著名的十二铜表法(见注50);在此期间,委员会享有充分权力,在期满以后,亚庇乌斯·克劳狄乌斯同十人团的其他人一起企图把委员会的权力延长到公元前449年。十人团尤其是亚庇乌斯·克劳狄乌斯的专横和暴力引起了平民的起义,十人团被推翻;亚庇乌斯·克劳狄乌斯被监禁,此后不久死在监狱。——135。

53　布匿战争是古代地中海地区两个最大的奴隶制国家罗马和迦太基为了确立在地中海西部的统治,争夺新的土地和奴隶而进行的三次战争。第二次布匿战争发生于公元前218—201年,以迦太基的失败而告终。——135。

54　见巴·格·尼布尔《罗马史》1828年柏林修订第2版第1卷第352页。恩格斯的这段话转引自路·亨·摩尔根《古代社会》第315页的脚注。

参看马克思《路易斯·亨·摩尔根〈古代社会〉一书摘要》(《马克思恩格斯全集》中文第 1 版第 45 卷第 418—419 页)。——140。

55 参看泰·蒙森《罗马史》1881 年柏林第 7 版第 1 卷第 62—63 页。该书第一卷第一版于 1854 年在莱比锡出版。——141。

56 杜罗·德拉马尔的计算,见其著作《罗马人的政治经济学》1840 年巴黎版第 1 卷第 39 及以下几页和第 448 页。该卷卷末附有新旧度量衡以及货币单位比较表。恩格斯根据当时法郎和马克之间的汇率进一步将德拉马尔的法郎单位转换成马克单位。——143。

57 路·亨·摩尔根《古代社会》第 2 编第 15 章(《人类其他部落中的氏族》)对凯尔特人和日耳曼人的氏族阐述得比较简单,于是恩格斯决定撰写这一章。

摩尔根在上述著作第 15 章中还扼要地对其他各民族的氏族发表了看法。马克思在他的《路易斯·亨·摩尔根〈古代社会〉一书摘要》第 2 编第 15 章《人类其他部落中的氏族》(见《马克思恩格斯全集》中文第 1 版第 45 卷)中完全略去了摩尔根的这些见解。除一小段关于凯尔特人的摘录外,他集中摘记了日耳曼人氏族的材料,同时根据凯撒和塔西佗著作的拉丁文版本核对了摩尔根所引用的资料,在核对过程中又摘录了比摩尔根更多的原始资料。恩格斯在论述日耳曼人时使用了马克思搜集的原始资料,同时利用了自己的《马尔克》、《论德意志人的古代历史》和《法兰克时代》(见《马克思恩格斯全集》中文第 2 版第 25 卷)等著作。至于凯尔特人,他可能参照了自己在 1869—1870 年间写的《爱尔兰史》(见《马克思恩格斯全集》中文第 1 版第 16 卷)。——145。

58 威尔士在 1283 年被英格兰人征服,但在这以后继续保持自治,直到 16 世纪中叶才完全并入英国。——146。

59 1869—1870 年,恩格斯着手编写一部长篇历史著作《爱尔兰史》。为此他曾开列了一个多达 150 余种图书的有关爱尔兰的书目,从这些著作中作了 15 本摘要,此外还准备了札记、单页资料、剪报等材料。1870 年 7 月以后,恩格斯中止了写作(这部未完成的《爱尔兰史》收入《马克思恩格斯全集》中文第 1 版第 16 卷,准备材料中的《戈尔德温·斯密斯〈爱尔兰历史和爱尔兰性格〉一书札记》和《有关爱尔兰没收土地历史的材料》收入《马克思恩格斯全集》中文第 1 版第 45 卷)。后来,在写作《家庭、私有制和国家的起源》时,恩格斯利用了这些准备材料和研究成果。这里谈到的有关威尔士法律的摘要,是指他当时对安·欧文受官方委托于 1841 年出版的历史资料集《威尔士的古代法律和规章》一书所作的摘要,见恩格斯 1870 年 7 月 6 日写给马克思的信。——146。

60 1891 年 9 月 8—23 日,恩格斯同玛·埃·罗舍和路·考茨基在苏格兰和爱尔兰旅行。——148。

61 1745—1746 年苏格兰山民举行起义,反对英格兰—苏格兰的土地贵族和资产阶级的夺地运动。苏格兰高地的一部分贵族,为了保存封建宗法的氏族制度,并支持被推翻的斯图亚特王朝的代表们争夺英国王位,利用了山民的不满。起义的失败彻底破坏了苏格兰山地氏族制度,加剧了剥夺苏格兰农民土地的进程。——149。

62 民族大迁徙指公元 3—7 世纪日耳曼、斯拉夫及其他部落向罗马帝国的大规模迁徙。4 世纪上半叶,日耳曼部落中的西哥特人因遭到匈奴人的进攻侵入罗马帝国。经过长期的战争,西哥特人于 5 世纪在西罗马帝国境内定居下来,建立了自己的国家。日耳曼人的其他部落也相继在欧洲和北非建立了独立的国家。民族大迁徙对摧毁罗马帝国的奴隶制度和推动西欧封建制度的产生起了重要的作用。——150、159、175。

63 阿勒曼尼亚法典是从 5 世纪起占有现在的阿尔萨斯、瑞士东部和德国西南部的阿勒曼尼亚德意志部落联盟的习惯法汇编;这一法典产生于 6 世纪末 7 世纪初和 8 世纪。恩格斯在这里引用的是《阿勒曼尼亚法典》第八十一条(在另一版本中是第八十四条)。——150。

64 《希尔德布兰德之歌》这部英雄史诗,是古代德意志叙事诗文献,反映了民族大迁徙后期东哥特人的习俗,流传于 8 世纪,保留下来的仅是一些片断。——152、181。

65 见西西里的狄奥多鲁斯《史学丛书》。——153、163。

66　《女预言者的预言》(Völuspâ)是老《艾达》(见注13)中最著名的一首歌,描述了世界从创始到毁灭及其再生——和平与正义的胜利。下文引述的两行诗中的德译文为恩格斯所译。——153。

67　齐维利斯领导的德意志部落和高卢部落反对罗马统治的起义发生在69—70年(有些史料记载发生在69—71年),这次起义是由于罗马统治者增加赋税、加紧募兵和罗马官吏胡作非为而引起的。起义席卷了大部分高卢和被罗马统治的德意志地区。起初起义者打了几次胜仗,之后却屡屡受挫,最后被迫同罗马媾和。——155。

68　《洛尔希寺院文书》(Codex Laureshamensis)是授予洛尔希寺院的各类证书和特权的副本集子。洛尔希寺院于764年在法兰克王国建立,距沃尔姆斯城不远,是德国西南部的一个大封建领地。《洛尔希寺院文书》于12世纪编成,它汇集了有关特权和馈赠的各类寺院档案证书3 836份,其中2 700份涉及8—9世纪的档案,是关于德国西南部农民和封建土地所有制的重要史料之一。——158。

69　见克雷莫纳的利乌特普朗德《奖赏》第6卷第6章。——168。

70　采邑(Beneficium,字面意思是"恩赐")是8世纪上半叶在法兰克王国盛行的一种赏赐土地的形式。一块块的土地连同居住在土地上的依附农民一起以采邑的形式授予领用人(采邑主)终身享用,条件是要履行一定的、多半是军事性的义务。在领用人或采邑主死亡,或未完成义务以及田园荒芜的情况下,采邑就应当归还给原主或交给他的继承人,若要恢复采邑关系,就须第二次赏赐。实行采邑分配的不仅有王权、教会,而且还有豪绅巨富。采邑制度促进了封建主阶级、特别是中小贵族的形成,使农民群众处于更加受奴役的地位,同时促进了藩属关系和封建等级制的发展。后来采邑变成了世袭封地。恩格斯在《法兰克时代》这篇著作(见《马克思恩格斯全集》中文第2版第25卷)中揭示了采邑制度在封建制度形成史上的作用。——170。

71　郡守是法兰克王国担任州郡领导的王室官吏。每位郡守在自己的区域内都享有司法权,可以征税和管辖军队,并在出征时统率军队。郡守在任内可以享有王室在该郡收入的三分之一,并获得赏赐的土地作为酬劳。后来郡守逐渐由王室委派的官员演变成大封建领主,拥有自主权,在 877 年正式建立郡守官职的世袭制以后,这种权力得到了加强。——171。

72 指 9 世纪编成的圣日耳曼-德-普雷修道院地产登记册(地产、人口和收入登记册),以《修道院院长伊尔米农的地产登记册》的名称而闻名。恩格斯从地产登记册中引用的材料大概载于保·罗特《采邑制度史》1850 年埃朗根版第 378 页。——172。

73 安加利是罗马帝国时期派给居民的义务,规定居民必须提供马匹和挑夫为政府运输,后来范围扩大了,成为居民的沉重负担。——172。

74 依附制度是从 8—9 世纪起在欧洲盛行的农民受封建主"保护",或者小封建主受大封建主"保护"的形式之一,接受保护需要一定的条件,即为"保护人"服兵役和承担其他徭役,并把自己的土地交给"保护人",然后以有条件地占有的形式赎回这些土地。这对于那些迫于暴力而不得不这样做的农民来说,意味着人身自由的丧失,而对于小封建主来说,则意味着处于大封建主藩属的地位。这种依附制度使农民陷于受奴役的境地,使封建等级制度得以巩固。——173。

75 十字军征讨指 11—13 世纪西欧天主教会、封建主和大商人打着从伊斯兰教徒手中解放圣地耶路撒冷的宗教旗帜,主要对东地中海沿岸伊斯兰教国家发动的侵略战争。因参加者的衣服上缝有红十字,故称"十字军"。十字军征讨前后共八次,历时近 200 年,最后以失败而告终。十字军征讨给东方国家的人民带来了深重的灾难,也使西欧国家的人民遭受惨重的牺牲,但是,它在客观上也对东西方的经济和文化交流起到了一定的促进作用。——173。

76 参看休·豪·班克罗夫特《北美太平洋沿岸各州的土著民族》1875 年伦敦版第 1 卷第 160 页及第 183—184 页。——177。

77 1066 年 10 月 14 日,诺曼底公爵威廉的军队侵入英国,在黑斯廷斯附近同盎格鲁撒克逊人展开会战。盎格鲁撒克逊人的军队由于在军事组织中还保留着公社制度的残余,使用的也是原始的武器装备,因此被击败。盎格鲁撒克逊国王哈罗德战死,而威廉则成为英国国王,称威廉一世,史称征服者威廉一世。——181。

78　迪特马申是德国北部的一个地区,曾是自由民的一个要塞。自由民曾长期保留公社制度,反抗德国和丹麦封建主的征服。从 12 世纪中叶起迪特马申的居民逐渐取得独立。旧的地方贵族到 13 世纪事实上已经消失,在独立时期迪特马申仍由自治的农民公社组成,这些农民公社的基础在许多地方都是旧有的农民氏族。到 14 世纪,迪特马申的最高权力属于全体土地自由占有者大会,后来转归三个由选举产生的委员会。1559 年丹麦国王弗雷德里克二世、荷尔斯泰因公爵约翰和阿道夫的军队镇压了迪特马申居民的反抗,胜利者瓜分了这个地区。但是公社制度和部分自治在迪特马申一直保存到 19 世纪下半叶。——189。

79　指斐·拉萨尔《既得权利体系》第 2 部:《罗马和日耳曼继承权在历史—哲学发展中的实质》。《既得权利体系》第一版于 1861 年在莱比锡出版。——196。

80　《*论未来的联合体》大概是恩格斯在写作《家庭、私有制和国家的起源》第九章时(1884 年 4 月初到 1884 年 5 月底)写下的一个片断。从内容上看,这个片断同该书第九章谈到的中世纪贵族、城市望族和农民的血族中保存着氏族制度的残余的地方有关(见本书第 188 — 189 页)。该片断第一次发表于《马克思恩格斯全集》1937 年俄文版第 16 卷第 1册,标题是俄文版编者加的,本书沿用了这一标题。——201。

81　《新发现的一个群婚实例》可以看成是恩格斯对《家庭、私有制和国家的起源》一书中《普那路亚家庭》这一节(见本书第 39 — 48 页)的内容的补充。文章的前一部分是恩格斯撰写的引语,后一部分恩格斯译自《俄罗斯新闻》发表的一篇关于俄国人类学家列·雅·施特恩堡对库页岛的吉里亚克人(见注 83)的生活和社会制度的研究成果的报道。恩格斯认为,这篇报道进一步证实了《起源》一书有关群婚制的理论,表明"处在大致相同发展阶段上的原始民族的社会制度是相似的,其基本特征甚至是相同的"(见本书第 203 页)。恩格斯在翻译时只删除了报道的第一句话和最后一段文字,个别地方有所改动,如用《起源》的用语替换原有的用语,以使表述更清楚,更便于德国读者理解。

　　本文可能写于 1892 年 11 月 29 日至 12 月 4 日之间,第一次发表于 1892—1893 年《新时代》杂志第 1 卷第 12 期。——202。

82　《俄罗斯新闻》(Русскія вѣдомости)是俄国的一家反映自由派地主和资产阶级观点的报纸,1863 年至 1918 年在莫斯科出版,1863 年至 1867 年每周出刊三期,1868 年起改为日报。——202。

83　吉里亚克人是俄罗斯人对尼夫赫人的旧称,是居住在黑龙江下游地区、鞑靼海峡靠大陆一边的海滨、鄂霍茨克海南岸和库页岛北部及中部的民族。——203。

84　恩格斯在这里加了一个问号,表示这里可能有错误。在外婚制的条件下,母亲和父亲不可能在同一个氏族,因此,这里不应该是"母亲",而是"这些兄弟的父亲的兄弟"(参看本书第 43—44、93—94、204 页)。这个错误只是出现在《俄罗斯新闻》的报道中,在施特恩堡的文稿中并不存在。——204。

85　引文糅合了十二铜表法(见注 50)第五表第四条和第五条。依据第四条,如果死者没有遗嘱,又没有"当然继承人"(suus heres),那么其财产由"男系亲属关系最近者"(adgnatus proximus)继承。依据第五条,如果第四条所述的亲属也不存在,那么死者财产由"同氏族人"(gentiles)继承。参看盖乌斯《制度》(另参看杜尔编《十二铜表法》第 37 页)。——205。

86　《民族志学评论》(Этнографическое обозрѣніе)是一家俄国杂志,1889 年至 1916 年由莫斯科大学附属自然科学、人类学和民族学爱好者协会民族学部出版,每年出版四期。

　　列·雅·施特恩堡《库页岛的吉里亚克人》一文载于该杂志 1893 年第 2 期第 1—46 页。——206。

87　指恩格斯论述德国土地所有制产生和发展历史的文章《马尔克》(见《马克思恩格斯全集》中文第 2 版第 25 卷第 565—584 页),它作为附录收入小册子《社会主义从空想到科学的发展》(见《马克思恩格斯选集》第

3 版第 741—817 页)1882 年德文第 1 版。——207。

88　指卡·考茨基论述原始社会婚姻的系列文章中的第一篇《淫游》。这篇
文章发表在达尔文主义杂志《宇宙》斯图加特版第 6 年卷第 12 期(1882
年 10 月至 1883 年 3 月)。第二篇文章题为《抢劫婚姻和母权制。克
兰》,第三篇题为《买卖婚姻》。1883 年这些文章以《婚姻和家庭的起
源》为书名出版单行本。——207。

89　强制放牧是古代德意志部落马尔克制度中为公社全体社员规定的一种
义务。在收获以后直至播种以前,他们要把耕地上的篱笆拆去,使这些
土地能供全体社员用作牧场(参看《马克思恩格斯全集》中文第 2 版第
25 卷第 572—574 页)。——208。

90　所谓瑞士各旧州是指瑞士的山区各州,这些州在 13—14 世纪是瑞士联
邦的基本核心。——209。

91　《社会民主党人报。德语区社会民主党的机关报》(Der Sozialdemokrat,
Organ der Sozialdemokratie deutscher Zunge)是反社会党人法时期德国社
会民主党在国外出版的德文周报,1879 年 9 月—1888 年 9 月在苏黎世
出版,1888 年 10 月—1890 年 9 月 27 日在伦敦出版;1879—1880 年编
辑是格·福尔马尔,1881—1890 年编辑是爱·伯恩施坦;马克思、恩格
斯、奥·倍倍尔和威·李卜克内西为之撰稿,在他们的影响下报纸成为
国际工人运动最主要的革命报纸,为德国社会民主党战胜反社会党人
法作出了重大贡献。——210。

92　《新时代。精神生活和社会生活评论》(Die Neue Zeit. Revue des
geistigen und öffentlichen Lebens)是德国社会民主党的理论杂志;1883—
1890 年 10 月在斯图加特出版,每月一期,以后至 1923 年秋每周一期;
1883—1917 年 10 月由卡·考茨基担任编辑,1917 年 10 月—1923 年秋
由亨·库诺担任编辑。从 19 世纪 90 年代初起,弗·梅林为该杂志撰
稿;1885—1894 年恩格斯在杂志上发表了许多文章,经常提出批评、告
诫,帮助杂志编辑部端正办刊方向。——210。

93　恩格斯考虑了马克思的意见并根据自己积累的许多研究成果,在近两

个月的时间内(1884年4月初至5月底)撰写了《家庭、私有制和国家的起源》。恩格斯对爱·泰勒和约·拉伯克著作的批评性意见,见他为《家庭、私有制和国家的起源》1891年德文第4版所写的序言(见本书第6—19页)。——210。

94 奥·倍倍尔的《妇女和社会主义》第2版即秘密版1883年由斯图加特狄茨印刷所承印,以苏黎世出版商沙贝利茨书局的名义出版,书名是《妇女的过去、现在和未来》。——212。

95 指1884年5月4日举行的巴黎市参议会选举,参看马克思1884年5月23日给爱·伯恩施坦的信(见《马克思恩格斯全集》中文第1版第36卷第154页)——214。

96 《普鲁士烧酒》指恩格斯1876年2月撰写的《德意志帝国国会中的普鲁士烧酒》一文(见《马克思恩格斯全集》中文第2版第25卷第43—62页)。这篇文章揭露了普鲁士容克赖以生存的物质基础,抨击了俾斯麦政府的反动政策,引起了俾斯麦政府的狂怒。文章最初刊载于1876年2月25、27日和3月1日《人民国家报》第23、24和25号;同年5月,莱比锡联合印刷所印行了它的单行本。根据恩格斯本人的意见,文章发表时没有署名。直到1876年8月13日,《人民国家报》在刊登新书目录时才第一次标明它的作者是恩格斯。此后,有恩格斯署名的著作在德国被查禁。——214。

97 聪明人是暗指德国社会民主党内的小资产阶级机会主义派,例如布·盖泽尔(他也是在斯图加特出版的《新世界》杂志的编辑),以及卡·弗罗梅、威·布洛斯、路·菲勒克等人。——214。

98 指亨·库诺的《古秘鲁的农村公社和马尔克公社》一文,载于1890年10月20、27日和11月3日《外国》杂志(见注31)第42—44期。恩格斯在准备《家庭、私有制和国家的起源》德文第4版时利用了这篇文章。——216。

人　名　索　引

A

阿波罗（Apollon［Apollo］）——古希腊神话中的太阳神和光明之神,艺术的保护神。——9、10。

阿尔塔薛西斯（Artaxerxes）——阿契美尼德王朝三个古波斯国王的名字,阿尔塔薛西斯一世（公元前 465—424 年执政）,阿尔塔薛西斯二世（公元前 405—358/359 年执政）和阿尔塔薛西斯三世（公元前 358/359—338 年执政）。——141。

阿耳泰娅（Althaia［Altæa, Altea, Althäa, Althée］）——古希腊神话中国王铁斯特士的女儿,梅里格尔的母亲。——153。

阿芙罗狄蒂（Aphrodite）——古希腊神话中的爱神和美神,罗马神话中称之为维纳斯,掌管人类爱情、婚姻和生育以至一切动植物的生长繁殖。——71。

阿基里斯（Achilleus［Achilles, Akilles］）——古希腊神话中围攻特洛伊的一位最勇敢的希腊英雄,荷马的《伊利亚特》中的主要人物,他同希腊军队的领袖亚加米农的争吵和回到自己的营幕去,构成了荷马史诗《伊利亚特》第一章的情节。据传说,阿基里斯出生时被母亲海洋女神西蒂斯握住脚跟倒浸在冥河水中,因此他的身体除没有浸水的脚跟外,不能被任何武器所伤害,后来,他因脚跟,即他身上那个唯一致命的地方中箭而身亡。后人用"阿基里斯之踵"比喻可以致命的地方和最弱的一环。——66、118。

阿加西斯,路易·让·鲁道夫（Agassiz, Louis-Jean-Rudolphe 1807—1873）——瑞士动物学家和地质学家,达尔文主义的反对者,居维叶的学生,写有关于古生物和现代动物的著作和有关冰川理论的文章。——53。

阿里斯东(Ariston 公元前 6 世纪)——斯巴达王(公元前 574—520),阿拿克
散德里德的共同执政者。——67。

阿里斯托芬(Aristophanes 约公元前 445—385)——古希腊剧作家,写有政治
喜剧。——68。

阿米亚努斯·马尔采利努斯(Ammianus Marcellinus 约 332—400)——罗马历
史学家,生于叙利亚,《罗马史》一书的作者,该书包括公元 96—378 年的罗
马历史。——74、75、101。

阿拿克散德里德(Anaxandridas 公元前 6 世纪)——斯巴达王,公元前 560 年
起执政,阿里斯东的共同执政者。——67。

阿那克里翁(Anakreon 公元前 6 世纪)——古希腊抒情诗人。——82—83。

阿娜伊蒂斯(Anaitis[Anaïtis])——古希腊神话中水神和农神阿娜希塔的古
希腊名字,对阿娜希塔的崇奉在亚美尼亚盛行,在那里人们把她的形象和
小亚细亚的女农神的形象合而为一。——52、71。

埃策耳(Etzel)——古日耳曼民间叙事诗中的人物,也是中古德国长诗《尼贝
龙根之歌》中的人物,匈奴人的国王。——84。

埃斯库罗斯(Aischylos 公元前 525—456)——古希腊剧作家,古典悲剧作家。
——8—10、66、115、116。

埃斯皮纳斯,阿尔弗勒德·维克多(Espinas, Alfred-Victor 1844—1922)——法
国哲学家、社会学家和经济史学家;进化论的拥护者。——33、34。

奥德赛(乌利斯)(Odysseus[Ulysses])——荷马的史诗《伊利亚特》和《奥德
赛》中的主要人物,传说中的伊大卡岛国王,特洛伊战争时希腊军队领袖,
以大胆、机智、善辩著称。传说他去过阴曹地府,同一些亡灵谈过话。——
66、117、118。

奥多亚克(Odovakar[Odoaker, Odoacre]434 前后—493)——西罗马皇帝的日

耳曼雇佣兵首领;476 年推翻皇帝罗慕洛·奥古斯图路而成为意大利境内第一个"蛮族"王国的国王。——161。

奥古斯都(盖尤斯·尤利乌斯·凯撒·屋大维)(Augustus[Gaius Julius Caesar Octavianus]公元前 63 —公元 14)——罗马皇帝(公元前 27 —公元 14)。——134、136、164。

奥丽珈(Ольга 890 前后—969)——基辅女大公,945 年起(她的丈夫伊戈尔死后,儿子斯维亚托斯拉夫·伊戈列维奇年幼时)执掌俄罗斯国家。——149。

奥列斯特(Orestes[Orest,Oreste])——古希腊神话中亚加米农和克丽达妮斯特拉的儿子,为父报仇杀死了自己的母亲和亚格斯都士;埃斯库罗斯的悲剧《祭酒的报信人》和《厄默尼德》(《奥列斯特》三部曲第二和第三部)中的人物。——9、10、66、68。

B

巴霍芬,约翰·雅科布(Bachofen,Johann Jakob 1815 — 1887)——瑞士语文学家、历史学家和法学家,《母权论》一书作者。——6、8、10、12、13、15、17、31—32、41、43、51—54、59、88。

班格,安东·克里斯蒂安(Bang,Anton Christian 1840 — 1913)——挪威神学家,写有斯堪的纳维亚神话和挪威基督教史方面的著作。——154。

班克罗夫特,休伯特·豪(Bancroft,Hubert Howe 1832 — 1918)——美国历史学家和民族学家,写有北美和中美的历史和民族学方面的著作。——36、51、54、177、208。

贝达大师(Baeda the Venerable[Beda Venerabilis]673 前后—735)——盎格鲁撒克逊神学家和历史学家。——149。

贝克尔,威廉·阿道夫(Becker,Wilhelm Adolf 1796 — 1846)——德国历史学家,莱比锡大学教授,写有古代史方面的著作。——66、110。

倍倍尔,奥古斯特(Bebel,August 1840 — 1913)——德国工人运动和国际工人运动的活动家,职业是旋工;德国工人协会联合会创始人之一,1867 年起为主席;第一国际会员,1867 年起为国会议员,1869 年是德国社会民主工党创始人和领袖之一,《社会民主党人报》创办人之一;曾进行反对拉萨尔派的斗争,普法战争时期站在无产阶级国际主义立场,捍卫巴黎公社;1889、1891 和 1893 年国际社会主义工人代表大会代表;第二国际的活动家,在 19 世纪 90 年代和 20 世纪初反对改良主义和修正主义;马克思和恩格斯的朋友和战友。——207。

俾斯麦公爵,奥托(Bismarck[Bismark],Otto Fürst von 1815 — 1898)——普鲁士和德国国务活动家和外交家,普鲁士容克的代表;曾任驻彼得堡大使(1859—1862)和驻巴黎大使(1862);普鲁士首相(1862—1872 和 1873—1890),北德意志联邦首相(1867 — 1871)和德意志帝国首相(1871—1890);1870 年发动普法战争,1871 年支持法国资产阶级镇压巴黎公社;主张在普鲁士领导下"自上而下"统一德国;曾采取一系列内政措施,捍卫容克和大资产阶级的联盟;1878 年颁布反社会党人非常法。——67、191、192、212。

庇西特拉图(Peisistratos 公元前 600 前后—527)——雅典僭主(公元前 560—527 断续掌权)。——132。

波卢克斯,尤利乌斯(Pollux,Julius 2 世纪)——希腊学者,编有百科辞典。——113。

波吕涅克斯(Polynikes[Polyneices])——古希腊神话中忒拜国王奥狄浦斯的儿子,他同他的哥哥伊托克列斯争夺忒拜王位,在对阵中两人互伤身死;埃斯库罗斯根据这个神话故事写成悲剧《七雄攻打忒拜》。——115。

伯恩施坦,爱德华(Bernstein,Eduard 1850—1932)——德国社会民主党人,银行雇员和政论家,1872 年起为德国社会民主工党党员,哥达合并代表大会代表(1875),卡·赫希柏格的秘书(1878),1880 年结识马克思和恩格斯,在他们的影响下成为科学社会主义的拥护者;《社会民主党人报》编辑(1881—1890);后转向修正主义立场。——213、214。

柏修斯(Perseus 公元前 212 — 166)——最后一个马其顿王(公元前 179 —

168）。——164。

布格，埃尔塞乌斯·索富斯（Bugge，Elseus Sophus 1833—1907）——挪威古文
学家和北欧语言学家，克里斯蒂安尼亚大学（奥斯陆）教授，写有古罗马文
学、古斯堪的纳维亚文学和神话方面的著作。——154。

布莱希勒德，格尔森·冯（Bleichröder〔Bleichroeder〕，Gerson von 1822—
1893）——德国金融家，柏林一家大银行经理，俾斯麦的私人银行家、财务
方面的私人顾问和从事各种投机活动的经纪人。——192。

布龙希耳德（布林希耳德）（Brünhild）——古日耳曼民间叙事诗中的人物，也
是中古德国长诗《尼贝龙根之歌》中的人物，冰岛国女王，后为勃艮第人的
国王贡特尔的妻子。——84。

C

查理一世，查理大帝（Charles I，Charlemagne 742—814）——法兰克国王（768
年起）和皇帝（800 年起）。——171、172。

D

达尔文，查理·罗伯特（Darwin，Charles Robert 1809—1882）——英国自然科
学家，科学的生物进化论的奠基人。——17、208、209。

达夫尼斯（Daphnis）——朗格的小说《达夫尼斯和赫洛娅》中的人物，热恋中
的牧人的典型。——82。

德莫多克（Demodokos〔Demodoco，Démodocus〕）——荷马《奥德赛》中的人物，
传说中的法雅西亚人国王阿尔基诺斯宫廷中的盲歌手。——118。

狄奥多里希大帝（Theodorich der Große 454 前后—526）——东哥特人的首领
（471 年起）；493 年战胜奥多亚克，创立东哥特王国。——141。

狄奥多鲁斯（西西里的）（Diodorus Sicilus 公元前 80 前后—29）——希腊历史
学家，住在罗马；《史学丛书》的作者。——153、163。

狄奥尼修斯（哈利卡纳苏的）（Dionysios Halikarnasseus 公元前 1 世纪—公元 1

世纪)——希腊历史学家和雄辩家,《古代罗马史》一书的作者。——115。

狄茨,约翰·亨利希·威廉(Dietz,Johann Heinrich Wilhelm 1843—1922)——
德国出版商;社会民主党人,1881 年在斯图加特创办狄茨出版社,即后来的
社会民主党出版社,1881 年起为国会议员。——6、217。

狄凯阿尔科斯(Dikaiarchos 公元前 4 世纪)——古希腊学者,亚里士多德和泰
奥弗拉斯特的学生,写有历史、政治、哲学、地理和其他方面的著作。
——110。

狄摩西尼(Demosthenes 公元前 384—322)——古希腊政治活动家和演说家,
雅典的反马其顿派的领袖,奴隶主民主制的拥护者;雅典同盟反马其顿战
争失败后(公元前 338)被驱逐出雅典。——109。

杜罗·德拉马尔,阿道夫·茹尔·塞扎尔·奥古斯特(Dureau de La Malle,
Adolphe-Jules-César-Auguste 1777—1857)——法国诗人、历史学家、语文学
家和考古学家。——143。

杜西——见马克思-艾威林,爱琳娜(杜西)。

F

法伊森,洛里默(Fison,Lorimer 1832—1907)——英国民族学家,长老会教士,
曾在斐济群岛(1863—1871 和 1875—1884)和澳大利亚(1871—1875 和
1884—1888)传教;路·亨·摩尔根的通信伙伴;写有关于澳大利亚和斐济
群岛各部落的著作;1871 年起同阿·威·豪伊特合作,著有《卡米拉罗依人
和库尔纳依人》和《库尔纳依部落及其平时和战时的习俗》。——44、46。

菲尼士(Phineus[Fineo,Finevs])——古希腊神话中的盲预言家;由于听从了
第二个妻子的怂恿,他残酷地折磨同第一个妻子博雷阿的女儿克利奥帕特
拉所生的孩子,因此受到诸神的惩罚。——153。

菲斯泰尔·德·库朗日,尼马·德尼(Fustel de Coulanges,Numa Denis 1830—
1889)——法国历史学家,写有古代世界史和中古法国史方面的著作。
——114。

斐迪南五世(天主教徒)(Ferdinand V el Católico 1452—1516)——卡斯蒂利亚国王(1474—1504)和执政者(1507—1516);阿拉贡国王,称斐迪南二世(1479—1516)。——54。

费策妮娅·希斯帕拉(Fecenia Hispalla 公元前 2 世纪上半叶)——罗马妓女,元老院因其在揭露公元前 186 年的丑闻方面采取协作态度而准其从良。——137、139。

弗莱雅(Freyja)——古斯堪的纳维亚神话中的农神和爱神,古斯堪的纳维亚民间故事诗老《艾达》中的人物,为自己的兄弟弗莱尔神的妻子。——38。

弗里曼,爱德华·奥古斯塔斯(Freeman,Edward Augustus 1823—1892)——英国历史学家,自由党人,牛津大学教授。——5。

傅立叶,沙尔(Fourier,Charles 1772—1837)——法国空想社会主义者。——18、77、175、197、213。

G

盖尤斯(Gaius 2 世纪)——罗马法学家,罗马法系统化者。——60。

歌德,约翰·沃尔弗冈·冯(Goethe,Johann Wolfgang von 1749—1832)——德国诗人、作家、思想家和博物学家。——38。

格莱斯顿,威廉·尤尔特(Gladstone,William Ewart 1809—1898)——英国国务活动家,托利党人,后为皮尔分子,19 世纪下半叶是自由党领袖;曾任财政大臣(1852—1855 和 1859—1866)和首相(1868—1874、1880—1885、1886 和 1892—1894)。——116、117。

格雷戈里(图尔的)(格雷戈里·弗洛伦修斯)(Grégoire de Tours[Gregorius Florentius]540 前后—594)——基督教神学家和历史学家,573 年起是图尔的主教;《法兰克人史》和《奇迹七卷》等书的作者。——156。

格林,雅科布·路德维希·卡尔(Grimm,Jacob Ludwig Karl 1785—1863)——德国语文学家和文化史学家,柏林大学教授;温和的自由主义者;1848 年是法兰克福国民议会议员,属于中间派;比较历史语言学的奠基人,第一部德语比较语法的作者;写有德国语言史、法学史、神话史和文学史方面的著作;1852 年与其弟威·卡·格林合作开始出版《德语辞典》。——151。

格罗特,乔治(Grote,George 1794—1871）——英国历史学家和政治活动家,大商人;皇家学会成员;写有关于柏拉图和亚里士多德的著作以及多卷本《希腊史》。——108—113。

贡特尔(Gunther)——古日耳曼叙事诗中的人物,也是中古德国长诗《尼贝龙根之歌》中的人物,勃艮第人的国王。——83、84。

古德龙(Gutrun)——古日耳曼民间叙事诗中的主要人物,也是 13 世纪中古德国长诗《古德龙》中的主要人物,黑盖林格人的国王黑特耳和爱尔兰的希尔达的女儿;西兰岛黑尔维希的未婚妻;被诺曼人哈尔特木特抢走,因不从他的婚事而被囚 13 年;最后得到黑尔维希的解救,成为他的妻子。——84。

H

哈杜布兰德(Hadubrand)——古日耳曼英雄史诗《希尔德布兰德之歌》中的主要人物希尔德布兰德的儿子。——152。

哈尔特木特(诺曼的)(Hartmut von Ormanien[d'Ormanie]）——古日耳曼民间叙事诗中的人物,也是 13 世纪中古德国长诗《古德龙》中的人物,诺曼人国王的儿子,古德龙所拒绝的求婚者。——84。

海格立斯(Herakles[Ercole,Héraclès]）——古希腊神话中的一个最为大家喜爱的英雄,以非凡的力气和勇武的功绩著称,他的十二件功绩之一是驯服并抢走地狱之犬塞卜洛士。——153。

豪伊特,阿尔弗勒德·威廉(Howitt,Alfred William 1830—1908）——英国民族学家,驻澳大利亚的殖民官(1862—1901),达尔文主义者;写有关于澳大利亚各部落的著作,1871 年起同洛·法伊森合作,著有《卡米拉罗依人和库尔纳依人》和《库尔纳依部落及其平时和战时的习俗》。——46。

荷马(Homeros 约公元前 8 世纪）——相传为古希腊著名史诗《伊利亚特》和《奥德赛》的作者。——26、66、67、113—116、118。

赫洛娅（Chloe［Chloé］）——朗格的小说《达夫尼斯和赫洛娅》中的人物,热恋中的牧女的典型。——82。

黑尔维希（西兰的）（Herwig von Seeland）——古日耳曼民间叙事诗中的人物,也是13世纪中古德国长诗《古德龙》中的人物,西兰岛国王,古德龙的求婚者,后为她的丈夫。——84。

黑格尔,乔治·威廉·弗里德里希（Hegel, Georg Wilhelm Friedrich 1770—1831）——德国古典哲学的主要代表。——189、196。

黑特耳（黑盖林格的）（Hetel von Hegelingen）——古日耳曼民间叙事诗中的人物,也是13世纪中古德国长诗《古德龙》中的人物,黑盖林格人的国王。——84。

胡施克,格奥尔格·菲力浦·爱德华（Huschke, Georg Philipp Eduard 1801—1886）——德国法学家和古代史学家,主要从事罗马法学史方面的研究。——139。

霍伊斯勒,安德烈亚斯（Heusler, Andreas 1834—1921）——瑞士法学家和法学史家,巴塞尔大学教授,写有瑞士和德国法律方面的著作。——62。

J

加尔文,让（Calvin, Jean 1509—1564）——法国神学家和宗教改革运动的活动家,新教宗派之一加尔文宗的创始人。——86。

加尼米德（Ganymedes［Ganimede, Ganymed, Ganymède］）——古希腊神话中的美少年,被诸神窃至奥林波斯山,成为宙斯钟爱的人和司酒童。——69。

珈桑德拉（Kassandra［Cassandre］）——古希腊神话中特洛伊国王柏里亚的女儿,女预言家;特洛伊陷落后被亚加米农当作奴隶带走;埃斯库罗斯的悲剧《亚加米农》中的人物。——66。

居维叶男爵,若尔日·莱奥波德·克雷蒂安·弗雷德里克·达哥贝尔特（Cuvier, Georges-Léopold-Chrétien-Frédéric-Dagobert, baron de 1769—1832）——法国动物学家和古生物学家;曾经将比较解剖学上升为科学,并提出了灾变论。——30。

K

凯,约翰·威廉(Kaye,John William 1814—1876)——英国军事史学家和殖民官员,曾任印度事务部政务机要司秘书(1858—1874),写有印度的历史和民族学方面的著作以及英国在阿富汗和印度进行的殖民战争方面的著作。——42。

凯撒(盖尤斯·尤利乌斯·凯撒)(Gaius Julius Caesar 公元前100—44)——罗马统帅、国务活动家和著作家。——15、25、26、41、42、98、147、150、156、157、159、161、163。

考茨基,卡尔(Kautsky,Karl 1854—1938)——德国历史学家和政论家,社会民主党主要理论家之一,《新时代》杂志编辑;后转向机会主义立场。——207、209—212、214—216。

柯瓦列夫斯基,马克西姆·马克西莫维奇(Ковалевский,Максим Максимович 1851—1916)——俄国社会学家、政治活动家、历史学家、民族学家和法学家,资产阶级自由主义者;曾将比较法学的方法运用于民族学和早期历史;写有原始公社制度方面的著作。——59、61、63、145、150、151、157、158。

克里姆希耳德(Kriemhild)——古日耳曼民间叙事诗中的人物,也是中古德国长诗《尼贝龙根之歌》中的人物,勃艮第人的国王贡特尔的妹妹,齐格弗里特的未婚妻,后为其妻子,齐格弗里特死后为匈奴人的国王埃策耳的妻子。——83、84。

克丽达妮斯特拉(Klytaimestra[Clytemnestre,Klytämnestra])——古希腊神话中亚加米农的妻子,杀害了从特洛伊战争回来的丈夫,埃斯库罗斯的悲剧《奥列斯特》三部曲中的人物。——9。

克利奥帕特拉(Kleopatra[Cleopatra,Cléopâtre])——古希腊神话中北风神博雷阿的女儿。——153。

克利斯提尼(Kleisthenes 公元前6世纪下半叶)——雅典政治活动家,公元前508年前后实行改革,肃清了氏族制的残余,并建立奴隶主民主制。

——129。

库诺,亨利希·威廉·卡尔(Cunow,Heinrich Wilhelm Karl 1862—1936)——
德国历史学家、社会学家和民族学家;社会民主党人,80—90年代是马克思
主义者;后为修正主义者,第一次世界大战期间为社会沙文主义者。
——63。

L

拉伯克,约翰(Lubbock,John 1834—1913)——英国生物学家、银行家、政治活
动家和民族学家,达尔文主义者,自由党人;从事动物学、生物学、民族学和
古代史方面的研究。——14—16、210。

拉法格,保尔(Lafargue,Paul 笔名保尔·洛朗 Paul Laurent 1842—1911)——
法国工人运动和国际工人运动的活动家,医生和政论家;1865年流亡英国,
国际总委员会委员,西班牙通讯书记(1866—1869),曾参加建立国际在法
国的支部(1869—1870)及在西班牙和葡萄牙的支部(1871—1872);巴黎
公社的支持者(1871),公社失败后逃往西班牙;《解放报》编辑部成员,新马
德里联合会的创建人之一(1872),海牙代表大会(1872)代表,法国工人党
创始人之一(1879);1882年回到法国,《社会主义者报》编辑;1889年国际
社会主义工人代表大会的组织者之一和代表,1891年国际社会主义工人代
表大会代表;法国众议院议员(1891—1893);马克思和恩格斯的学生和战
友;马克思女儿劳拉的丈夫。——213、216。

拉法格,劳拉(Lafargue,Laura 父姓马克思 Marx 1845—1911)——法国工人运
动的代表;曾把马克思和恩格斯的许多著作译成法文;马克思的第二个女
儿,1868年起为保·拉法格的妻子。——215、217。

拉萨尔,斐迪南(Lassalle,Ferdinand 1825—1864)——德国工人运动中的机会
主义代表,1848—1849年革命的参加者;全德工人联合会创始人之一和主
席(1863);写有古典古代哲学史、法学史和文学方面的著作。——196。

腊韦,昂利(Ravé,Henri 19世纪下半叶)——法国新闻工作者,曾将恩格斯的
著作译成法文。——7、217。

洛基(Loki)——古斯堪的纳维亚神话中的恶魔,火神,古斯堪的纳维亚民间叙事诗老《艾达》中的人物。——38。

M

马尔萨斯,托马斯·罗伯特(Malthus,Thomas Robert 1766—1834)——英国经济学家,教士,人口论的主要代表。——208。

马尔提涅蒂,帕斯夸勒(Martignetti,Pasquale 1844—1920)——意大利社会主义者,曾将马克思和恩格斯的著作译成意大利文。——6。

马克思-艾威林,爱琳娜(杜西)(Marx Aveling, Eleanor［Tussy］1855—1898)——英国工人运动和国际工人运动的活动家、政论家、社会民主联盟成员,社会主义同盟创始人之一(1884);曾在恩格斯直接领导下工作,积极参加非熟练工人群众运动的组织工作,1889 年伦敦码头工人罢工的组织者之一;1889、1891 和 1893 年国际社会主义工人代表大会代表;马克思的小女儿,爱·艾威林的伴侣(1884 年起)。——211。

麦克伦南,约翰·弗格森(McLennan,John Ferguson 1827—1881)——苏格兰法学家、历史学家和民族学家,写有婚姻和家庭史方面的著作。——11—16、18、29、49、64、93、145。

麦克米伦公司(MacMillan & Co.)——伦敦的一家出版公司。——3、210。

毛勒,格奥尔格·路德维希(Maurer,Georg Ludwig 1790—1872)——德国历史学家,古代和中世纪的日耳曼社会制度的研究者;写有中世纪马尔克公社的农业史和制度史方面的著作。——103、155、157、207。

梅恩,亨利·詹姆斯·萨姆纳(Maine,Sir Henry James Sumner 1822—1888)——英国法学家和法学史专家,家庭和社会起源的宗法论的代表;作为印度总督参事会参事(1862—1869)和印度事务大臣参事会参事(1871年起),曾参加制定英国的地方立法和实行对印度的殖民奴役。——85。

梅里格尔(Meleagros［Meleager, Méléagre, Meleagro］)——古希腊神话中亚尼雅士(传说中的卡利登城国王)和阿耳泰娅的儿子,杀死了自己的舅舅们。——153。

蒙森,泰奥多尔(Mommsen,Theodor 1817—1903)——德国历史学家和法学家,柏林大学教师;写有关于古罗马史的著作。——110、136—138、140—141。

靡菲斯特斐勒司(Mephistopheles[Mephisto,Méphisto])——歌德《浮士德》和卡·谷兹科的剧作《维滕贝格的哈姆雷特》中的主要人物。——38。

米莉塔(Mylitta)——伊施塔尔的古希腊名字,巴比伦神话中的爱神和农神。——52。

摩尔根(Morgan)——美国上校,路·亨·摩尔根的兄弟。——19。

摩尔根,路易斯·亨利(Morgan,Lewis Henry 1818—1881)——美国法学家、民族学家、考古学家和原始社会史学家,进化论的代表,自发的唯物主义者。——1、3—6、12、14—20、22、26—28、30—32、37、39、40、44、48、49、59—61、70、71、78、89—93、96、99、103、109—119、121、130、136、139、140、149、156、176、183、197、198、210—213。

摩西(Moses[Mose])——据圣经传说,摩西是先知和立法者,他带领古犹太人摆脱了埃及的奴役并给他们立下了约法。——7、56。

莫里哀(Molière 原名让·巴蒂斯特·波克兰 Jean-Baptiste Poquelin 1622—1673)——法国喜剧作家。——186。

莫尼,詹姆斯·威廉·贝利(Money,James William Bayley 19世纪)——英国著作家,律师;《爪哇,或怎样管理殖民地》一书的作者。——209。

莫斯库斯(Moschos[Moschus] 公元前2世纪)——古希腊诗人。——82。

木利奥斯(Mulios)——荷马的史诗《奥德赛》中的人物,使者。——118。

穆尔,赛米尔(Moore,Samuel 1838—1911)——英国法学家,国际会员,曾将《资本论》第一卷(与爱·艾威林一起)和《共产党宣言》译成英文;50年代为曼彻斯特的厂主;马克思和恩格斯的朋友。——211、217。

N

拿破仑第一(拿破仑·波拿巴)(Napoléon I[Napoléon Bonaparte]1769—

1821）——法国皇帝（1804—1814 和 1815）。——65、72、93。

纳杰日杰，若安（Nâdejde，Ion 1854—1928）——罗马尼亚政论家，社会民主主义者，曾将恩格斯的著作译成罗马尼亚文；90 年代转到机会主义立场，1899年加入资产阶级民族自由党，反对工人运动。——7。

奈阿尔科斯（Nearchos 约公元前 360—312）——马其顿海军统帅，马其顿王亚历山大的战友和他的各次征战的参加者，写有记叙马其顿舰队从印度远征美索不达米亚（公元前 326—324）的著作。——63。

奈斯托尔（Nestor［Nestore］）——古希腊神话中参加特洛伊战争的希腊英雄中最老最贤明的英雄；在文学传统中，他经常被当作饱经世故的聪明长者的典型。莎士比亚的剧作《特洛埃勒斯与克蕾雪达》中的人物。——113。

尼奥德尔（Niördh）——古斯堪的纳维亚神话中的农神，古斯堪的纳维亚民间叙事诗老《艾达》中的人物，弗莱雅和弗莱尔的父亲。——38。

尼贝龙根（Nibelungen）——中古德国长诗《尼贝龙根之歌》和理·瓦格纳的歌剧《尼贝龙根的指环》中的人物形象，传说中的侏儒族，据有宝物。——38、83、84。

尼布尔，巴托尔德·格奥尔格（Niebuhr，Barthold Georg 1776—1831）——德国古典古代史学家，写有古代史方面的著作，曾在丹麦和普鲁士供职。——110、113、140、189。

O

欧里庇得斯（Euripides 约公元前 480—406）——古希腊剧作家，写有多部古典悲剧。——68。

P

彭普斯——见罗舍，玛丽·埃伦（彭普斯）。

普林尼（老普林尼）（盖尤斯·普林尼·塞孔德）（Gaius Plinius Secundus Major 23—79）——古罗马政治活动家、作家和博物学家，《博物志》（共 37 卷）的作者。——159、164。

普卢塔克(Plutarchos 46—119 以后)——希腊著作家和唯心主义哲学家,道德论者,柏拉图哲学的拥护者,曾与伊壁鸠鲁学派和斯多亚学派论争;写有古希腊罗马名人传记以及哲学和伦理学著作。——67。

普罗科皮乌斯(凯撒里亚的)(Procopius of Caesarea 约 499—565)——拜占庭历史学家;曾以维利萨里统帅顾问和秘书的身份参加多次军事远征,曾撰写《查士丁尼同波斯人、汪达尔人及哥特人的战争史》(八卷集)一书,描写这些远征,反映不满查士丁尼皇帝的专制政策的奴隶主贵族的观点。——74、75。

Q

齐格班特(爱尔兰的)(Sigebant von Irland[d'Irlande])——古日耳曼民间叙事诗中的人物,也是 13 世纪中古德国长诗《古德龙》中的人物,爱尔兰人的国王。——84。

齐格弗里特(莫尔兰的)(Siegfried von Morland)——古日耳曼民间叙事诗中的人物,也是 13 世纪中古德国长诗《古德龙》中的人物,为古德龙所拒绝的求婚者。——84。

齐格弗里特(Siegfried)——古代德国神话中的英雄,中古德国长诗《尼贝龙根之歌》中的主要人物之一;据传说,齐格弗里特杀死了巨龙之后在龙血流成的湖里沐浴,因而刀枪不入。——83。

齐维利斯(尤利乌斯·克劳狄乌斯·齐维利斯)(Julius Claudius Civilis 死于70 年以后)——日耳曼族巴达维亚人的酋长,罗马市民,一支由他的同乡组成的步兵队的领袖;曾领导日耳曼和高卢部落起义反对罗马的统治(69—70/71)。——155。

乔治·唐丹(Georges Dandin)——莫里哀的喜剧《乔治·唐丹,或被欺骗的男子》中的主要人物,憨头憨脑的富裕农民的典型,同一个巧妙地使他破产的贵族女人结了婚。——186。

R

日罗-特隆,亚历克西斯(Giraud-Teulon, Alexis 生于 1839 年)——瑞士民族学家和原始社会史学家,日内瓦大学历史学教授,写有原始社会史方面的著作。——16、18、33、34、65。

S

萨尔维安(马赛的)(Salvianus von Marseille 约390—484)——基督教神学家、传教士和著作家,424年前后是勒莱修道院修士,约438年起为马赛的主教;《论神的统治》一书的作者。——168、172。

塞尔维乌斯·土利乌斯(Servius Tullius 公元前578—534)——相传为古罗马第六个王。——143。

舍曼,格奥尔格·弗里德里希(Schoemann, Georg Friedrich 1793—1879)——德国古代语文学家和古代史学家,写有古希腊艺术、法学和宗教史方面的著作。——67、116。

施特恩堡,列夫·雅柯夫列维奇(Штернберг, Лев Яковлевич 1861—1927)——俄国民族学家,因参加民粹派组织而被流放到库页岛(1889—1897),在那里对当地居民进行民族学的研究;1918年起任彼得格勒大学教授,1924年起任苏联科学院通讯院士。——203、206。

司各脱,瓦尔特(Scott, Walter 1771—1832)——英国诗人和作家,西欧文学中历史小说的开创者;苏格兰人。——149。

斯特拉本(Strabon[Strabo] 约公元前63—公元20)——希腊地理学家和历史学家。——63。

苏里塔,阿隆索·德(Zurita, Alonso de 16世纪中叶)——中美的西班牙殖民官;他撰写的很有价值的民族学报告到19世纪才得以发表。——63。

梭伦(Solon 约公元前640—560)——雅典政治活动家和诗人,相传为古希腊"七贤"之一,在人民群众的压力下制定了许多反对氏族贵族的法律。——111、123、126—128、143、196。

索绪尔,昂利·德(Saussure, Henri de 1829—1905)——瑞士动物学家和旅行家;主要从事昆虫学方面的研究。——33。

T

塔克文(鲁齐乌斯·塔克文)(高傲的)(Lucius Tarquinius Superbus 公元前
534—约509)——相传为古罗马最后一个(第七个)王,据传说人民起义把
他驱逐出罗马,废除了王政,建立起共和制度。——141—142、144。

塔西佗(普卜利乌斯·科尔奈利乌斯·塔西佗)(Publius Cornelius Tacitus 约
55—120)——古罗马历史学家,《日耳曼尼亚志》、《历史》、《编年史》的作
者。——5、15、25、26、73、100、152—160、162、163。

泰勒,爱德华·伯内特(Tylor,Edward Burnett 1832—1917)——英国人类学家
和民族学家,人类学和民族学中进化论的创始人。——7、210。

忒俄克里托斯(Theokritos 公元前3世纪上半叶)——古希腊诗人;田园诗歌
的创始人。——82。

特夫克尔(Teukros[Teucros])——荷马的史诗《伊利亚特》中的人物,曾参加
特洛伊城的战斗。——66。

特里尔,格尔松·格奥尔格(Trier,Gerson Georg 1851—1918)——丹麦语文学
家,丹麦社会民主党左派领袖之一,马克思主义宣传家;反对党内机会主义
派的改良主义政策;曾将恩格斯的著作译成丹麦文。——7。

特里曼珠(Telemachos[Télémaque])——荷马的史诗《奥德赛》中的人物,伊
大卡岛国王奥德赛的儿子。——66。

提比里乌斯(提比里乌斯·尤利乌斯·凯撒·奥古斯都)(Tiberius Julius
Caesar Augustus 公元前42—公元37)——罗马皇帝(14—37)。——141。

提修斯(底西亚斯)(Theseus[Teseo,Thésée,Thesevs])——古希腊神话中的英
雄,传说中的雅典国王,雅典国家的奠基者。——122。

铁拉孟(Telamon[Télamon])——古希腊神话中的英雄,曾参加亚尔古船英雄
的远航,哀杰克斯·铁拉孟的父亲。——66。

铁斯特士(Thestios[Testio,Thestius])——古希腊神话中的人物,传说中的埃

托利亚地方的普洛伊朗的国王。——153。

W

瓦茨,格奥尔格(Waitz,Georg 1813—1886)——德国中古史学家,马尔克制度理论的反对者;格丁根大学教授,法兰克福国民议会议员;写有中古德国史方面的著作。——157。

瓦格纳,理查(Wagner,Richard 1813—1883)——德国作曲家、指挥家、诗人和作家。——38、211。

瓦克斯穆特,恩斯特·威廉·哥特利布(Wachsmuth,Ernst Wilhelm Gottlieb 1784—1866)——德国历史学家和语文学家,莱比锡大学历史学教授,《哈雷年鉴》和《德国年鉴》的书报检查官(1839—1842);写有关于古希腊罗马和欧洲史方面的著作。——68。

瓦鲁斯(普卜利乌斯·昆提利乌斯·瓦鲁斯)(Publius Quintilius Varus 公元前53 前后—公元9)——罗马政治活动家和统帅,叙利亚总督(公元前7),后为日耳曼行省总督(公元7—9),日耳曼部落起义时在条顿堡林山会战中阵亡。——134。

瓦那(Vanen[Vanes])——古斯堪的纳维亚神话中的一类神。——38。

韦斯特马克,爱德华·亚历山大(Westermarck,Edvard Alexander 1862—1939)——芬兰民族学家、哲学家和社会学家,历任赫尔辛基大学社会学讲师(1890—1906)、道德哲学教授(1908—1918)、亚波学院哲学教授(1918—1930);主要从事婚姻史、道德观念的比较研究;著有《人类婚姻史》(1891)等著作。——33、35—37、52。

魏勒妲(Veleda 1 世纪)——日耳曼族布鲁克泰人的女祭司和女预言家,曾积极参加齐维利斯酋长领导的日耳曼和高卢部落反对罗马统治的起义(69—70/71)。——155。

沃尔弗拉姆·冯·埃申巴赫(Wolfram von Eschenbach 约 1170—1220)——德国诗人,骑士诗《巴齐法尔》的作者。——75。

沃森,约翰·福布斯(Watson,John Forbes 1827—1892)——英国医生、政论家和民族学家;殖民官,曾长期在印度军队任职;1858—1879 年任伦敦印度博物馆馆长;写有一些关于印度农业和纺织业的著作。——42。

乌黛(挪威的)(Ute von Norwegen)——古日耳曼民间叙事诗中的人物,也是 13 世纪中古德国长诗《古德龙》中的人物。——84。

乌尔菲拉(武尔菲拉)(Ulfilas[Wulfila] 311 前后—383)——西哥特教会主教,曾实行哥特人基督教化,哥特字母的创始人,曾将圣经译成哥特语。——141。

X

西芙(Sif)——古斯堪的纳维亚神话中的雷神托尔的妻子,古斯堪的纳维亚民间叙事诗老《艾达》中的人物。——152。

西维拉(Sybille[Sybil,Sybylla])——古代走四方的"女预言家";据传说她住在库马城(古希腊在意大利南部的殖民地);她的占语被编成所谓的《西维拉占语集》,这个集子在古代罗马的宗教生活中起重大作用。——154。

希尔达(爱尔兰的)(Hilde von Irland[Hilda d'Irlande])——古日耳曼民间叙事诗中的人物,也是 13 世纪中古德国长诗《古德龙》中的人物,爱尔兰国王的女儿,黑盖林格人的国王黑特耳的妻子。——84。

希尔德布兰德(Hildebrand)——古日耳曼英雄史诗《希尔德布兰德之歌》中的主要人物。——152、181。

希罗多德(哈利卡纳苏的)(Herodotos of Halikarnassos 约公元前 484—425)——古希腊历史学家,写有描述波斯王国和波斯战争的著作。——42、68。

希律(Herod 公元前 73—4)——犹太国王(公元前 40—4)。——141。

肖莱马,卡尔(Schorlemmer,Carl 1834—1892)——德国化学家,有机化学的创始人,辩证唯物主义者,曼彻斯特大学教授(1859 年起);德国社会民主党党员,国际会员,60 年代初成为马克思和恩格斯的朋友。——211、212。

修昔的底斯（Thukydides 约公元前 460 — 400）——古希腊历史学家。
——119。

Y

雅典娜（帕拉斯·雅典娜）（Athene［Pallas Athene］）——古希腊神话中的主要
神癨之一，战神和智慧的化身，被认为是雅典的保护神。——9、10。

雅罗斯拉夫（智者）（Ярослав Мудрый 978 — 1054）——基辅大公（1019 —
1054）。——62。

亚庇乌斯·克劳狄乌斯（Appius Claudius 约死于公元前448 年）——罗马国务
活动家，执政官（公元前 471—451），公布十二铜表法的十人委员会（公元
前 451—450）成员，力图实行独裁。——135。

亚伯拉罕（原名亚伯兰）（Abraham［Abramo］）——据圣经传说，是古犹太人的
族长。——56。

亚尔古船英雄（Argonauten）——古希腊神话中的英雄，曾乘亚尔古船前往科
耳希达寻求由巨龙看守的金羊毛；公元前 3 世纪罗陀斯的阿波洛尼乌斯在
自己的长诗《亚尔古船英雄的远航》中歌颂了他们这次航行（神话中的诗人
和歌手奥菲士也参加了这次航行）。——153。

亚格斯都士（Aigisthos［Aegisthos, Egisthe］）——古希腊神话中克丽达妮斯特
拉的情夫，他同她一起杀害了亚加米农；埃斯库罗斯的悲剧《亚加米农》和
《祭酒的报信人》（《奥列斯特》三部曲第一和第二部）中的人物。——9。

亚加米农（Agamemnon［Agamennone］）——古希腊神话中特洛伊战争时希腊
军队的领袖，被自己的妻子克丽达妮斯特拉和亚格斯都士杀害；埃斯库罗
斯同名悲剧（《奥列斯特》三部曲第一部）中的人物。——9、66、113、
117、118。

亚里士多德（Aristoteles 公元前 384—322）——古希腊哲学家，在哲学上摇摆
于唯物主义和唯心主义之间，奴隶主阶级的思想家，按其经济观点来说是
奴隶占有制自然经济的维护者，他最先分析了价值的形式；柏拉图的学生。
——119。

亚里斯泰迪兹(Aristides 公元前 550 前后—467)——古希腊政治活动家和统帅,提洛同盟的创始人;雅典奴隶主贵族的代表。——128。

亚历山大大帝(Alexander the Great 公元前 356—323)——古代著名的统帅,马其顿王(公元前 336—323)。——63。

亚萨(Asen〔Ases〕)——古斯堪的纳维亚神话中的一类神。——38。

杨楚克,尼古拉·安德烈耶维奇(Янчук, Николай Андреевич 1859—1921)——俄国民族学家,民歌搜集家;曾任自然科学、人类学和民族学爱好者协会民族学部书记。——203。

伊尔米农(伊尔米诺),盖拉尔(Irminon〔Irmino〕,Guérard 约死于 826 年)——巴黎郊区圣日耳曼—德普雷修道院院长(812—817)。——172。

伊托克列斯(Eteokles〔Eteocle, Etéocle〕)——古希腊神话中忒拜国王奥狄浦斯的儿子,他同他的弟弟波吕涅克斯争夺忒拜王位,在对阵中两人互伤身死;埃斯库罗斯根据这个神话故事写成悲剧《七雄攻打忒拜》。——115。

依理逆司(Erinnyes〔Erinnyen, Erinyen〕)——古希腊神话中的复仇女神,共三人,又称涅墨西斯或厄默尼德;埃斯库罗斯的悲剧《祭酒的报信人》《厄默尼德》(《奥列斯特》三部曲第二和第三部)中的人物。——9—10。

优玛士(Eumaios〔Eumäus, Eumée, Eumeo, Evmæus〕)——荷马的史诗《奥德赛》中的人物,伊大卡岛国王奥德赛的放猪人,在奥德赛多年流浪在外期间始终忠实于自己的主人。——118。

Z

宙斯(Zeus〔Zevs〕)——古希腊神话中最高的神,克伦纳士神的儿子。——118。

祖根海姆,赛米尔(Sugenheim, Samuel 1811—1877)——德国历史学家。——54。

左尔格,弗里德里希·阿道夫(Sorge, Friedrich Adolph 1828—1906)——国际工人运动、美国工人运动和社会主义运动的活动家,教师和新闻工作者,德国 1848—1849 年革命的参加者；1852 年侨居美国，国际会员，国际美国各支部的组织者，海牙代表大会（1872）代表，纽约总委员会委员和总书记（1872—1874），北美社会主义工人党创始人（1876）之一；马克思和恩格斯的朋友和战友。——216。

《家庭、私有制和国家的起源》
一书族名索引

172。

腓尼基人——52、121。

G

高卢人——163、165、170。

戈拉人——29。

哥特人——141、150、151、164。

H

海达人——177。

海鲁莱人——74。

赫米诺南人——150、151、164。

华拉耳人——145。

霍人——52。

J

基姆布利人——150。

加勒比人——36。

加惟基人——36。

K

卡比尔人——63。

卡尔梅克人——145。

卡菲尔人——见祖鲁人（祖鲁卡菲
　　尔人）。

卡米拉罗依人——46。

卡尤加人——101。

凯尔特人—— 5、52 — 54、62、99、
　　145、146、155、159、163。

科塔尔人——52。

克伦人——36。

库库人——36。

L

拉丁人——60、133、135、140。

利古里亚人——165。

伦巴德人——150、151。

罗马人——36、60、73、91、104、133、
　　134、136、137、139、142、150、155、
　　156、158、159、161 — 163、165 —
　　170、174、176、196。

M

马加尔人——12、145。

马来亚人——53。

迈阿密人（迈阿密印第安人）——
　　59。

曼尼普尔人——145。

美洲人（美洲印第安人）—— 4、14、
　　16、22、29、44、49、53、56、73、74、
　　91、96、98、99、101、103、108、113、
　　133、156、160、161、176。

摩尔人——168。

摩霍克人——101。

墨西哥人（墨西哥印第安人）——
　　24、102、119、150、152。

N

纳伊尔人——64。

涅涅茨人（萨莫耶德人）——145。

努比亚人——105。

努特卡人——117。

诺里克人——165。

诺曼人——25、171、173。

纪念马克思诞辰 200 周年

《马克思恩格斯著作特辑》
编审委员会

主　编　韦建桦

副主编　顾锦屏　王学东　柴方国　沈红文

编　委　（以姓氏笔画为序）

　　　　　朱　毅　闫月梅　李朝晖　李　楠　徐　洋

　　　　　黄文前　章　林

本书编审人员　韦建桦　章　林　张志超

责任编辑：崔继新

编辑助理：余　雪　高华梓

装帧设计：肖　辉　周方亚

责任校对：张　彦

图书在版编目（CIP）数据

家庭、私有制和国家的起源/恩格斯著;中共中央马克思恩格斯列宁斯大林著作编译局
　编译. —北京:人民出版社,2018.3(2023.2 重印)
(马克思诞辰 200 周年纪念特辑)
ISBN 978－7－01－018876－8

Ⅰ.①家…　Ⅱ.①恩…　②中…　Ⅲ.①马列著作-马克思主义　Ⅳ.①A811.24

中国版本图书馆 CIP 数据核字(2018)第 019863 号

书　　　名　**家庭、私有制和国家的起源**
　　　　　　JIATING SIYOUZHI HE GUOJIA DE QIYUAN

编　译　者　中共中央马克思恩格斯列宁斯大林著作编译局

出版发行　**人民出版社**
　　　　　　（北京市东城区隆福寺街 99 号　邮编 100706）

邮购电话　（010）65250042　65289539

经　　　销　新华书店

印　　　刷　北京中科印刷有限公司

版　　　次　2018 年 3 月第 1 版　2023 年 2 月北京第 5 次印刷

开　　　本　787 毫米×1092 毫米 1/16

印　　　张　18.25

插　　　页　3

字　　　数　204 千字

印　　　数　65,001－75,000 册

书　　　号　ISBN 978－7－01－018876－8

定　　　价　45.00 元